Christof Graf

JOE COCKER
Mit Gänsehaut durch die Jahrzehnte

CHRISTOF GRAF

JOE COCKER
DIE BIOGRAFIE
MIT GÄNSEHAUT DURCH DIE JAHRZEHNTE

hannibal
www.hannibal-verlag.de

Woman to Woman
— A Truly Joe Cocker Song —

Meiner Tochter Victoria und meiner Frau Isabella,
die sie mir geschenkt hat

Impressum

Der Autor: Christof Graf
Deutsche Erstausgabe 2014

Druck: FINIDR s.r.o.
Layout und Satz: Thomas Auer, www.buchsatz.com
Coverabbildung: © Christof Graf

© by hannibal

Hannibal Verlag, ein Imprint der KOCH International GmbH, A-6604 Höfen
www.hannibal-verlag.de
ISBN 978-3-85445-445-8
Auch als E-Book erhältlich mit der ISBN 978-3-85445-446-5

Hinweis für den Leser:
Kein Teil dieses Buchs darf in irgendeiner Form (Druck, Fotokopie, digitale Kopie oder einem anderen Verfahren) ohne schriftliche Genehmigung des Verlags reproduziert oder unter Verwendung elektronischer Systeme verarbeitet werden. Der Autor hat sich mit größter Sorgfalt darum bemüht, nur zutreffende Informationen in dieses Buch aufzunehmen. Es kann jedoch keinerlei Gewähr dafür übernommen werden, dass die Informationen in diesem Buch vollständig, wirksam und zutreffend sind. Der Verlag und der Autor übernehmen weder die Garantie noch die juristische Verantwortung oder irgendeine Haftung für Schäden jeglicher Art, die durch den Gebrauch von in diesem Buch enthaltenen Informationen verursacht werden können. Alle durch dieses Buch berührten Urheberrechte, sonstigen Schutzrechte und in diesem Buch erwähnten oder in Bezug genommenen Rechte hinsichtlich Eigennamen oder der Bezeichnung von Produkten und handelnden Personen stehen deren jeweiligen Inhabern zu.

Printed in the Czech Republic

Inhalt

Vorwort | 11

Intro | 16
„Cry Me A River"
The one and only Joe Cocker

Die 40er-Jahre | 29
– Jahre der frühen Kindheit –
+++ Breaking News +++
Sheffield 1944 / A Singer is born: 20. Mai 1944 / Marjorie und Harold Cocker ziehen zwei Söhne groß / Kindheit im Umfeld der Tasker Road 38

Die 50er-Jahre | 31
– Jugendjahre –
+++ Breaking News +++
Sheffield in den 50ern / Aus John Robert wird Joe (1951) / Skiffeln auf dem Waschbrett (1955) / Joe gründet mit elf die erste Skiffle-Band namens „The Headlanders" (1956) / Die Schule verliert an Reiz (1957) / Bilder von Ray Charles in Joes Schulheften und was daraus wurde (1959)

Die 60er-Jahre | 36
– Jahre des Aufbruchs und des Durchbruchs –
+++ Breaking News +++
Joes erste Band „The Cavalliers" (1960) / Joe verlässt die Schule und beginnt eine Lehre als Klempner (1960) / „Vance Arnold & The Avengers" (1961) / Als Lokalmatador in Sheffield (1962) / Die erste große

Liebe (1963) / Der erste Plattenvertrag mit der Single „I'll Cry Instead" von den Beatles (1964) / Joe schmeißt die Ausbildung zum Gasinstallateur (1964) / Mit Chris Stainton Gründung von „The Grease Band" (1966) / Rückkehr in die Musikszene und so manches Mysteriöse im Esquire Club (1967) / Joe erstmals in Amerika (1968) / Studio-Album Nr. 1: **„With A Little Help From My Friends"** (1969) / Legendenbildung im August 1969 mit Love, Peace & Music in Woodstock (1969) / Studio-Album Nr. 2: **„Joe Cocker"** (1969) / Erster Kontakt mit Leon Russell (1969)

Die 70er-Jahre | 58
– Jahre des Einbruchs –
+++ Breaking News +++
Hippies, freie Liebe und Drogenexperimente – Die 70er als eine Epoche voller Widersprüche (1970) / Tage voller Mad Dogs & Englishmen – Der Film und die Tournee (1970) / Joes erstes Live-Album **„Mad Dogs and Englishmen"** (1970) / „Like A Bird On A Wire" und die Kunst, Coverversionen von Leonard Cohen, Bob Dylan und den Beatles zu singen (1970) / Trost bei Rita Coolidge (1971) / Hilfe vom Bruder und Rückzug nach Sheffield (1971) / Album Nr. 3: Das **„Joe Cocker"**-Album alias **„Something To Say"** (1972) / Beim fränkischen Woodstock in Würzburg (1972) / Unter Drogen, in Haft und ausgewiesen in Australien (1972) / Kalter Entzug in Cornwall (1973) / Erstmals wieder im Studio (1973) / Album Nr. 4: **„I Can Stand A Little Rain"** (1974) / Haft in Wien (1974) / Zusammenbrüche und Rückzüge (1974) / Mehrere Managerwechsel und mit John Belushi bei „Saturday Night Live" (1975) / Album Nr. 5: **„Jamaica Say You Will"** (1975) / Live in L.A. (1976) / Psychosen und Album Nr. 6: **„Stingray"** (1976) / Das Ende der A & M-Jahre, neue Plattenverträge und neue Abstürze (1976) / 7: **„Luxury You Can Afford"** (1978) **/** Die Trennung von Freundin Eileen (1978) / Woodstock-Revival (1979)

Die 80er-Jahre | 115
– Jahre des Umbruchs und der Läuterung –
+++ Breaking News +++
In kleinen amerikanischen Clubs vor 200 Leuten und vor 20.000 im New Yorker Central Park, ein inoffizielles Live-Album und beim Rockpalast in Berlin (1980) / Album Nr. 8: **Sheffield Steel** (1982) / Oscar für „Up Where We Belong" zusammen mit Jennifer Warnes (1983) / Mit Supertramp auf Tournee (1983) / Album Nr. 9: **Civilized Man** (1984) / Der Tod seiner Mutter (1984) / Live beim ersten Rock am Ring-Festival (1985) / Mit Ray Charles auf der Bühne (1985) / Album Nr. 10: **Cocker** (1986) / Live in Montreux, die Erste (1987) / 9 ½ Wochen und Album Nr. 11: **Unchain My Heart** (1987) / Heirat mit Pam (1987) / Die Cocker-Wiese in der DDR (1988) / Das Nelson Mandela 70th Birthday Tribute Concert in London (1988) / Bei Prince Charles & Lady Diana bei der Prince's Trust-Gala (1988) / Album Nr. 12: **One Night Of Sin** (1989) / Ständchen für den Präsidenten der USA (1989) / St. Wendel (1989) / Mit BAP und Suzanne Vega auf Open-Air-Tournee (1989) / Der Niedergang des Kommunismus: für ein paar Stunden im alten West-Berlin (1989)

Die 90er-Jahre | 137
– Jahre der Konsolidierung –
+++ Breaking News +++
Joe, der Fireworker (1990) – Ein Jahr ohne Europa (1990) / Nach 20 Jahren das zweite offizielle Live-Album nach „Mad Dogs & Englishmen": **„Joe Cocker Live"** (1990) / Goodbye, Woodstock I, Goodbye, Michael Lang (1991) / Album Nr. 13: **„Night Calls"** (1991) / Opfer des Erfolgs (1992) / In Diensten Eric Claptons (1993) / Dr. Joe Cocker – Ehrendoktorwürde der Sheffield Hallam University in England (1994) / Die längste Tour seiner Karriere (1994) / Album Nr. 14: **„Have A Little Faith"** (1994) / Welcome, Woodstock II (1994) / Album Nr. 15: **„The Long Voyage Home"** (1995) / Album Nr. 16: **„Organic"** (1996) / Ohne Filter Extra (1996) / Mit der Kelly-Family im irischen Pub (1996) / Album Nr. 17: **„Across From Midnight"** (1997) / Im Duett mit Eros

Ramazotti (1998) / Mit Pavarotti & Friends in Modena (1999) / Album Nr. 18: **„No Ordinary World"** (1999) / Zweimal in Saarbrücken: Goldene Europa & Live in Concert (1999)

Die 2000er-Jahre | 185
– Jahre des anhaltenden Erfolgs –
+++ Breaking News +++
Kein Duett mit Tina Turner (2000) / Der letzte Drink in Colorado (2001) / Der Tod des Vaters (2001) / Gesang für die Königin und eine Party im Buckingham-Palast (2002) / Album Nr. 19: **„Respect Yourself"** (2002) / Mit James Brown in Antwerpen bei der Nokia Night Of The Proms (2004) / Album Nr. 20: **„Heart And Soul"** (2004) / Ein Leben mit Pam Cocker, Home Tours & Yard Sales – Joe Cockers Kid's Foundation (2004 bis heute) / Album Nr. 21: **„Hymn For My Soul"** (2007) / Schlaganfall im Auge (2007) / Cocker wird in London zum Ritter geschlagen (2007)

Die 2010er-Jahre | 211
– Jahre der Ehrung –
+++ Breaking News +++
Album Nr. 22: **„Hard Knocks"** (2010) / Album Nr. 23: **„Fire It Up"** (2012) / Eine „Goldene Kamera" für das Lebenswerk (2013) / „Fire It Up – Live"**,** das dritte offizielle und das erste Live-Album seit 20 Jahren (2013) / 68 Shows mit 69 Jahren (2013) / Wiedersehen beim Montreux-Jazz-Festival (2013) / Living in America (2014) / Joe Cocker wird 70 (2014)

Diskografie | 226

Danksagung | 237

Zum Autor | 239

Fotonachweis | 240

Vorwort

Joe Cocker ist ein echtes Phänomen. Er sah schon immer älter aus, als er in Wahrheit ist, kann nicht tanzen, komponiert selbst keine Hits und ist auch nicht sonderlich eloquent. Dennoch gilt er gemeinhin als Superstar, was schon alleine daran deutlich wird, dass in meiner über dreißigjährigen journalistischen Arbeit Joe Cocker – neben Bob Dylan und Leonard Cohen – derjenige Künstler ist, den ich am meisten fotografiert, live gesehen oder gar im Gespräch erlebt habe.

Zum Beispiel in Berlin am 12. Februar 1997, Gendarmenmarkt, genauer gesagt, Mohrenstraße 30, mittags, gegen 12 Uhr. High Noon. Joe Cocker betritt mit seinem Manager Roger Davies die kleine Bühne in einem der Konferenzräume des Berliner Hilton-Hotels. Joe nimmt am Tisch Platz. Rechts neben ihm Davies und links der Marketing-Chef von Beck's Bier. Der Anlass dieser Pressekonferenz wird in der Pressemappe erläutert: „Der Markenauftritt von Beck's in der Werbung besetzt seit vielen Jahren die Felder Männlichkeit, Freiheit und Abenteuer. Die wahrscheinlich männlichste Stimme im Rockgeschäft löst genau diese Emotionen in hohem Maße aus", ist darin zu lesen. Aber nicht nur die Bekanntgabe dieser Werbe-Kooperation sowie der Tourneedaten der damals im Spätsommer 1997 startenden Deutschlandtournee sind Anlass für diese Pressekonferenz. Joe Cocker würde am selben Tag auch noch im Rahmen einer Fernsehgala die „Goldene Kamera" erhalten.

Gründe genug also, um Texte und Fotos für diverse Printmedien zu produzieren. Pressearbeit in der analogen Welt sah noch ein wenig anders aus als in der heutigen digitalen Welt.

Es ist zwar nun schon 17 Jahre her, aber ich erinnere mich noch sehr gut an diesen Mittwochmorgen, an dem ich etwa um drei Uhr in der

Früh mit dem Wagen die 754 Kilometer-Reise von Saarbrücken nach Berlin antrat. Mit im Gepäck zwei Kameras, natürlich analog, sowie ein Aufnahmegerät, welches das gesagte Wort noch auf einer Tonbandkassette aufnahm.

Dieser 12. Februar 1997 in Berlin war zwar bei weitem nicht das erste Mal, dass ich im Verlauf meiner publizistischen Tätigkeiten mit Joe Cocker zusammentraf. Aber es war mit das schönste Erlebnis mit ihm, weil es in einem jener Hotels stattfand, über die Leonard Cohen einmal Worte verlor, die ich seither nie wieder vergessen habe, wenn ich *solche* Hotels betrat. Er meinte: „Ich liebe Hotels, in denen ich ohne Aufsehen morgens um vier einen Zwerg, einen Bären und vier Frauen aufs Zimmer mitnehmen kann, ohne dass der Concierge dem Ganzen auch nur einen Hauch von Aufmerksamkeit zukommen lässt."

Und ein solches Hotel war eben das Hilton Berlin, zumindest damals.

All dies und vieles mehr rekapitulierte ich, als ich 2013 damit begann, Material für mein Buch über Joe Cocker zusammenzusuchen. Cocker erlebte ich „on stage", „front of stage", backstage, bei Pressekonferenzen und in Gesprächen. Zuletzt 2013 in Montreux, davor 2012 in Köln und in Mannheim, 2010 in Saarbrücken, 2004 in Rotterdam und Antwerpen, 2000 in Pirmasens, 1999 in Saarbrücken, 1997, wie gesagt, in Berlin, 1996 im saarländischen Sulzbach und in Baden-Baden, 1995 in Schwalmstadt, 1994 in Luxemburg, 1992 in Homburg an der Saar und in Antwerpen, 1989 in St. Wendel, 1985 bei Rock am Ring, 1983 auf der Loreley und in Karlsruhe mit Supertramp und 1980 in Berlin.

Zu einer weiteren Begegnung kam es am 14. November 1999 ebenfalls in Saarbrücken, als Joe Cocker die „Goldene Europa" für sein Lebenswerk erhielt. Bei der Auszeichnung im Rahmen einer Fernsehgala der ARD waren 3.000 Besucher in der Saarlandhalle, und Cocker war trotz seines wahrscheinlich zigtausendsten Auftritts vor Publikum nervös. Gegen 17 Uhr gab es eine Generalprobe. In der Zwischenzeit durften akkreditierte Journalisten fotografieren oder auch Interviews machen. Cocker saß in seiner Garderobe, trank Wasser und wirkte keineswegs wie ein „Lebenswerk". Er wirkte auch nicht wie ein Künstler, der für ein Lebenswerk ausgezeichnet wird. Er wirkte so, wie ich ihn oft erlebte: zurückhaltend, dezent, leicht unsicher und ohne Entourage geradezu verletzlich, aber immer freundlich. Würde man ihn nicht kennen, wäre er einfach nur ein untersetzter kleiner Mann. Er war jovial, bot Getränk und Sitzgelegenheit an und beantwortete routiniert meine wenigen Fragen, die in dem kurzen Interview möglich waren.

Ich stellte dann bei meinen Recherchen schnell fest, dass es trotz des weltweit über Jahrzehnte anhaltenden Erfolges von Joe Cocker keine zuverlässigen Quellen über sein Leben und Werk gibt. Es existiert keine komplette Diskografie, und selbst die eigene Website von Joe Cocker (www.cocker.com) offeriert nicht das komplette Lebenswerk. Bücher über Joe Cocker liegen aktuell gar keine vor. Die letzten, und es gibt wahrlich nur zwei, wurden Anfang der 90er-Jahre veröffentlicht, eines davon wurde zwar zu Beginn der 2000er-Jahre aktualisiert, aber nur in englischer Sprache veröffentlicht.

Also kramte ich weiter und weiter in meinen Schätzen und fand überraschenderweise enorm viele Memorabilia zu Joe Cocker von den 80er-Jahren bis heute: Foto- und Backstage-Pässe, Konzertplakate, Aufnahmen von Interviews und Pressekonferenzen wie etwa die von Berlin 1997, Presseinfos von Plattenfirmen und Konzertveranstaltern sowie unzählige Negativ-Streifen von Konzertfotos und dann auch Digital-Fotos, da ich in den 2000ern schließlich auch digital fotografierte.

Der Ansporn, dieses Buch zu schreiben, bestand dann letztlich auch darin, etwas zu recherchieren, was es an Informationen über Cocker bis dato so noch nicht gab. Der Entdeckergeist hatte mich gepackt.

Joe Cocker ist, wie gesagt, kein begnadeter Komponist und Texter. Er ist lediglich mit der Gabe gesegnet, Geschichten erzählen zu können und diesen Geschichten eine unvergleichliche Stimme verleihen zu können. Es sind nicht immer seine Geschichten, die er erzählt, aber er tut es mit seiner geradezu magischen Stimme, was ihn wiederum auf seine Art einzigartig macht und mich seit seinem Album „Luxury You Can Afford", meinem ersten Cocker-Album, fasziniert. Was mich ebenso an ihm fesselt, ist die Tatsache, dass er wie kein anderer selbst zur Geschichte im großen Buch der populären Musik geworden ist.

45 Jahre nach seinem legendären Auftritt 1969 in Woodstock ist Joe Cocker mittlerweile 70 Jahre alt, und er bezeichnet sich heute selbst als „Dinosaurier der Rockgeschichte". Getreu der „Live Fast, Die Young"-Philosophie ließ „The Voice" Joe Cocker nichts aus, was ihn, seine Karriere, seine Musik, seine Stimme und sein gesamtes Leben hätte gefährden können. Vor allem waren es bekanntermaßen Alkohol und harte Drogen, die ihm körperlich zusetzten. Nicht aber seiner Stimme, die blieb, die gefiel und nach der wurde wieder und immer wieder gefragt. Und so rappelte sich Joe Cocker, trotz unentwegter Rückschläge Mal um Mal auf und wusste mit gewohnter Professionalität klassische Soul-Songs, große Power-Balladen und energiegeladene Up-Tempo-Hits erfolgreich zu präsentieren. Meine Favoriten sind übrigens bis heute Randy Newmans „You Can Leave Your Hat On", das in Cockers Version 1986 als Teil des Soundtracks zu dem Soft-SM-Film *9 ½ Wochen* schließlich weltberühmt wurde, „Night Calls" und „Hard Knocks".

Cockers Kunst ist die Songveredelung dank seiner an Reife und Klasse noch immer hinzugewinnenden Stimme. Ich liebe es, wenn sich seine Stimme dem expressiven Höhepunkt eines Songs nähert, etwa in „Shelter Me", oder sich sein Rückgrat bei „Unchain My Heart" manchmal weit zurückbiegt bzw. er mit den Armen bei „You Are So Beautiful" langsam nach hinten rudert, als suchten sie dort im Ungefähren für den ganzen Körper Halt. Das sind keine theatralischen Gesten. Die röhrende, mitunter sich markerschütternd aufbäumende Stimme bemächtigt sich dann dieses Körpers, und Joe Cocker wirkt für einen Augenblick so ergriffen und zugleich so hilflos, als packe ihn noch einmal das Verhängnis höchstselbst am Kragen.

Beschreibungen dieser Art spiegeln eigentlich das gesamte Leben Joe Cockers wider. Er ist kein Intellektueller, der sich der Macht der Worte bedient, um sich zu wehren. Cocker schreit. Auf der Bühne. Im Gespräch hingegen ist er ruhig. In den frühen 80ern war er noch ruhiger als heute. Zwischenzeitlich wirkt er geläutert, routiniert im Umgang mit den Worten, die er sich auf immer wiederkehrende Fragen von Journalisten, gut vorbereitet, zurechtlegt. Cocker ist auch kein Frauenheld. Cockers Laster trugen keine Frauennamen, sondern hießen LSD, Marihuana, Heroin und Alkohol. Und er ist es leid, darauf angesprochen zu werden, nachdem er seit Jahren schon all diesen abgeschworen hat. Seine Aussprache ist seither um ein Vielfaches deutlicher.

Man merkt Joe Cocker, wenn man ehrlich ist, seine kleinbürgerliche Herkunft aus der nordenglischen Stahlmetropole Sheffield immer noch ein wenig an. Aber mittlerweile ist Joe Cocker ein Überlebender seiner eigenen Geschichte – und er ist sich mehr denn je dessen bewusst. Wenn irgendetwas zählt, dann ist es das Überleben, auch wenn man schwach ist, in einer der härtesten Branchen unserer Zeit. Joe Cocker ist, seitdem er mit 16 die Schule verließ, genau das gelungen: zu überleben! Den weltweiten Erfolg überlebt zu haben, das ist Joe Cockers Geschichte.

Prof. Dr. Christof Graf
Zweibrücken, im Juni 2014

Intro
„Cry Me A River"
The one and only Joe Cocker

Joe Cocker weiß, was es heißt, wie ein Phönix aus der Asche aufzuerstehen. Schon in den 70ern galt er als „der neue Star" im Rockbusiness. Janis Joplin, Jimi Hendrix und Jim Morrison waren bald tot, Joe Cocker jedoch lebte. Aber ebenso wie die Mitglieder des berühmten „Club 27" war auch er in Gefahr, zur tragischen Figur zu werden und zu sterben. Nach seiner durch den Woodstock-Auftritt steil aufsteigenden Karriere und einigen Hits, auf welche er mit einem ausschweifenden Leben ganz im Sinne der vielzitierten Mentalität „Sex, Drugs & Rock'n'Roll" reagierte, beschrieben ihn die Medien schnell als hochgradig Gefährdeten. Sie machten ihn damit aber zu früh zum ausgebrannten Star, brachen zu früh den Stab über ihn. Denn es folgten Jahre voller Höhen und Tiefen, es gab Triumphe, aber auch Misserfolge. Und nach über fünf Jahrzehnten im Musikgeschäft ist Joe Cocker immer noch einer der erfolgreichsten und bekanntesten Sänger weltweit. Viele seiner insgesamt nunmehr offiziell 22 Studio- und drei Live-Alben erreichten Platin-Status, und er wurde mit zahllosen Awards wie dem Grammy, Golden Globe und Academy Award ausgezeichnet und erhielt zudem von der Queen den Order of the British Empire. Kurzum: John Robert „Joe" Cocker, der am 20. Mai 1944 in der einstigen englischen Stahlmetropole Sheffield geboren wurde, gilt 70 Jahre später als ein „Elder statesman des Rock'n'Roll", als der weiße Soul-, Blues- und Rocksänger mit der schwärzesten Stimme, vor allem aber gilt er als „Überlebender". Was ihn zu all dem machte? Seine Stimme!

Seit Mitte der 90er-Jahre ist Joe „the real voice" Cocker von den großen Veranstaltungsorten dieser Welt nicht mehr wegzudenken. Für eine „Stimme" ist die Bühne der beste Ort, um sich auszuleben. Live zu spielen ist wahrscheinlich auch das, was Cocker am meisten genießt und auch immer schon genossen hat. Auf seiner letzten Welttournee 2013 etwa spielte er vor ausverkauften Häusern rund um den Globus, sogar in Südamerika.

Eine ganze Generation wollte in Woodstock die Utopie von Liebe und Frieden in schiere Realität überführen, und mit der seelenvollen Interpretation des Beatles-Klassikers „With A Little Help From My Friends" unterstrich Cocker, dass diese Vision von Liebe ohne brüderliche Solidarität nur unvollständig wäre.

Aber schon mit Beginn der siebziger Jahre war der Traum ausgeträumt. Trotz Hendrix' symbolischer Intervention „Star Spangled Banner" wurden in Vietnam weiterhin Menschen getötet, und am 18. September 1970 starb Hendrix schließlich. Janis Joplin und Jim Morrison folgten ihm am 4. Oktober 1970 bzw. am 3. Juli 1971 nach. Joe Cocker wurde währenddessen und im Rahmen seiner berühmt-berüchtigten „Mad Dogs & Englishmen"-Tournee in 56 Tagen durch 48 amerikanische Städte gescheucht; er kam von dieser Tour mit ganzen 862 Dollar und einem Nervenzusammenbruch zurück. Es grenzt fast an ein Wunder, dass der „Underdog" damals nicht auch starb. Das verdankte er neben seinen Eltern (bei denen er – immer wieder einmal – kurzfristig untertauchen konnte) wohl auch seiner nie gebrochenen Liebe zum Leben und zur Musik.

Joe Cocker kehrte nach der „Mad Dogs-Odyssee" 1972 ins Showbusiness zurück, lernte aber die ganzen siebziger Jahre hindurch weiterhin vor allem die Tiefen dieses Geschäfts kennen. Erst im Laufe der nächsten Dekade und eben „with a little help from my friends" reifte er schließlich zur Persönlichkeit, die einen hochexpressiven Artisten und einen endlich ausgeglichenen und befriedeten Privatmenschen in sich vereint. Heute lebt er zurückgezogen mit seiner Frau Pamela in seiner Wahlheimat Kalifornien oder findet auf seiner Farm in Colorado seine innere Harmonie.

Zur kreativen Blütezeit der Rockmusik oft abgeschrieben oder gar totgesagt, ist dieser immer wieder auferstandene Selfmade Man vom Dienst also auch im neuen Jahrtausend weitaus lebendiger (und authentischer) als die zeitgenössische Rockmusik selbst.

Die Zeit der großen klassischen Komponisten und Rock-Autoren scheint im zweiten Jahrzehnt des 21. Jahrhunderts zu Ende zu gehen. Kollaborateure und Weggefährten sterben. Johnny Cash am 12. September 2003 und Lou Reed am 27. Oktober 2013. John Lennon, dem Joe Cocker seine größten Coverversionen verdankte, verstarb schon am 8. Dezember 1980. Cockers größtes musikalisches Vorbild Ray Charles am 10. Juni 2004. Andere „friends along his way" begleiten Cocker hingegen nunmehr in den Olymp der sogenannten „Elder statesmen" des Rock. Eric Clapton wurde am 30. März 2014 69 Jahre alt, Mick Jagger am 26. Juli 71, Paul McCartney am 18. Juni 72, Bob Dylan am 24. Mai schon 73. Noch ehrwürdigere Ikonen wie Leonard Cohen, der Singer/Songwriter, aus dessen Repertoire Cocker gleich drei Songs veredelte und zu Hits machte, werden 2014 gar 80 Jahre alt.

Joe Cocker indes darf sich mehr denn je als ein Überlebender fühlen, der getreu der Maßgabe vorgeht: „It's the singer, not the song." Und er ist in der Tat einer der Größten unter den Interpreten. Der Grund dafür liegt eben sicherlich in seiner einzigartigen Stimme. Selbst Cockers großes Vorbild Ray Charles zollte ihm dafür Bewunderung. Cocker gilt als berühmteste weiße Bluesstimme, und die NEW YORK TIMES wählte ihn sogar einmal zum „besten männlichen Rocksänger". Aber da ist noch etwas, denn Joe Cocker ist einer der ganz wenigen Popkünstler, die trotz ihres Erfolgs quer durch alle Generationen dezidiert nicht die Rolle des Seelentrösters ausfüllen. „Dafür liefert Cocker seinen Fans eine Ahnung von emotionalen Exzessen, die ihnen ihr eigenes Leben vorenthält", analysierte Wolfgang Hobel schon Anfang 1990 treffend in der SÜDDEUTSCHEN ZEITUNG.

Wer Joe Cocker hört, weiß im Nachhinein zwar auch nicht ganz genau, wie es nun um die geheimnisvollen Mächte bestellt ist, die unser Leben lenken. Aber dass diese existentiellen Fügungen existieren, davon legen Cockers Stimme und Werk ein glaubwürdiges Zeugnis ab.

In seiner langen Laufbahn hat Joe Cocker immer wieder bewiesen, dass er es wie kaum ein anderer Musiker versteht, Songs namhafter Komponisten zu seinen eigenen zu machen. Er hat über die Jahre zahlreiche Fremdtitel in sein Repertoire aufgenommen und diese so überzeugend in seinem absolut individuellen Stil interpretiert, dass man glauben könnte, sie seien extra für ihn verfasst worden. Viele Nummern, die ursprünglich für andere Sänger geschrieben worden waren, erlangten in seiner Bearbeitung den Status von Klassikern. So manches Lied wurde erst in seiner Fassung weltberühmt, bestes Beispiel wiederum Randy Newmans „You Can Leave Your Hat On". Weltweit kommt wohl kaum ein Striptease ohne diese Musik im Hintergrund aus.

Über ihn heißt es: „Wenn er singt, zerreißt Cocker sein eigenes Herz und seine Seele mit der Dringlichkeit und Intensität eines van Gogh des Rock'n' Roll ... Ein Song, der einmal von ihm gesungen worden ist, ist damit für immer gesungen worden." Über Jahrzehnte hinweg genießt die musikalische Legende aus Sheffield mittlerweile weltweit den Ruf eines hervorragenden Sängers, extravaganten Interpreten und passionierten Bühnenmusikers. Der englische Soulsänger eroberte die verschiedensten Genres, schuf eine große Anzahl von Klassikern, hielt aber an einer bestimmten Stilrichtung stets besonders fest: „Ich scheine mich nie sehr weit vom Blues zu entfernen", verrät der Künstler. „Ich habe es versucht, aber wenn ich dem zuhöre, was andere Leute so singen ... in meinem ganzen Leben könnte ich so was nicht singen. Ich denke, wenn du mal so um die Mitte dreißig bist, hast du deinen grundsätzlichen Stil festgelegt. Ich könnte einfach keine anderen Platten machen."

Glücklicherweise ist das genau der richtige Stil für den raspelnden, knurrenden Sänger, der immer aufs Neue in der Lage war, das noch zu übertreffen, wofür sein Publikum ihn so sehr schätzte.

Der in unvergesslichen Liveauftritten und Studioaufnahmen noch immer vorhandene Zauber ist erstaunlich, aber nicht unerklärlich. „Songs wie ‚You Are So Beautiful' oder ‚With A Little Help From My Friends' könnte ich ewig singen", bemerkt Cocker zu zwei Songs, die in jedes seiner Konzerte hineingehören, und zu seiner Hingabe an den Gesang. „Gott weiß, wie oft ich sie schon gesungen habe. Es ist, als ob ich tausendmal das gleiche Bild malte. Man fragt sich immer: ‚Wie bekomme ich es diesmal richtig hin?' Und ich bekomme es jedes Mal richtig hin." Vielleicht weil er einfach etwas hat, was andere nicht haben: eine Ausnahmestimme.

Aber was macht denn nun Cockers Stimme zur Ausnahme? Ihr Klang? Ihre Klangfarbe? Ihre Geschichte? Die Geschichten, die sie erzählt? In all dem liegt natürlich ein Körnchen Wahrheit. Klar ist jedenfalls: Was bleibt im Musikbusiness, sind die Ausnahmestimmen. Eine Stimme, die einem das Gefühl gibt, sich ihr nicht entziehen zu können, als hätte sie etwas Magisches. Aber vielleicht ist es auch nur das tragische Moment in ihr, das den Geschichten etwas gibt, was sie zu dem macht, was Menschen immer suchen: Authentizität.

Es geht also nicht nur um eine Stimme, die wie Joe Cocker klingt. Es geht um die, die Joe Cocker *ist* und die nur deswegen seine ist, weil sie seine Geschichten erklingen lässt. Eine Stimme, kalt und warm zugleich, eine Stimme voller Kraft und Emotionalität, eine Stimme, die weit über das hinausgeht, was die Tonleiter ausmacht, die hell und klar ebenso wie dunkel und weich ist. Eine Stimme, die einen Sänger zum *Shouter*, zum Schreienden macht, der damit Klänge erzeugt, wie sie kein anderer nach ihm erklingen lassen kann.

Ja, es gibt sie natürlich, die faszinierenden Stimmen Elton Johns, Freddie Mercurys und auch die von Vertretern der jüngeren Generation wie Lady Gaga, Katie Perry, Leslie Clio oder Birdy. Aber es sind keine, die Geschichten wie die von Joe Cocker erklingen lassen. Und dabei sind es noch nicht einmal immer seine eigenen Lieder, die er da auf seine ureigene Art und Weise zu Gehör bringt. Oft sind es jene von Kollegen, von denen er meint, sie würden gut zu seiner Stimme passen. Oft macht er solche Lieder von den Beatles, Bob Marley, Randy Newman, Leonard Cohen oder Bob Dylan in einem unnachahmlichen Veredelungsprozess zu noch größeren Hits, als sie das ohnehin schon waren.

Peter Maffay spricht in seinen „Gedanken eines Getriebenen" den „9. Ton" an. Ein solcher durchdringt Joe Cockers Tonleiter auch. Eine Tonleiter oder Skala ist in der Musik eine Reihe von der Tonhöhe nach geordneten Tönen, die durch Rahmentöne begrenzt wird, jenseits derer die Tonreihe in der Regel wiederholbar ist. Meistens hat eine Tonleiter den Umfang einer Oktave und folgt dabei in vielen Fällen einem heptatonischen Tonskalenaufbau. Wie eine Tonleiter aufgebaut ist, wird im Tonsystem festgelegt. Die gebräuchlichsten europäischen und außereuropäischen Tonleitern basieren auf fünf oder sieben Tönen innerhalb der Oktave, welche Tonstufen genannt werden. Weit verbreitet sind diatonische Tonleitern in Dur und Moll oder die Kirchenleitern. Tonleitern sind durch Tonabstände definiert. Die in der konkreten Tonleiter enthaltenen Töne bezeichnet man als leitereigen. In außereuropäischer Musik wie der klassischen arabischen oder indischen gibt es Tonsysteme und Tonleitern, die den Tonraum anders aufteilen. So bestehen Tonleitern, die mehr als sieben festgelegte Tonstufen enthalten, wie zum Beispiel Mugam, Maqam oder Raga. Ein Beispiel für eine der heute in Mitteleuropa am gebräuchlichsten Tonleitern: die Dur-Tonleiter. Sie besteht aus Tönen im Abstand: Ganzton – Ganzton – Halbton – Ganzton – Ganzton – Ganzton – Halbton. Man kann eine so definierte Tonleiter auf jedem beliebigen Ton beginnen. Durch Angabe eines konkreten Anfangstons (Grundtons) wird daraus eine Tonart wie C-Dur, D-Dur usw. Die leitereigenen Töne von C-Dur heißen auch Stammtöne und entsprechen den weißen Tasten auf einer Klaviatur. Paul McCartney, der mit Joe Cocker 2002 zusammen „All You Need Is Love" für das 50. Thronjubiläum der Queen im Buckingham Palace-Garden sang, schrieb über das Zusammenspiel der Klaviertasten den Song „Ebony & Ivory" aus dem Jahr 1982, den er damals zusammen mit Stevie Wonder intonierte.

Manche interpretieren den Song als gelebtes Ideal zwischen den Gegensätzen. In der Musik ist es Dur und Moll. Dur und Moll verdrängten im Verlauf des 18. Jahrhunderts die Bezeichnungen Modus major und Modus minor (cantus durus und cantus mollis) für die Tongeschlechter der Kirchentonarten. Seitdem spricht man auch vom dur-moll-tonalen Tonsystem, kurz Dur-Moll-System. Der Höreindruck von Dur wird oft als „hell, klar" (vgl. lat. durus = hart) beschrieben, wogegen Moll oft als „dunkel, weich" (vgl. lat. mollis = weich) bezeichnet wird. Diese Charakterisierungen sind jedoch mit Vorsicht zu genießen. Insbesondere weitergehende Assoziationen wie z. B. Dur mit fröhlich oder Moll mit traurig können zwar im Einzelfall zutreffen, dürfen aber auf gar keinen Fall verallgemeinert werden, weil der musikalische Gesamteindruck noch von vielen anderen Komponenten abhängt.

Cocker, der Stimmkünstler, der Magier der Töne, wird mit seinem Gesang nun zu einem Maler und Regisseur zugleich. Er projiziert Bilder auf eine Leinwand und liefert gleichzeitig den Soundtrack dazu. Was bleibt, ist die Macht der Klänge. Klänge, die die Kraft haben, Erinnerungen zu wecken, Erinnerungen lebendig werden zu lassen. Erinnerungen an Bilder, die man gerne wiedersieht, Erinnerungen, die man gerne auffrischt. Erinnerungen an die erste Liebe, an das erste Konzert, an erste Reisen in große Städte, in ferne Länder. Assoziationen von Freiheit, von gelebtem Leben und Gefühlen. Erinnerungen an Ereignisse wie Woodstock, den Mauerfall oder Liebesfilme wie „Ein Offizier & Gentleman", oder eben „9 ½ Wochen". Und wenn ein Künstler mit seiner Kunst Dekade für Dekade immer wieder neue Bilder zu schaffen weiß, wird er zum Ausnahmekünstler.

Joe Cocker hat gleich ein ganzes Bilderbuch gemalt: „With A Little Help From My Friends" steht für die 60er-Jahre, „Mad Dogs & Englishmen" und „Wasted Years" stehen für die 70er-Jahre, „Up Where We Belong", „You Can Leave Your Hat On" und „Unchain My Heart" für die 80er sowie „Night Calls", „Sail Away", „First We Take Manhattan" und „She Believes in Me" für die 90er, „Respect Yourself", „Hard Knocks" und „Fire It Up" schließlich stellvertretend für den seit nunmehr 30 Jahre anhaltenden kommerziellen Erfolg Joe Cockers auch im neuen Jahrtausend.

Und erfragt und erkundet man immer und immer wieder das Besondere an Cocker, dessen Leben, dessen Kunst und dessen Stimme, scheint es, als hätte Peter Maffay bei seinem Sinnieren über den „9. Ton" einer Tonleiter recht, wenn er schreibt: „Der neunte Ton ist der gute Ton. Ohne ihn wären die Musiker eines Orchesters nicht in der Lage, harmonisch miteinander zu musizieren. Dieser 9. Ton steht für respektvolles Zusammenspiel … Er steht dafür, Dialoge zu entfachen, andere glücklich zu machen, sich zu öffnen, um andere zu berühren …" Und: „Der neunte Ton ist eine nie endende Herausforderung." Vielleicht ist es das, was Cocker über die Jahre so erfolgreich machte, obwohl er nach steilem Bergaufstieg tief fiel, lange liegen blieb, oft dabei noch getreten wurde, und irgendwann doch wieder zu sich kam und bedacht die Dinge anging, sich schonte und ohne Groll und Hass jenen gegenüber, die ihn traten, wie ein Phönix aus der Asche in die Lüfte stieg und von da an nie wieder zurückschaute.

„Musik gehört zu den merkwürdigsten Phänomenen, die die Menschen jemals hervorgebracht haben", sinnierte Cocker schon in den 70ern bei Gesprächen während der „Mad Dogs & Englishmen"-Tournee. „Essen, trinken und schlafen erfüllt einen evolutionären Nutzen, niemand aber braucht Musik und deren Klänge, Töne und Melodien. Und dennoch haben wir Hunger nach ihnen, bewegen wir uns nach ihnen, machen unsere Stimmungen davon abhängig und können uns kein Leben ohne sie vorstellen."

Wenn man von der sogenannten zeitgenössischen Musik ausgeht, deren Vertreter Joe Cocker ist, geht es bei seinen präferierten Musikstilen um die des Rock & Pop, genauer, vor allem um die des Blues und Souls. Viele Rockbands der 1960er-Jahre, besonders in Großbritannien, nahmen den amerikanischen Blues als Basis für ihre Musik und reimportierten ihn während der sogenannten „British Invasion" zurück in die USA. Auch dort wurde er wieder von zumeist weißen Rockmusikern aufgegriffen. Populäre Musiker und Bands wie The Doors, Led Zeppelin, Jimi Hendrix, Eric Clapton, Alvin Lee, Peter Green, The Rolling Stones und Rory Gallagher waren sowohl vom akustischen als auch vom elektrischen Blues beeinflusst und leiteten davon ihren eigenen Stil ab, den Bluesrock. Joe Cocker bedauerte immer, kein Instrument zu spielen, nicht gerne Songs zu schreiben, die Tonleiter nicht zu beherrschen … „Ich brauche eine Komposition eigentlich nur einmal zu singen, und schon fühle ich, ob ich auf dem richtigen Weg bin. Aber in welcher Tonart sie liegt, weiß ich nicht. Für mich ist ein Song ein Medium, beim Singen vollziehe ich eine mentale Transformation. Aber eigentlich kann man das einem Außenstehenden gar nicht erklären." Und: „Viele halten mich bloß für einen Bluessänger. Ich bin ein sehr natürlicher Sänger, alles, was aus mir herauskommt, passiert spontan. Ich kann keine Noten lesen, und auch mit der Tonleiter habe ich mich eigentlich nie beschäftigt. Anfangs sang ich meine Songs ein oder zwei Tonlagen tiefer, ich wusste ja gar nicht, dass ich auch höher kommen konnte. Ich bin mein Leben lang ohne Lehrer ausgekommen. Manchmal stößt man aber auch an seine Grenzen. Als ich vor ein paar Jahren in London mit Eric Clapton auf der Bühne stand, fragte der Meister mich, in welcher Tonart der Song sei, den wir als Nächstes spielen wollten. Da musste ich leider passen."

Diese Art von Antwort passt zu Joe Cocker. Ob in den 80ern, in den 90ern oder in den 2000ern, Cocker war in seinen Gesprächen stets offen und ehrlich. Meist sogar *zu* ehrlich und offen, und noch häufiger auch geradezu ungeschickt. Besonders in den 70ern und 80ern wurde er in Interviews gerne über Alkoholexzesse und Drogeneskapaden ausgefragt, die ihn wie einen naiven Menschen erscheinen ließen. Naiv ist er aber nicht, eher gutmütig und gutgläubig. Letzteres wohl gerade zu Beginn seiner Karriere viel zu sehr. Mit zunehmender Erfahrung veränderte sich dann aber auch sein Gesprächsverhalten, manchmal sogar bis hin zur „Gesprächsunwilligkeit". Cocker hat gelernt, mit den Medien professionell umzugehen, lässt sich nicht mehr aushorchen und verwehrt auch schon mal Interview-Anfragen wie etwa beim St. Wendeler Open Air 1989. War es in den 90er-Jahren noch häufig möglich, kurzfristig und spontan Interviews oder Kurzgespräche während Konzertreisen oder bei Verleihungen von Awards zu erhalten, wurde es ab den 2000ern zunehmend schwieriger. Die Auflagenhöhe entschied über die Gesprächsvermittlung. Massenmedien und Medienmultiplikatoren hatten Vorrang gegenüber Einzelinterviews unbedeutenderer Gesprächspartner. Roundtables wie etwa am 18. Oktober 1991 im Kölner Hyatt, bei dem Joe Cocker mehreren Journalisten, darunter auch Eric Rauch von „promoteam.de", gleichzeitig im Rahmen kleiner Tischgespräche Rede und Antwort stand, waren und sind bis heute gern geführte Interview-Arten. Pressekonferenzen wie etwa im Frühjahr 1996 in Berlin für die „Beck's – Sail Away-Tournee" oder 2004 wegen seiner Teilnahme an der „Nokia Nights of the Proms"-Tour ergänzten die Skala der Möglichkeiten für den Erhalt von O-Tönen Cockers.

Doch egal, unter welchen Umständen ich mit Joe Cocker sprechen konnte, zumindest ab den 90ern ergab sich für mich das Bild eines – endlich – bei sich angekommenen Mannes, der mit sich und seinem

Leben im Reinen ist. Manchmal wirkte er noch immer gehetzt, manchmal wortkarg, manchmal redselig, aber stets höflich. Sätze wie: „Den Blues nenne ich einen Schrei nach Identität. Es ist meine einzige Gnade, meine Rettung, dass ich ihn singen kann. Den wahren Blues werden die Menschen nie satt haben. Vielleicht liegt aber auch die ganz große Zeit für den Blues erst noch vor uns", haben sich in mein Gedächtnis eingebrannt. Sätze wie diese, selbst wenn sie sich über die Jahre wiederholen und sich auch in Interviews mit Kollegen wiederfinden, machen diese Gespräche wertvoll. „Was mich stets faszinierte, war die Kraft seiner Klänge", sagt Joe Cocker über den Blues, und mich wiederum faszinierte der Klang seiner Stimme, als er dergestalt über den Blues philosophierte.

Sein gesprochenes Wort ist der Spiegel seines gesungenen Wortes. Was immer bleibt und was seine Wirkung ausmacht, ist Joe Cockers Stimme. Immer wieder dreht sich alles nicht um seine Performance, nicht um seine Songwriter-Qualitäten, sondern immer nur um seine Stimme, die es nunmehr über ein halbes Jahrhundert schafft, Menschen in ihren Bann zu ziehen, ihnen den Atem zu rauben und sie emotional abzuholen.

Cocker wirkt. Cockers Bestreben nach Vielfalt und nach Entwicklung erklärt seine fortwährende Relevanz für jede nachwachsende Generation von Musikliebhabern. Joe Cocker ist eben einer der ganz großen Sänger unserer Zeit. Seine Stimme ist pure Naturgewalt, kraftvoll, expressiv und mit Sicherheit die eigenwilligste im weiten Rund der populären Musik. Ob Balladen, Soul-Stomper, Blues-Urgesteine oder geradlinig strukturierte Popsongs, seine Gabe, Lieder anderer Interpreten in neue Dimensionen zu bringen, macht ihn zur dauerhaft strahlenden Lichtgestalt im niemals endenden Rockzirkus.

Aber Cockers Musik lässt sich nicht wirklich definieren oder etikettieren. Cockers Musik ist eher ein Konglomerat von Klängen, die sich mit nichts, was andere Künstler in diesen Genres tun, vergleichen lässt. „Es gibt einen Grund dafür, dass die Leute die Songs hören wollen, für die man bekannt ist. Sobald die ersten Akkorde von einem Song wie ‚You Can Leave Your Hat On' erklingen, wird den Leuten irgendwie anders. Es fasziniert mich, auf der Bühne zu stehen und das zu beobachten. Frieden und Liebe gehen dabei Hand in Hand mit Musik, das war immer meine Philosophie. Musik hat eine heilende Kraft. Die Leute kommen zu mir und bedanken sich für Lieder, die ihnen durch schwere Zeiten geholfen haben. Als ich die Songs aufnahm, hatte ich das nicht im Sinn. Von Musik und ihrer Wirkung geht immer etwas Geheimnisvolles aus. Vielleicht verstehen wir sie erst, wenn wir in sie eintauchen und begreifen, wie sie entsteht, und lernen, wozu sie im Stande ist."

Nichts ist wirkmächtiger als Musik, das spürt man nicht nur ab der ersten Minute eines Joe-Cocker-Konzerts. Es dauert keinen Song, ohne dass Cocker nicht bereits wie ein Schwerstarbeiter schwitzt. Zu Beginn der 80er, als sein Körper begann, ein wenig fülliger zu werden, waren spätestens nach drei Songs sein T-Shirt und Haar schweißdurchtränkt. Und sein Publikum? Es wartete geradezu sehnsüchtig darauf, dabei zuzusehen, wie sich Cocker durch diese Klangwelten schuftete, um seinen Fans einen Weg durch seine musikalische Welt zu ebnen. So war es früher, und so ist es heute noch immer. Nach dem ersten Song zieht Cocker, mittlerweile altersbedingt noch etwas fülliger geworden, sein Sakko aus, als würde er sich langsam so richtig an die Arbeit machen. Ab dem ersten Ton beginnt er das Publikum in Bann zu ziehen. „Er verzerrt und verzieht sein Gesicht in wilden Grimassen vor Anstrengung über dem Hin und Her seiner spastischen Bewegungen und amotorischen Schritte. Er rudert mit den Armen, steht wie im Sturz, reißt winzige Fingerbewegungen und Gesten an wie Streichhölzer, reißt sich an den Haaren, reißt die Augen weit auf, als würde er gerade aus einem fürchterlichen Schlaf in fremder Landschaft aufwachen: ein Diktator der Gefühle in einem Irrgarten unerlöster Leidenschaften", schrieb darüber der KÖLNER STADT-ANZEIGER und beschrieb seinen Eindruck weiter mit den Worten: „… Ein Gequälter, wie ihn Hieronymus Bosch gemalt haben könnte: mit herausgestülpter Zunge zwischen den unregelmäßigen Zähnen und einer Stimme, die ihm auch aus den Augen herauszutreten scheint. Er sieht nicht gut aus, und keine seiner Bewegungen ist elegant. Alles an ihm dient nur der spannungsvollen Verletzlichkeit der Schönheit seiner Lieder. Er singt nicht mehr, er lässt sich singen, wird gesungen von einem Gesang aus der Vorzeit der Sprache, bevor sie in ihrer jetzigen Form erkaltete. Nach dem Auftritt sackt er ausgepumpt in sich zusammen, wie zurückgelassen von einem fürchterlichen Dämon. Er wankt zur Seite, in den Schatten der Bühne. Im Dunkel der Ecke umarmen ihn die Musiker seiner Band. ‚Verdammt, ich wusste gar nicht, dass die Halle so groß ist', keucht er, ‚ich hatte nur ein paar hundert Leute erwartet', bevor ihn das Gellen der Menge zur Zugabe schon wieder hinausruft, damit er ihnen auch seinen letzten Rest noch gibt. Seine gekräuselten grauen Haare kleben ihm längst als nasse glatte Strähnen an den Schläfen, im Nacken und auf der Stirn. Und nun reißt er sich noch einmal hoch da vorne, steht noch einmal wie ein Denkmal, steht dann wieder schräg wie im Fall da, zieht den Kopf ins Hemd und kneift sein linkes Auge zu, weil er sonst den letzten hohen Ton nicht mehr erreicht: ‚You Are So Beautiful To Me.' Er quetscht und kaut und beißt die Töne, schindet sie so, wie sie ihn schinden, und heult in einem Lied mehr Schmerz und Zärtlichkeit aus sich heraus, als manch anderer sein Lebtag nicht aus dem Leib herauskriegt …"

Die Beschreibung einer Momentaufnahme, die Cocker mit den Worten zusammenfasst: „Es ist das, was das Publikum von mir erwartet. Würde ich es nicht so machen, wäre es nicht das, weswegen mein Publikum immer wieder kommt. Es möchte mich sterben und auferstehen sehen." Vielleicht ist es das, was man als „Magie" in Cockers Stimme und Musik bezeichnen kann. „Erst wer so in die Musik eintaucht, versteht Musik", sagt Cocker. „Erst dann begreift man, wie sie entsteht und woher sie kommt, aus den Tiefen des Inneren, und erst dann ist man in der Lage zu lernen, was sie bewirken kann."

Eine Stimme wie die von Joe Cocker bringt auf eine spezielle Art die Luft zum Schwingen, und unser Gehirn bewertet diese zu Klängen werdenden Vibrationen als unverkennbare Musik.

Cocker aber präsentiert sie auf einzigartige Weise, die einprägsamen Strukturen und Melodien, und das nur mit seiner Stimme. Er zerlegt die Tonfolgen nicht in undurchdringbare Fragmente, er kombiniert sie nicht immer wieder neu, er schichtet nicht Instrumente übereinander. Er ebnet dem Zuhörer den Weg der Töne vom Gehör ins Gehirn, anstatt ihn in ein Labyrinth zu locken. Cocker verwendet die Struktur eines einfachen Popsongs, bei dem die typische Melodieabfolge selten länger als 30 Sekunden dauert und der mit keinen komplexen Texten aufwartet. Cocker schweigt aber auch, legt Pausen ein und offenbart dem Zuhörer eines Liedes die Tatsache, dass ein Klang in die Tiefen der Bedeutungslosigkeiten stürzen würde, wenn es nicht sein Gegenteil gäbe: die Stille. Der imaginäre Raum ohne Vibrationen, Wellen und Schwankungen, ohne Bewertung und Orientierung. Plötzlich wird Stille zum lautesten Element, weil unser Gehirn sich danach sehnt, etwas bewerten zu können, sich orientieren zu können. Stille wird plötzlich zum mächtigsten Element der Wirkung von Musik. Es ist die Stille kurz vor dem Schrei. Die Stille kurz vor dem Falsett, also der um eine Oktave hochgestellten männlichen Sprech- oder Gesangsstimme, bei der die Stimmbänder nicht vollständig, sondern nur an ihren Rändern schwingen, wodurch ein weicher und grundtöniger Klang zustande kommt.

Joe Cockers berühmtestes Falsett ist sein Schrei in „With A Little Help From My Friends", kurz davor wird eine Pause zur Steigerung der Stille „intoniert". Die meisten hören den Schrei schon, bevor ihn Cocker aus sich herausholt. Die meisten kennen ihn, erwarten ihn, bewerten ihn, wie sie ihn schon immer gekannt, erwartet und bewertet haben. Sie kennen seine und ihre Geschichte, und das macht ihn vertraut. Sie kennen seinen Gesang und seine Stimme.

Der ROLLING STONE wählte 2008 Joe Cocker immerhin auf Platz 97 der weltweit besten Sänger aller Zeiten. „Es gilt, dem Song eine eigene kleine Geschmacksnote und Geschichte zu verpassen", erläutert Cocker sein Credo. Nicht mehr und nicht weniger. Und mit seiner ganz und gar unverwechselbaren Stimme glückt ihm das immer wieder neu …

Die 40er-Jahre
Jahre der frühen Kindheit

+++ Breaking News +++ Breaking News +++ Breaking News +++

Sheffield 1944 / A Singer is born: 20. Mai 1944 / Marjorie und Harold Cocker ziehen zwei Söhne groß / Kindheit im Umfeld der Tasker Road 38

+++ Breaking News +++ Breaking News +++ Breaking News +++

Er ist ein lebender Beweis dafür, dass „man aus Sheffield kommen und wie ein Schwarzer aus Mississippi singen kann", schrieb einmal der ROLLING STONE. John Robert „Joe" Cocker kommt aus Sheffield. Er wurde am 20. Mai 1944 geboren, sein Bruder Victor kam im Oktober 1940 zur Welt. Ihre Eltern waren Marjorie, „Madge" genannt, und Harold Cocker, die 1937 geheiratet hatten. Madge zog zu Harold in dessen Elternhaus, eine Doppelhaushälfte in dem Vorort Crookes.

Damals war Sheffield die viertgrößte Stadt Englands und für die Produktion von „British Steel" bekannt. Deshalb war der Ort, seit Beginn der Industrialisierung eine typische „Working Class"-Stadt, auch Ziel deutscher Bomber im Zweiten Weltkrieg. John Roberts Vater diente in der britischen Air Force und sah seinen Sohn erst, als der schon drei Monate auf der Welt war.

Heute hat die britische Stadt in South Yorkshire etwa 557.000 Einwohnern und ist Verwaltungssitz der Region Yorkshire and the Humber. Über das Stadtgebiet erstreckt sich hügeliges Bergland. Auf einem dieser Hügel befindet sich Joe Cockers Elternhaus in Crookes, Tasker Road 38, wo der kleine John Robert seine Kindheit und Jugend verbrachte und heranwuchs.

Bis Ende der 50er-Jahre jedoch wurde Sheffield „als ein Ort angesehen, an dem das Leben aus Arbeit und Schlafen bestand; das Nachtleben endete stets abrupt um zehn Uhr abends – und wenn man jemanden noch später auf der Straße sah, dann nahm man an, dass er entweder auf dem Weg zur Arbeit war oder von dort käme!", erzählt Terry Thornton, ein wohlhabender Geschäftsmann sowie Eigentümer des Club 60 und später des Esquire, in dem Joe Cocker seine musikalische Karriere begann. Thornton sollte später auch Joe Cockers erster Manager werden. Anekdoten und Erinnerungen dieser Art fasste er in einem kleinen Büchlein zusammen. Thornton bot damals aufstrebenden einheimischen Musikern eine Plattform für erste Live-Auftritte. Zu dieser Zeit gab es wenig oder gar keine Abwechslung, besonders im Hinblick auf Attraktionen, die miteinander hätten konkurrieren können. Es gab weder Cafés noch andere Lokale, die nach zehn Uhr abends geöffnet hatten. Folglich existierte auch kein Ort, an den man nach einer Show oder Tanzveranstaltung hätte gehen können, und so fuhr man eben mit der letzten Straßenbahn, die pünktlich um 22:30 Uhr am Rathaus abfuhr, nach Hause.

In unseren Tagen könnte man Sheffield nach London, Liverpool und Manchester indes durchaus als kleines bedeutendes Zentrum der Pop- und Rockmusik nennen. Zu den bekanntesten Vertretern der Stadt neben Joe Cocker zählen The Human League, Def Leppard, die Arctic Monkeys oder auch Jarvis Cocker von der Gruppe Pulp, der jedoch nicht mit Joe verwandt ist, auch wenn er das augenzwinkernd manchmal behauptete, um Aufmerksamkeit zu erregen.

So viel zum privaten Umfeld eines der berühmtesten Söhne der Stadt, der auch noch nach dem Tod seines Vaters immer wieder gerne nach Sheffield zurückkehrte, teils um mit alten Freunden in Pubs zu gehen, um sich mit seinem Bruder zu treffen oder einfach nur, um ein Konzert während einer Englandtournee zu geben. Was sein muss, muss sein.

Die 50er-Jahre
Jugendjahre

+++ Breaking News +++ Breaking News +++ Breaking News +++

Sheffield in den 50ern / Aus John Robert wird Joe (1951) / Skiffeln auf dem Waschbrett (1955) / Joe gründet mit elf die erste Skiffle-Band namens „The Headlanders" (1956) / Die Schule verliert an Reiz (1957) / Bilder von Ray Charles in Joes Schulheften und was daraus wurde (1959)

+++ Breaking News +++ Breaking News +++ Breaking News +++

Sheffield in den 50ern befand sich im Aufbau. Nach dem Krieg war die gesamte Innenstadt stark zerstört. Die Kinder der Stadt spielten entweder in der Schule oder danach auf der Straße bzw. in Hinterhöfen und Gärten. John Robert war eines dieser Kinder, das auf der Straße aufwuchs.

Oft wurde John Robert alias „Joe" gefragt, woher der „Nickname" komme. „Das ergab sich so, einfach so beim Spielen als Kind, bei Cowboy- und Indianerspielen. Jeder gab sich einen Namen. Ich war ‚Cowboy Joe', und das blieb ich auch, einfach ‚Joe'. Wir riefen uns irgendwann nur noch bei unserem ‚Spielnamen'." Aber es gibt noch eine andere Version, die auf einen alten Fensterputzer namens „Joe" verweist, über den sich die Kinder lustig machten. Sie nannten dann alle Spielkameraden „Joe" Miller, „Joe" Smith und eben auch „Joe" Cocker. Doch egal, welche Version die richtige ist, bei kaum einem anderen blieb der Name „Joe" so haften wie bei John Robert, der sogar recht schnell auch von seiner Mutter nur noch „Joe" gerufen wurde. Joe gefiel das. Und seine Mutter freute es, wenn sie ihrem Sohn eine Freude machen konnte. Sein Bruder brauchte ein wenig, bis er die Verwandlung akzeptierten konnte, nur sein Vater machte das Spiel nicht mit und rief ihn bis zuletzt bei seinem Geburtsnamen.

Joe wuchs an einem Ort auf, den man ein „wohlbehütetes" Elternhaus nennen könnte. Sein Vater bekam nach dem Krieg eine Anstellung beim National Assistance Board, was einem Job beim Arbeitsamt in Deutschland gleichkommt: öffentlicher Dienst, Festanstellung, geregelte Arbeitszeiten und sozusagen unkündbar. Nach der Arbeit verbrachte er viel Zeit im kleinen Garten der Doppelhaushälfte. Musikalisch war er von Oper und Klassik fasziniert, liebte Caruso und andere berühmte Tenöre. Von der aufkommenden Popmusik, vom Rock'n'Roll, Blues und Jazz wollte er nichts wissen. Dafür nahm er den jungen John Robert mit ins Kino, wo Vater und Sohn den Film „Der große Caruso" sahen, ein Erlebnis, an das sich Joe noch heute erinnert, ohne dass er genau weiß, wie alt er damals war. Joes Vater war eher ruhig und introvertiert, seine Mutter dagegen eher etwas extrovertiert. Sie war diejenige im Haus, die bei den Späßen des kleinen Joe mit herumalberte, sang und pfiff.

Vic, Joes älterer Bruder, erzählte im englischen Fernsehen, dass „alle, die sie kannten, von ihr mit großer Zuneigung sprachen. Egal, wer bei ihr in ihrem Haus in der Tasker Road 38 vorbeikam, Freunde, Musiker und sogar Joes Fans aus aller Welt, die einfach nur mal schauen wollten, wo und wie Joe aufgewachsen ist, bekamen Tee und Kuchen angeboten. Meine Mutter hat sowohl Joe als auch mich stets dazu ermutigt, die Dinge im Leben zu tun, die wir tun wollten. Es gab nie Beeinflussung, immer nur Unterstützung."

Musikalisch gab es zu Beginn der 50er-Jahre viele Veränderungen. Den Rock'n'Roll, wie man ihn aus den USA kannte, gab es im vom Weltkrieg geplagten Europa zunächst noch nicht. Das europäische Pendant zum Rock'n'Roll entstand in England mit dem Skiffle. Alexis Korner war einer der ersten britischen Vertreter dieser Aufbruchszeit. Die simpelste Form des Skiffles war eine Mischung aller bisher bekannten Musikformen der letzten Jahre, auf selbstgemachten Instrumenten wie etwa Waschbrettern, Kämmen mit Seidenpapier und Wäschekübeln dargeboten. Jene, die das Banjospiel nicht beherrschten, obwohl aufgrund von nur vier anstatt den sechs Saiten einer Gitarre leichter zu erlernen, simulierten das Gitarrenspiel auf einem Tennisschläger.

Joe war begeistert vom Skiffle. Die Zeit des Zuhörens war bald vorbei, die Zeit des Selbermachens begann. Lonnie Donnegan und seine Skiffle-Band waren Joes erste Helden. Er gab sein ganzes Taschengeld für dessen Platten aus und besuchte ihn sogar einmal backstage, als der in Sheffield gastierte. Joe hatte übrigens immer Geld. Mal mähte er den Rasen für Nachbarn, mal trug er Zeitungen aus. Joe war immer bei Kasse.

Mit elf verließ er die Lydgate Lane Schule und wechselte zur Western Road Secondary Modern, aufs Gymnasium. Im Juli 1955, dem letzten Tag auf seiner alten Schule, demonstrierte er erstmals schauspielerisches Talent und mimte den Prinzen in einer Operette.

Joe galt überall als warmherzig und freundlich. Manchmal als zu sorglos, aber immer schien er fröhlich und überschwänglich zu sein, und manchmal auch besitzergreifend, auf jeden Fall aber als galt er als Persönlichkeit. In der Schule war er immer der, der am lautesten schrie oder vornewegrannte.

„Er schien bei allen Kindern sehr beliebt zu sein, sowohl in der Schule als auch daheim", erinnerte sich sein Vater bei einem Interview mit dem englischen Fernsehen.

Zwei Jahre besuchte er das Western Road-Gymnasium, wechselte dann mit 13 an die Central Technical School und entdeckte zunehmend seine Leidenschaft für Rhythmus und Harmonien. 1956, als knapp 12jähriger, gründete er schließlich seine erste Skiffle-Band namens „The Headlanders". Sein Bruder Vic am Waschbrett, zwei Gitarristen und Banjo-Spieler sowie Joe. Seitdem war er wie besessen davon, Musiker zu werden. Zu Hause spielten er und seine Freunde im Wohnzimmer, da sie keinen Proberaum hatten und in dem kleinen Haus auch sonst kein Platz war, wo sie unbehelligt üben konnten. Seine Mutter erfreute sich an der Musik. Sein Vater ging derweil in den Garten.

Dem deutschen SPIEGEL antworte Joe 1997 auf die Frage: „Wann haben Sie eigentlich zum ersten Mal bemerkt, dass Sie eine ganz besondere Stimme haben?" mit der Bemerkung: „Daran erinnere ich mich noch genau. Ich war zwölf Jahre alt, saß in der Küche, und im Radio lief ein Lied von Lonnie Donnegan, dem König des Skiffles. Pure Energie. Ich war so außer mir, dass ich mich auf den Boden warf und laut mitgrölte. Junge, Junge, Adrenalin pur, das erste Mal in meinem Leben. Danach fing ich an, Platten zu kaufen, und ich konnte jede davon mitsingen. Eines Tages fragte mich dann mein großer Bruder, der eine Skiffle-Band hatte, mit Waschbrett und so, ob ich Lust hätte zu singen."

Joes Vater war weniger begeistert: „Er mochte meinen Gesang nicht, obwohl, der war harmlos gegen mein Schlagzeug-Getrommel. Ich hatte eins, das nicht besonders gut war, aber sehr, sehr laut. Wenn ich übte, lief mein Vater Amok. Er sagte: ‚Rock'n'Roll, was soll das? Lern was Anständiges, mein Junge.' Tagsüber, wenn mein Vater nicht zu Hause war, konnte ich treiben, was ich wollte, meine Mutter war nämlich begeistert."

Ganz so unwillig war Joes Vater dann aber doch nicht. Er schenkte seinem Sohn ein kleines Aufnahmegerät, mit dem er seine Skiffle-Songs aufnehmen konnte. Denn Joe versuchte damals alles, was mit der da aufkommenden „neuen" Musik zu tun hatte, zu sammeln und zu archivieren. Und noch heute ist er froh, dass er Künstler wie Buddy Holly und Jerry Lee Lewis live gesehen hat: „Buddy hat mich wirklich umgehauen!"

Doch irgendwann hörte er nur noch die Musik eines schwarzen Pianisten namens Ray Charles. Joe war völlig hin und weg von ihm und seiner Art zu singen. „Ich habe halt immer Ray Charles geliebt. Und Stevie Wonder. Und die haben sich auch immer so abgefahren bewegt. Natürlich lag das wohl auch an ihrem Blindsein. Zum Teil liegt es an meiner Frustration, selbst nicht Gitarre oder Klavier zu spielen, dass mich diese Bewegungen durchlaufen konnten. Daher nutzte ich diese Bewegung, um meine Band anzufeuern, dass die Leute die Energie mitbekommen. Ich benutzte meinen Körper, um mich auszudrücken. Doch später ließ ich das, denn die Presse wurde darauf aufmerksam und fragte, ob ich vielleicht ‚spastisch' wäre. Was ich nicht als besonders freundliche Bemerkung empfunden habe", kommentiert Joe heute seine Liebe zu Ray Charles und den Umgang mit seiner zeitweise als befremdlich empfundenen Bühnenperformance.

Niemand beeinflusste Joe mehr als dieser „eine Mischung aus Sex und Erlösung, aus Heiligem und Weltlichem, dem Jubel der Gospelsongs und der Bodenständigkeit des Blues" fabrizierende Ray Charles, wie Arnold Shaw Rays Verbindung von Soul mit Blues und Big Band-Begleitung oder dessen Performance alleine am Klavier einmal beschrieb. Er war so von Ray begeistert, dass er sogar seine Schulhefte mit Bildern von ihm vollmalte. Joe Cocker malte viele Bilder von Rockstars, aber von Ray malte er am meisten. „Er malte ein Ölportrait von Ray Charles", erinnert sich Harold Cocker. „Er malte es auf eine Faserplatte, Kopf und Schultern ... ich weiß nicht, wo es geblieben ist." Die Leidenschaft Joes für das Malen, die er in seiner Jugend entdeckte, lag lange brach, aber im Alter habe er sie wiederaufleben lassen, erzählte er kurz vor seinem 70. Geburtstag: „Privat habe ich gerade das Malen für mich entdeckt. Es macht mir unheimlichen Spaß, mit Farben zu arbeiten, seit ich nach einer Augenoperation wieder richtig sehen kann."

1959 eroberte Ray Charles mit seiner Eigenkomposition „What'd I Say" die Hitparaden der Welt. „Ich stand eigentlich mehr so auf Rock'n'Roll-Platten, aber dann war da auf einmal diese magische Stimme, die aus meinem Transistorradio kam. Seine Stimme hatte es mir angetan. Ich raste los und kaufte mir die Scheibe, und auch Songs wie ‚I'm Moving On' und auch ‚I Believe To My Soul' machten mir klar, dass Ray Charles ‚es' hatte, und dass das, was er machte, nicht nur ‚smash' und ‚bang' war, sondern dass zum Rock'n'Roll ein wenig mehr gehörte." Der LOS ANGELES TIMES versuchte er seine Faszination einmal so zu erklären: „Wenn man das lange genug tut, dann erreichst du einen Punkt, wo du es plötzlich im Hinterkopf hast, wo der Einfluss ein Teil von dir selber wird und du anfängst, in einer ganz bestimmten Art zu singen, ohne besonders darüber nachzudenken. Wenn ich heute singe, dann kommt es so raus, wie es kommt, ohne dabei bewusst wie Ray Charles klingen zu wollen."

1959 könnte man dementsprechend als Geburtsjahr des Künstlers nennen, der später als Joe Cocker eine Weltkarriere machen sollte ...

Die 60er-Jahre
Jahre des Aufbruchs und des Durchbruchs

+++ BREAKING NEWS +++ BREAKING NEWS +++ BREAKING NEWS +++

Joes erste Band „The Cavalliers" (1960) / Joe verlässt die Schule und beginnt eine Lehre als Klempner (1960) / „Vance Arnold & The Avengers" (1961) / Als Lokalmatador in Sheffield (1962) / Die erste große Liebe (1963) / Der erste Plattenvertrag mit der Single „I'll Cry Instead" von den Beatles (1964) / Joe schmeißt die Ausbildung zum Gasinstallateur (1964) / Mit Chris Stainton Gründung von „The Grease Band" (1966) / Rückkehr in die Musikszene und so manches Mysteriöse im Esquire Club (1967) / Joe erstmals in Amerika (1968) / Studio-Album Nr. 1: „With A Little Help From My Friends" (1969) / Legendenbildung im August 1969 mit Love, Peace & Music in Woodstock (1969) / Studio-Album Nr. 2: „Joe Cocker!" (1969) / Erster Kontakt mit Leon Russell (1969)

+++ BREAKING NEWS +++ BREAKING NEWS +++ BREAKING NEWS +++

Um die Jahreswende 1959/1960 gründete Joe mit seinen Freunden seine erste richtige Band namens „The Cavalliers". John Mitchell, ein Freund und Nachbar, spielte Banjo und Rhythmus-Gitarre, Phil Crookes Solo-Gitarre und Bob Everson Bass. Joe kaufte sich eine Snare-Drum und ein paar Becken. Er übernahm sowohl die Rolle des Schlagzeugers als auch des Sängers in der Band. Den ersten Song, den sie eingespielt hatten, „Johnny B. Goode", performten sie auch als Opener beim ersten öffentlichen Auftritt im Jugendclub in der Wesley Hall in Crookes Mitte 1960. Ray Capewells, ein Freund und der Einzige, der einen Firmenwagen zum Transport der Instrumente auftreiben konnte, wurde quasi auch zum Manager der Truppe und damit zu Joes erstem Vertrauten in dessen musikalischer Karriere.

1960 hatte Joe die Schule verlassen, die er im letzten Jahr so gut wie nicht mehr besuchte, weshalb er relegiert worden war. Im Alter von sechzehn Jahren trat er im Sommer 1960 schließlich seine erste Arbeitsstelle beim East Midlands Gas Board an, wo er eine Ausbildung zum Gasinstallateur begann. Diesen Job behielt er bis zum 21. Lebensjahr.

Aus „The Cavalliers" machte Joe 1961 „Vance Arnold & The Avengers". Er war der Meinung, dass dieser wesentlich „pfiffiger" klingende Name klarmachte, dass die Gruppe einen Solosänger hatte: nämlich ihn. Auf den Namen sei er beim Lesen der Sheffielder Lokalzeitung gekommen, erklärte er: „Joe Cocker war damals kein so annehmbarer Name. Es war immer mein großes Geheimnis, dass niemand außer mir selbst dafür verantwortlich war, dass ich mich ‚Vance Arnold' nannte", gestand er 1982 in einem Interview bei RADIO HALLAM.

Anfang 1963 lernte Joe Cocker dann seine spätere Freundin Eileen Webster kennen, die fortan zu den Auftritten der Band mitreiste. Eileen, die zwei Jahre jünger war als er, traf er bei einem Konzert mit den Cavalliers. Sie arbeitete als Sekretärin für das National Coal Board und lebte noch bei ihren Eltern. Eileen bedeutete ihm ziemlich viel, aber sie spielte anfangs nur mit ihm, worunter er sehr litt. Zeitweise hatte sie sogar neben ihm noch einen zweiten Freund. Dennoch, Eileen war alles für Joe und seine erste große Liebe, die mit richtig großen Hochs und heftigen Tiefs bis Ende der 70er-Jahre hielt.

1963 kamen auch einige Größen der späteren Musikszene nach Sheffield, deren Konzerte Joe natürlich besuchte, etwa Eric Clapton, Jack Bruce oder The Beatles. Aber er fuhr im selben Jahr auch nach Manchester, wo er ein Konzert von Ray Charles miterlebte. All das Gesehene ließ er in seine eigene Performance einfließen, die sich als Melange aus ungewöhnlichem Gesangsstil und seiner unnachahmlichen Art, sich auf der Bühne zu bewegen, beschreiben ließ. „Ich zuckte und wand mich, als ob ich unter Strom stand. Oft spielte ich eine imaginäre Gitarre, die ich trotz intensiver Anleitung durch Phil Crookes nie richtig zu spielen lernte. Vielleicht verkrampft sich mein Körper deshalb irgendwie", analysierte Joe später. „Eigentlich hätte ich eine Gitarre zum Festhalten gebraucht." Später würde man das als „cockeresque" bezeichnen.

Die Band kleidete sich stets, der damaligen Zeit gemäß, seriös in Anzug mit Fliege und trat außer in den In-Pubs auch in Arbeiterclubs auf. Damals gab es tatsächlich noch Pubs für Angehörige des Mittelstands und Pubs für Arbeiter.

1964 wurde zum Jahr von Joes erstem Plattenvertrag bei DECCA Records. In den Decca-Studios in West Hampstead nahm Joe seine erste Single „Georgia On My Mind" auf. Die Aufnahme ist seinerzeit nicht veröffentlicht worden. Dick Rowe – dem Produzenten, der schon die Beatles abgelehnt hatte – gefiel die Aufnahme nicht. Am 28. Juli 1964 nahm Joe dann noch einmal in einer dreistündigen Session den Lennon/McCartney-Titel „I'll Cry Instead" auf. Der spätere Led-Zeppelin-Gitarrist Jimmy Page begleite ihn an der Gitarre. Joe hatte diesen ersten Plattenvertrag noch als Vance Arnold abgeschlossen, legte aber zur Veröffentlichung seiner ersten Single den Künstlernamen ab und wurde wieder zu „Joe Cocker".

„Ich hätte damals nicht gedacht, dass es mich länger als fünf Wochen geben würde. 1964 hatte ich meine erste Platte gemacht – eine Beatles-Coverversion von ‚I'll Cry Instead'. Plötzlich stand ich im Rampenlicht – so wie heute Künstler einer Castingshow. Aber die Platte lief nicht gut, und so fand ich mich ganz schnell am Boden wieder. Mein Vater riet mir, wieder in meinen alten Beruf zu gehen, als Gas-Wasser-Installateur zu arbeiten. Doch es war zu spät. Ich hatte Geschmack am Showbusiness gefunden. Ich hätte damals nicht gedacht, dass ich jetzt noch Musik machen würde", erzähle er 46 Jahre später im NDR Radio.

Im Oktober 1964 war er zum ersten Mal im britischen Fernsehen zu sehen, in der ITV-Show „Stars & Garters". Joe wurde zu einer musikalischen Lokalgröße in Sheffield. 1965 wurde der erste Plattenvertrag wieder gekündigt, und Joe ging auf eine sechswöchige Frankreich-Tournee durch Clubs für amerikanische GIs auf US-Stützpunkten. Bei dieser Tour kam Joe, der schon immer gerne ein Bier mehr getrunken hat, erstmals mit einer neuen Droge in Kontakt: Haschisch. Joe rauchte im Dunstkreis des afroamerikanischen Publikums seinen ersten Joint.

Wenig später folgte ein Angebot, bei Manfred Mann im Vorprogramm aufzutreten. Joe gründete dafür extra die „Joe Cocker's Blues Band", die sich zeitweise auch „Joe Cocker's Big Blues Band" nannte. Die Joe Cocker's Blues Band stand auch auf den bereits gedruckten Plakaten – doch Manfred Mann trat nie auf, da es vertragliche Probleme gab.

Nach diversen Kleinauftritten zog sich Joe anschließend für ein halbes Jahr von Live-Auftritten zurück. 1966 machte er erst einmal seinen Führerschein und ging im zweiten Halbjahr mit neuem Elan nach London. Zwischenzeitlich hatte er seine Kündigung als Gasinstallateur wahrgemacht und zur Überbrückung der Zeit ohne Engagements einen Nebenjob in einem Pressevertrieb angenommen. Alles hinwerfen für seinen Traum, um allein von der Musik zu leben, wollte er nie. „Ich habe gelernt, einen Fuß vor den anderen zu setzen. Und zwar jeden Tag. Ich habe die Schule schon mit 16 Jahren verlassen und nie eine Universität besucht. Stattdessen bin ich jede Nacht in den Clubs von Sheffield aufgetreten. Die Straße war meine Schule", resümiert Joe Cocker heute und erinnert dabei gleichzeitig daran, dass er Ende 1966 Chris Stainton aus Sheffield traf, den er als Musiker und Mehrfachinstrumentalisten sofort zu schätzen wusste. Mit ihm traf er eine Art „Brother in Soul", einen Freund und Weggefährten fürs Leben, der ihn sowohl motivierte wie auch inspirierte, ja, mit dem er sogar begann, gemeinsame Songs wie z. B. „Sandpaper Cadillac" oder „New Age Of The Lily" zu schreiben.

1967 und 1968 verbrachten Joe und Chris mit Live-Auftritten und dem Schreiben von weiteren Songs. 1968 zog er mit Chris dann nach London und suchte in den Studios nach Kontakten. Dort nahm er auch den Beatles-Song „With A Little Help From My Friends" auf. John Lennon und Paul McCartney hatten den Titel für ihren Drummer Ringo geschrieben, der ihn auf dem Kultalbum „Sergeant Pepper's Lonely Hearts Club Band" sang. Joe legte das Lied als schmerzerfüllte, gefühlsbetonte Tragödie an, in die er all seine Gefühle hineinlegte. „Der Song ging mir nicht mehr aus dem Kopf, aber ich wollte einen 3/4-Walzer sowie ein klassisches Bach-ähnliches Orgelintro. Die dreizehnte Aufnahme war dann die, die für die Veröffentlichung am 2. Oktober genommen wurde. Wir wussten sofort, das ist sie. Es war, als hätte Gott die Regie übernommen", erinnert sich Joe an die Entstehung der Aufnahme, die Joe Cocker weltberühmt machen sollte. Dreizehn Wochen lang hielt sich die Single in den Charts, mehrere davon auf dem ersten Platz. „Die Beatles schickten mir ein Glückwunsch-Telegramm mit des Inhalts ‚Thanks, you are far too much', und es veränderte sich alles."

Rückblende ins Jahr 1962: Dass sich alles verändern würde – und dass alles auch noch mit „With A Little Help From My Friends" – wurde schon sechs Jahre zuvor quasi „vorausgesehen": Terry Thornton und Don Hale erinnern sich in ihren „Geistergeschichten über Joe Cocker, Gespenster und Geister-Nachtclubs" noch gut an die Jahre 1962–1968, in denen Terry Thornton Joe bis zu seinem Durchbruch 1968 begleitete und unterstützte. Aus seiner Sicht sahen diese sechs Jahre so aus: Terry war entschlossen, für den jungen großspurigen Cocker, einem unberechenbaren Wildfang, das Management zu übernehmen. Es war oftmals ein Kraftakt, Joe rechtzeitig nüchtern auf die Bühne zu bekommen. Viele Male kämpfte er, um den jungen Blender davon abzubringen, den Selbstzerstörungsknopf zu drücken. Der tüchtige Unternehmer Terry Thornton eröffnete im Keller des alten Acorn Pub in Shalesmoor einen bizarren neuen Ort für Live-Musik, den er „Club 60" nannte. Seine Entscheidung war eine Herausforderung für die Bürokratie dieser sich dem gegenüber unwillig gebenden Stadt. Aber sein Club wurde bald zu einem einzigartigen Schaukasten für junge Talente und bekannte, schon etablierte Showgrößen, die er in diesen beinahe vergessenen nördlichen Außenposten lockte.

Nach zwei sehr erfolgreichen Jahren zogen Terry und sein Team von Unterstützern in die nahegelegene Leadmill-Straße um, wo der Club umbenannt wurde in „The Esquire Club". Einer ganzen Schar zukünftiger Jungstars wie Joe Cocker, Dave Berry, Frank White, Jimmy Crawford, Eric Clapton, Rod Stewart, Elton John, Georgie Fame und vielen anderen half er dort zwischen 1962 und 1967 dabei, sich zu etablieren, indem er sie promotete und sie bei ihrer Weiterentwicklung unterstützte. Als der Club eröffnete, da hatte er bereits ein wahres Staraufgebot zu bieten: Johnny Dankworth & Cleo Laine, Dave Berry & the Cruisers, Tubby Hayes, Ronnie Ross, Don Rendall sowie Shane Fenton (später Alvin Stardust) & the Fentones.

Für die jungen Künstler galt: Wenn man einmal im Esquire gespielt hatte, konnte man auch überall anders einen Job bekommen! Die Presse blieb dem Club stets gewogen und schrieb: „Er hatte die richtige Musik und die richtige Atmosphäre."

In nur wenigen Jahren war es dem Unternehmer Terry Thornton gelungen, Sheffield auf die Karte mit den Veranstaltungsorten zu setzen. Auf einmal kam eine ganze Horde internationaler Top-Sänger und Entertainer in die Stadt – in den Esquire!

Und es war höchstwahrscheinlich dieser ungewöhnliche, unorthodoxe und phantasiereiche Rahmen, der mit Joe Cocker auch einem weiteren jungen und äußerst vielversprechenden Sänger gefiel. Joe hatte sich bereits schnell einen Namen durch Auftritte in den örtlichen Pubs und kleineren Clubs gemacht – und dann wandte er sich an Terry und fragte ihn einfach geradeheraus, ob er einen Gig bekomme! Es sollte sich herausstellen, dass dieses Zusammentreffen einträglich für beide Seiten sein würde, denn in späteren Jahren verließ sich Joe sehr stark auf Terrys Unterstützung, sowohl musikalisch als auch finanziell. Cocker bestand sogar darauf, dass Terrys Name dem Managementvertrag hinzugefügt wurde.

Der Teenager entwickelte schnell ein Interesse an amerikanischer Blues Musik und fing an nach seltenen Import-Platten von John Lee Hooker, Muddy Water, Lightning Hopkins und Howling Wolf zu suchen – viele von diesen waren bereits im Esquire aufgetreten oder waren bereits gebucht.

Terry erinnert sich noch an das erste Mal, als er auf Joe Cocker traf: „Ich unterhielt mich eines Samstagabends an der Bar des Esquire, kurz nachdem wir den Laden aufgemacht hatten, als dieser pausbäckige junge Teenager mich höflich unterbrach. Er stellte sich mir vor und erklärte, dass er mit einer Band namens ‚Vance Arnold & the Avengers' auftrete. Dann erläuterte er, dass er eine Lehre zum Gasinstallateur mache, aber gerne einen Gig in meinem Club als Sänger hätte. Ich sah ihn mir an und dachte – ein Sänger? In Millionen von Jahren nicht! Er sah so gar nicht nach einem Sänger aus.

Joe sagte, dass er bereits in ein paar örtlichen Clubs und Pubs in der Gegend gespielt habe und gut angekommen sei. Ich sah ihn mir noch einmal genauer an. Hier stand er und erzählte mir, dass er und seine

Band beide gut seien. Joe bat mich immer wieder, ihm die Gelegenheit zu geben, und schließlich – nach so viel Hartnäckigkeit und Überzeugungskraft – willigte ich ein und sagte, dass ich es für eine Fünfpfundnote mit ihm versuchen würde! Joe strahlte vor Freude."

Und Terry fährt fort: „Ich dachte an Bobby Vee, der auch ein kleiner schüchterner Typ war, aber wenn man ihn auf die Bühne stellte, wurde er plötzlich lebendig, als hätte man einen Schalter umgelegt. Joe war genau der gleiche Typ. Ich entschied mich schließlich dafür, eine andere Band zusammen mit der von Joe spielen zu lassen – eine wirklich gute Band für den Fall der Fälle –, und beschloss, dass ‚Vance Arnold & the Avengers' als Vorband spielen sollten. Die Band war jedoch grandios! Und Joes Auftritt war sicherlich auch eine ganz schöne Überraschung. Noch wichtiger, er kam gut bei den Mitgliedern an – insbesondere bei den R&B-Fans, und ich bot ihm schnell einen festen Auftrittstermin im Esquire an."

Terry erklärte verschiedentlich, dass er es zu diesem Zeitpunkt als seine Pflicht ansah, jungen lokalen Newcomer-Bands eine Chance zu geben. Er wusste noch von seinen eigenen früheren Auftritten, dass es äußerst angsteinflößend sein kann, wenn man das erste Mal vor Publikum spielt, auch wenn man, wie Joe, absolut selbstbewusst war und davon überzeugt, alles gleich beim ersten Mal zu schaffen. „Joe gefiel mir auch als Mensch. Er war so ein netter Kumpel!"

Schließlich wurde Terry auch Joe Cockers erster Manager und Berater. Es war hauptsächlich Terry, der Joe wirklich davon überzeugte trotz aller Hindernisse weiterzumachen. Mit seiner eigenen Erfahrung gelang es dem Clubbesitzer, die ehrgeizigen Bestrebungen des Stars noch zu verstärken. Später erledigte er auch dessen Finanzgeschäfte und gab ihm die Kraft, weiterzumachen, auch wenn die Dinge gerade einmal nicht so gut liefen.

Nach seinem Debut trat Joe immer wieder regelmäßig im Esquire auf, und oftmals wurde er von der lokalen Presse überschwänglich gelobt.

An einem nassen Augustabend im Jahr 1963 sorgte Joe Cocker wieder einmal für Schlagzeilen – aber dieses Mal war es nicht seine Schuld. Unter der Überschrift „Chicago-Razzia in Jazz Club" berichtete die

Sheffielder Tageszeitung DAILY NEWS, dass in dem Moment, als Joe Cocker anfing zu spielen, Dutzende Polizisten den Esquire Club stürmten. „Als Vance Arnold & the Avengers gerade bei ihrer ersten Nummer waren, rauschte die Sheffielder Polizei in den Club mit seinen 400 Teenagern." Es hieß weiter, dass die Busladung an Offiziellen, bestehend aus 26 Schutzmännern, drei Wachtmeistern, acht Polizistinnen und einem Inspektor, jeden nach seinem Namen und seiner Adresse befragte. Weiter wurde berichtet, dass die Polizei draußen auf der Straße mit Streifenwagen und Motorrollern patrouillierte, um sicherzustellen, dass niemand entkommen konnte. Der Clubbesitzer sagte später: „Ich glaube, dass die Polizei das Ganze sehr ungeschickt anging. Es war wie bei einer Razzia in Chicago zur Zeit der Prohibition. Man konnte meinen, dass alle nach der Schließzeit noch trinken würden. Die Polizei stürmte einfach herein und rief: ‚Ihr seid umstellt – rührt euch nicht von der Stelle!' Es war völlig irrsinnig. Viele Top-Musiker sind hier aufgetreten und haben das gute Benehmen unserer Mitglieder gelobt. Wir verkaufen keine hochprozentigen Drinks, und die Leute kommen hierher, um eine schöne Zeit zu verbringen und gute Musik zu hören."

Auf der Titelseite des SHEFFIELD TELEGRAPH stand: „Polizeirazzia in Teenie-Nachtclub." Es hieß weiter: „Am Wochenende wurden mehr als 500 Teenager bei einer Polizeirazzia in Sheffields größtem Jazz-Club festgehalten und befragt – manche bis in die frühen Morgenstunden. Drei Stunden lang versperrte die Polizei alle Ausgänge des Esquire Clubs in der Leadmill Road. Niemand durfte das Gebäude verlassen, bis er nicht seinen Namen und seine Adresse zu Protokoll gegeben hatte. Diese wurden dann anhand eines Adressbuches überprüft, und jeder musste einen Fragebogen ausfüllen, in dem er sämtliche Details zu seiner Anwesenheit im Club angeben musste. Der Grund für die Razzia war der, zu überprüfen, wie viele Nicht-Mitglieder sich in das Gästebuch eingetragen hatten, so wie es vom Gesetz verlangt wird. Die Stürmung erfolgte gerade, als Vance Arnold & the Avengers begonnen hatten zu spielen. Während die fünfköpfige Band ihre erste Nummer präsentierte, kam die Polizei herein und verkündete, dass der Club nun unter Polizeiaufsicht stehe."

„Einer der Avengers – Phil Crookes – erklärte, dass sie in den letzten zwei Monaten bereits fünf Mal im Club aufgetreten seien und dass der Club sehr gut geführt werde. Jeder verneinte die Anspielungen auf Alkoholgenuss und verwies auf die beiden Wirtshäuser, die sich ein bisschen weiter die Straße hinunter befanden."

Weiter teilte die Zeitung mit, dass der Polizeipräsident Folgendes angegeben habe: „Es wurde gegen das Mitgliedschaftsgesetz verstoßen. Es waren 479 Teenager im Club anwesend, und von diesen waren 345 keine Mitglieder; es gab also in dieser Richtung durchaus Verstöße."

Der Artikel erwähnt auch den Clubbesitzer, der dazu sagte: „Ich zolle den jungen Leuten aus Sheffield Anerkennung, dass sie die Befragung und die vielen Wartestunden so gut ertragen haben. Die Polizei überprüfte die Mitgliedschaft, ging dabei aber sehr langsam und schwerfällig vor – und manche Leute wurden sogar davon abgehalten, auf die Toilette zu gehen."

Terry erklärte, dass zwar einige Nicht-Mitglieder an diesem Abend anwesend gewesen seien, sie jedoch von Mitgliedern als Gäste mitgebracht worden seien. Es wurde allerdings behauptet, dass viele Besucher nicht registriert worden seien, da Terrys Frau Audrey sie einfach so hereingelassen habe – schließlich wären sonst die Frisuren der Mädels ruiniert gewesen!

Joe Cocker fing mit seinen Avengers als Vance Arnold an. Er war der Schlagzeuger, aber schon bald kam er nach vorne, als die Band sein Talent als Sänger bemerkte, insbesondere bei den Rhythm 'n' Blues-Stücken. Bassist Bob Everson war ein Shadow-Fan und ganz besonders ein Fan von Jet Harris. Steve McKenna kam als Letzter hinzu und ersetzte Joe dann am Schlagzeug. Graham Hobson an der Rhythmusgitarre war erst 17 Jahre alt und harmonierte gut mit Phil Crookes, der selbst schon bald einen Ruf als ausgezeichneter Gitarrist erlangte. Joes Karriere kam anfangs nur langsam in Gang, da er sich einer harten Konkurrenz von bekannteren und erfahreneren internationalen Künstlern gegenübersah. Oft war er gezwungen, Gigs weiter draußen auf dem Land zu machen.

Terry verhandelte ständig mit Londoner Agenten und versuchte sie davon zu überzeugen, der Band eine Chance zu geben und sie in den südlicheren Regionen auftreten zu lassen. Die meisten der Londoner Agenten hatten etwas gegen den Namen „Cocker" einzuwenden, und erst als Terry drohte, er würde ihre Künstler im Esquire nur auftreten lassen, wenn sie ihrerseits Joe Cocker auftreten ließen, stimmten sie dem Deal zu.

Terry gab sogar mit Zustimmung von Joe Cocker ein spezielles Demotape von Vance Arnold & the Avengers in Auftrag. Der Clubbesitzer bestätigte: „Es war eigens im Esquire aufgenommen worden. Ich habe alle Kosten getragen, und es sollte Joe helfen, weiterzukommen und zusätzliche Gigs zu finden. Es wurde nur ein ganz einfaches Set verwendet mit einem Mikrofon, das an einer Schnur von der Decke hing. Auf dem Tape waren sechs Stücke, darunter ‚Money', ‚Georgia On My Mind', ‚You'd Better Move On'. Der Sound war wirklich großartig und brachte den jungen und frischen Joe Cocker zur Geltung. Die Aufnahme schlummerte 36 Jahre lang in einem Schuppen, bis sie zufällig wiederentdeckt wurde."

1963 sah die Zukunft für das junge Teenie-Talent trotz einiger anfänglicher Rückschläge indes blendend aus. Er erhielt viele Anfragen für Aufnahmen – und das Vertragsangebot von Terry Thornton und seinem Kollegen Martin Yale. Der Abschluss dieses Vertrages versetzte Joe Cocker, den Handwerker, der bisher lediglich ein paar Pfund die Woche dazuverdient und damit seinen Lohn als Gasinstallateur aufgepeppt hatte, in Hochstimmung.

Die Agentur von Martin Yale regte den Vertrag an, aber Joe bestand darauf, dass auch Terry seinen Namen druntersetzen sollte. Terry zögerte, da er befürchtete, dass seine Verpflichtungen im Club ihn zu sehr fordern würden, und er hatte zudem das Gefühl, dass der Provisionssatz möglicherweise zu hoch sei. Er sagte Joe Cocker, dass er nicht beidem gerecht werden könne, ihm und dem Club, und ließ folglich Martin als einzigen Agenten stehen.

Terry erzählt gerne über diese aufregende Zeit: „Es war für einen Bluessänger ungewöhnlich, den Text zu improvisieren, während die Band den Rhythmus vorgibt. Traditionell haben Bluessongs aus dem tiefen Süden Amerikas bunte Zeilen und Geschichten, und nach einer besonders langen Session auf der Bühne, als Joe im Bluesstil gesungen hatte, fragte ich ihn, worüber er da eigentlich gesungen habe. Bandmitglied Dave Memmott fing an zu lachen und erklärte: ‚Joe singt von seiner Katze. Er liebt diese Kreatur und kann stundenlang davon schwärmen. Er liebt es, von seiner Hauskatze zu singen.'"

Das war Joe, ein schüchterner, liebenswerter Typ aus der Crookes-Gegend – der singen konnte und sogar damit durchkam, dass er über seine Hauskatze sang!

Im November 1963 war der Esquire Gastgeber für die BBC, die eine besondere Aufnahme mit den Chartstürmern Dave Berry & his Cruisers machen wollte. Die Zeitungen waren voll mit den Geschichten über die New-Wave-Musik, einem Trend, der sich schnell im ganzen Land verbreitete. Eine Zeitung schrieb: „Eine Mischung aus Mods, Beatles, Ravers und langhaarigen Mädchen schüttelten sich, rockten und zuckten nach Herzenslust im Esquire Club, als Dave Berry & the Cruisers all ihren Fans ein großes Dankeschön für die Unterstützung in den vergangenen drei Jahren aussprachen. Im Publikum waren an diesem Abend auch Joe Cocker sowie Ray Stuart und all seine Monster und natürlich auch Frankenstein."

Terry entwickelte den Club mit vielen anderen verrückten Ideen weiter, und besonders seine „All-Nighters" liefen richtig gut an. Joe Cocker wurde zu einem der Höhepunkte und änderte den Namen seiner Band, wie gesagt, von Vance Arnold & the Avengers in Joe Cockers Big Blues Band. Joe und seine Band traten bei einer von Terrys besonderen Nächten, die von Mitternacht bis sechs Uhr morgens gingen, am 26. Dezember 1964 auf.

Es wurden für die Mitglieder auch Club-Ausflüge zu Auftritten in anderen Städten organisiert. Joe Cocker und auch einige andere Bands nahmen Teil und schauten sich aufmerksam die Gigs anderer Künstler in größeren Clubs an. Zusätzlich war Joe auch immer in Terrys Club anzutreffen, wenn dort Größen wie Graham Bond, Ginger Baker, Jack Bruce oder Sonny Boy Williamson auftraten.

Im Laufe des Jahres 1963 lehnte Terry ein Auftrittsangebot der Beatles ab. Sie wollten einen Lohn von 30 Pfund, und dies schien Terry für eine noch aufstrebende Band zu viel. Ebenso nutzte er die Chance nicht, eine andere Band aus dem Süden, die sich Rolling Stones nannte, im Club auftreten zu lassen. Ihre Forderung von 75 Pfund wurde zu der damaligen Zeit als astronomische Summe betrachtet!

Aufgrund der Sparsamkeit des Clubbesitzers war Cocker gezwungen, quer durch die Stadt zu reisen, um die Beatles auftreten zu sehen. Das Leben im Esquire war jedoch inzwischen wirklich aufregend geworden, denn die Einladung, im Club aufzutreten, wurde von vielen amerikanischen Top-Blues- und Jazz-Sängern angenommen. Unter den berühmten Gesichtern, die regelmäßig im Club auftraten und die Musikszene dominierten, waren John Lee Hooker, John Mayall, Howling Wolf, Carl Perkins, Memphis Slim, Little Walter, Muddy Waters, Sister Rosetta Tharpe, Alexis Korner und viele anderer Künstler.

Die Rock'n'Roll-Stars kamen direkt von den Top-Charts-Shows und anderen Veranstaltungen. Darunter waren The Merseybeats, Billy J Kramer & the Dakotas, die Kinks, die Yardbirds, die Barron Knights, Alan Price & the Animals, die Liverbirds und Joe Cocker's Big Blues Band. Cocker hatte zu dieser Zeit Höhen und Tiefen. Obwohl er in der Heimat viel Unterstützung fand, schwankte seine Beliebtheit anderswo, und folglich litten seine Finanzen darunter. Er liebte die Auftritte im Esquire, der für ihn ein Ort zum Relaxen war – und wo er sogar ohne Druck neues Material ausprobieren konnte.

Eine der schlimmsten Erinnerungen von Cocker war, als er auf einer Tournee im Empire in Sunderland auftrat. Verschiedene große Namen hatten in letzter Minute abgesagt, und Cockers Band wurde ohne Unterlass ausgebuht und verhöhnt. Wenig später wurde eine Tournee abgesagt. Die Sheffielder Zeitungen schrieben: „Die abgesagte Tournee ist ein Rückschlag für Joe." Sie behaupteten, dass Joe Cocker immer noch deprimiert gewesen sei, als er plötzlich die Neuigkeit über die Tournee mit Manfred Mann, den Merseybeats und Little Eva erfuhr. Cocker sagte: „Ich wäre jetzt sehr zurückhaltend bei der Zusage zu einer weiteren

Tournee. Man hat mir einen Vertrag angeboten, und in der Konsequenz habe ich viele andere Auftritte abgesagt." Er bestätigte, dass er um die 30 Pfund Verlust pro Woche wegen der Absage gemacht habe. Um sein Äußeres ansprechender zu gestalten, beschloss Joe, sich seine Haare richtig kurz schneiden zu lassen. Er sagte: „Ich weiß, zugegebenermaßen, das ist ein Griff in die Trickkiste, aber das schulterlange Haar ist zu schwer zu pflegen, und außerdem kommt es mir immer in die Quere!"

Trotz einiger kleinerer Erfolge außerhalb von Sheffield – meistens war er dabei die Vorgruppe von anderen Bands –, wurde die Situation für Joe Cocker in diesem Jahr kurz nach Weihnachten richtig schlimm. Auf der Rückfahrt von einem Auftritt in Louth, Lincolnshire, während einer Kälteperiode auf vereisten Straßen wurde Cocker endgültig klar, dass er ganz unten angekommen war. Es gab quasi keine Engagements mehr, und er sagte Terry Thornton, dass er die Band auflösen werde. Terry war schockiert und schritt umgehend zur Tat, indem er mit seinen Clubkontakten telefonierte, darunter auch seinem Freund vom Hamburger Star Club und anderen Agenten im Ausland.

Schließlich gelang es Terry, den Jungs ein Engagement für sechs Wochen in Frankreich zu verschaffen. Sie könnten dort auf vielen amerikanischen Luftwaffenstützpunkten auftreten. Das waren gute Nachrichten, aber um die Termine einhalten zu können, mussten sie sofort aufbrechen. Joe wurde zuerst in Kenntnis gesetzt, dann Dave Memmott, Dave Green, Vernon Nash und schließlich Dave Harper. Manche von ihnen wurden regelrecht aus dem Bett geholt ...

Joe war jetzt wieder voller Energie, und nachdem sie dem Clubbesitzer für diese neue Chance gedankt hatten, machten sich alle in Dave Memmotts altem Transporter auf zur Südküste. Terry erzählt die Geschichte gerne ausführlich: „Zu dieser Zeit hatte jede Band einen schmutzigen und eher klapprigen alten Transporter. Das war bei Joe und seinen Jungs nicht anders, und Daves Transporter hatte sogar eine klemmende Tür! Ich habe ihnen Geld gegeben für die Überfahrt mit der Fähre und andere Ausgaben. Sie waren unterwegs zu ihrem ersten Gig in Orleans, aber zunächst mussten sie eine eiskalte Winternacht in der Nähe von Dover auf einem matschigen Feld im Transporter verbringen. Allerdings war es so, dass sie, als sie schließlich in Frankreich ankamen, eine Summe von 450 Pfund an den Zoll zu zahlen hatten – denn in diesen Tagen war die Nachfrage nach Bandzubehör sehr groß. Sie hatten dieses Geld nicht und wurden folglich nicht ins Land gelassen. Sie kratzten also gerade noch genug Geld zusammen, um die nächste Fähre zurück nach England zu nehmen. Innerhalb weniger Stunden nach ihrer Abreise befanden sie sich wieder in England und pumpten mich schon wieder um Geld an! Ich sendete es ihnen unter der Bedingung, dass jemand bei ihren Stopps im Transporter bliebe, damit das Equipment nicht verlorengehe. Als Nächstes legte ich ihnen nahe, über Ostende in Belgien einzureisen, da dort der Zoll weniger streng sein sollte."

Sie mussten also eine weitere kalte Nacht im Transporter auf demselben Feld verbringen, bevor sie schließlich in ein neues Abenteuer aufbrachen, dass bald ihrer aller Leben verändern sollte. Schließlich erreichten sie ihr Ziel und wurden ziemlich überraschend von ihren Gastgebern gefragt, ob sie irgendwelche Lieder der Beatles spielen könnten. Joe erklärte, dass sie dies nicht draufhätten, und wurde umgehend informiert, dass sie in diesem Fall wahrscheinlich gelyncht werden würden! Joe ging damit allerdings locker um, und schon bald akzeptierten ihn die Soldaten der Luftwaffe. Die Band wurde ständig mit Burgern und kostenlosen Drinks versorgt. Es gab jedoch keine Unterkunft und nur wenig Lohn für die Auftritte, so dass sie die meisten Nächte wieder im Transporter verbringen musste. Cocker telefonierte ständig mit dem Club (sogar per R-Gespräch) und bat um mehr Geld für die Deckung der Ausgaben. „Es kostete mich ein wahres Vermögen", gestand Terry Thornton anschließend und fügte hinzu: „Später bekam ich von ihm einen weiteren dringenden Telefonanruf. Dieses Mal fragte er nach einem ‚Elch'! Dies war der amerikanische Ausdruck für eine weibliche Sängerin. Cocker war auf einem weiteren Luftwaffenstützpunkt angekommen, und man teilte ihm rundheraus mit: „Keine Sängerin, kein Auftritt!"

„Ich habe lange angestrengt nachgedacht", erinnert sich Terry. „Dann kontaktierte ich Marie Woodhouse. Ihrem Vater gehörte ein Pub in den Randbezirken von Sheffield. Sie war eine sehr gute einheimische Künstlerin und sah außerdem ein bisschen wie Marilyn Monroe aus. Ohne sie wären die Jungs am Ende gewesen. Sie hatte einen sehr breiten Akzent, und die Yankees liebten sie. Sie kam unheimlich gut an! Und mit Marie an Bord bekam die Band noch mehr Auftritte anderswo. Diese Tournee formte Cocker, und er kehrte als neuer Mensch zurück. Er war voller Selbstvertrauen, sehr professionell und sehr schlank!"

Joe Cockers Leben war auch weiterhin ein Auf und Ab. Im Anschluss an seine Frankreichtournee hatte er mehrere Auftritte im Fernsehen, darunter bei „Top of the Pops" und „Dee Time". Er spielte außerdem in der Royal Albert Hall und bekam dafür beste Kritiken, aber er hatte in der Folge nur unregelmäßig Engagements, und es herrschte wieder eine ziemliche Flaute. Joe war gezwungen, sich nach Alternativen umzusehen bis er wieder im Aufwind sein würde.

Terry Thornton kämpfte weiter für Cocker: „Joe hat immer an seine eigenen Fähigkeiten geglaubt. Er besaß eine ihm ureigene Entschlossenheit. Das ließ ihn immer weitermachen, und so ist er der geworden, den wir heute kennen. Er legt großartige Auftritte hin und ist inzwischen zur Legende geworden."

Im November 1968 war der Zeitpunkt gekommen, an dem Cocker auf der Karrierelaufbahn alle Stationen durchlaufen hatte, und er wurde endlich mit einem Charts-Erfolg belohnt, „I'll Get By With A Little Help From My Friends."

Der eigentliche Grund für diesen Erfolg ist dem Esquire Club geschuldet und liegt vielleicht doch in einem Zusammentreffen von Terry Thornton, Ray Stuart, Dave Memmott und Joe Cocker drei Jahre zuvor begründet, als sie nach einem Auftritt zusammensaßen und ein Ouija (Hexenbrett) befragten.

„Es war damals ein ziemlich gängiges Mittel zur Entspannung, und jeder stellte der Reihe nach eine Frage", sagte Terry hierzu. „Joe trieb zur damaligen Zeit der Wunsch um, seinen Rivalen Dave Berry in Bezug auf einen Charts-Erfolg einzuholen, und er stellte ganz direkt die Frage: ‚Wann bin ich an der Reihe?' Erstaunlicherweise gab das Brett Folgendes wieder: ‚With a Little Help From Your Friends.'"

Der Clubbesitzer ergänzt, dass es irgendwie ein unheimlicher Augenblick gewesen sei: „Wir haben nur herumgealbert, wie wir das oft gemacht haben, aber es hat diese Worte glasklar von sich gegeben. Es erinnerte mich an die alten Zeiten mit dem Geisterthema im Club 60 – doch es sollte erst ein paar Jahre später der Zeitpunkt kommen, an dem wir an die Bedeutung dieses Abends erinnert werden würden."

Flashback 1968. Joe ging auf Promotiontour, gab Interviews und Pressekonferenzen, spielte auf Festivals mit Deep Purple, Jethro Tull und Jeff Beck und bekam einen Plattenvertrag, der ihn mit dem Produzenten Denny Cordell zusammenbrachte, der mit Joe das Debut-Album vorbereitete. Joe war kurz vorm Abheben und fühlte sich in der damals entstandenen Edel-Hippie-Gesellschaft Londons als aufsteigender Stern sehr wohl. Noch im Dezember 1968 wurde er wegen Marihuana-Besitzes festgenommen. Seine Freundin Eileen nahm die Sache schließlich auf sich, um Joes erste Amerika-Reise im April 1969 nicht zu gefährden. Die Amerikaner waren bei Drogenfällen schon immer recht sensibel. Professionell beendete er die Aufnahmen zum ersten Album namens „With A Little Help From My Friends", das am 23. April 1969 erschien.

Im Februar und März gingen Joe, Chris und die Grease Band noch einmal auf Englandtournee, bevor es dann mit Hilfe von Denny Cordell erstmals nach Amerika ging. Dort präsentierte sich Joe Ende April in der Ed Sullivan Show, wo er und die Grease Band die zweite Single „Feelin' Alright" vorstellten. Für damalige amerikanische Verhältnisse wirke die Performance von Joe aufgrund des etwas unvorteilhaften Äußeren und der Mimik und Gestik vielleicht ein wenig befremdlich, aber es war ein perfekter Start für die Tournee, die darauf folgte, um das Debut-Album zu promoten.

Dann trat Joe Cocker im Fillmore West in San Francisco auf, dem legendären Club von US-Konzertveranstaltungs-Guru Bill Graham. Das „neue" Fillmore hatte erst im Juli zuvor aufgemacht. Aufgrund von Problemen in der Nachbarschaft und der bescheidenen Kapazität des Saales zog der zunächst noch Fillmore Auditorium genannte Club in den ehemaligen Carousel Ballroom an der Market Street, Ecke South Van Ness Avenue, und nannte sich fortan, zur Unterscheidung vom mittlerweile gegründeten Fillmore East in New York, Fillmore West. Joe erntete einerseits phänomenale und andererseits zur leicht befremdlichen Performance passende irritierende Kritiken. Die amerikanische Presse war von Joe Cockers Optik ein wenig verunsichert und beschrieb ihn als „hässlichen fetten Jungen mit goldener Seele". John Mendelsohn von der LOS ANGELES TIMES meinte: „Auf der Bühne ist Joe Cocker ein wahres Wunder, wie er so spastisch herumfuchtelt, seine Arme um seinen Kopf schwingt und Grimassen zieht, als hätte er die allergrößten Schmerzen." Und Albert Goldman vom LIFE MAGAZINE ging noch weiter und sogar unter die Gürtellinie: „Man hatte ja schon von seinen seltsamen Bewegungen gehört," schrieb er, „aber diese Mischung aus Parkinson'scher Krankheit, Muskelschwund und Veits-Tanz, das musste man erst einmal selber gesehen haben, um es zu glauben." Der ROLLING STONE bezog sich bei der Kritik über seinen Auftritt im Whisky A Go Go in Los Angeles auf eine kleine Begebenheit während des Konzertes und bescherte ihm damit große Aufmerksamkeit: „Als die Band zu ihrer explosiven Version von ‚With A Little Help From My Friends' kam, sprang ein junges Mädchen auf die Bühne und warf sich zwischen Joe Cockers Beine, offensichtlich halb verrückt geworden vor Entzücken über diese heiße Stimme und seine Verrenkungen, und begann, ihn leidenschaftlich zu bearbeiten. Sekunden später entwich Cockers Kehle der Schrei seiner Karriere." Das Ganze wurde fotografisch festgehalten, das Foto mit abgedruckt und die Aufnahme später für ein Riesen-Promotion-Poster am Sunset Boulevard, Hollywood, verwendet.

Der Durchbruch mit dem Debut-Album „With A Little Help From My Friends", das zwölf Songs versammelte, war geschafft. Fans urteilen noch heute, dass wie bei so vielen anderen Acts, auch bei Joe Cocker Folgendes zutreffe: Das Debut-Album ist das beste. 90 Prozent der Songs sind zwar gecovert, darunter zwei von Bob Dylan („Just Like A Woman" und „I Shall Be Released"). Aber sei's drum. „Don't Let Me Be Misunderstood" von den Animals macht Joe viel romantischer als das Original, und seine raue Stimme scheint irgendwie besser zu dem Song zu passen als die von Eric Burdon. Die Band um Joe und Chris ist exzellent, und Jimmy Page bzw. Steve Winwood veredeln die Songs mit ihren Gitarren. Songs wie „Feelin' Alright" und „Bye Bye Blackbird" werden zu wahren Diamanten, die Joe in der Mine zu entdeckender Songs leidenschaftlich abzubauen und aufzupolieren weiß. Bei zwei Songs hat Cocker darüber hinaus selbst mitkomponiert: „Change In Louise" und „Sandpaper Cadillac", welche wahrhaft ambitioniert wie auch nachdenklich klingen.

Nach den ersten Club-Konzerten in den USA tourte Joe weiter durch die Staaten und trat bei den mit dem Monterey-Festival 1967 gerade in Mode gekommenen Massenveranstaltungen in Form der Hippie- und Rock-Messen auf. In Northridge, in der Nähe von Kalifornien, fand vom 20. bis 22. Juni das Newport Rock Festival statt, wo 33 Bands und Künstler wie Jimi Hendrix, Janis Joplin, Jethro Tull, Steppenwolf, The Byrds und auch Joe Cocker mit der Grease Band vor etwa 150.000 Menschen auftraten. Eine Woche später war Joe beim Denver Pop Festival, und zwei Wochen später spielte er beim Atlanta Festival mit Janis Joplin, Delaney and Bonnie, Led Zeppelin und Creedence Clearwater vor 140.000 Zuschauern. „Das waren schon tolle Tage. Ich wusste nicht mehr, wo mir der Kopf stand. Wir waren ziemlich neu in der Szene, und so mussten wir uns ständig mit den schlechtesten Terminen zufriedengeben. Im Atlanta Stadion z. B. sollten wir eigentlich um acht Uhr abends auftreten, aber so allmählich wurde unser Auftritt immer weiter für die anderen Star-Bands verschoben, und schließlich spielten wir erst um sechs Uhr am nächsten Abend. Es konnte einem aber auch den Kopf verdrehen, wenn man an die vielen verschiedenen Stimulanzien und Substanzen denkt, die es in Amerika damals so gab." Stimulanzien, denen Joe bekanntermaßen ja nie abgeneigt war.

Joe experimentierte damals zunächst mit Drogen wie THC, das in der Szene „Heavy Jelly" genannt wurde. „Man nahm ein ganz kleines bisschen davon auf einen Fingernagel und spülte es mit Coca Cola runter. Nach ungefähr einer Dreiviertelstunde war immer noch nichts passiert – und dann war auf einmal die ganze Welt wie Watte um einen herum –, in Technicolor. Das dauerte dann 36 Stunden, und in dieser Zeit schien dein Kopf von deinem Körper total getrennt zu sein, und du konntest dich aus großer Höhe betrachten – außerhalb deiner selbst."

Die größte „Messe" dieser Art, zu der Jünger der Hippie-Bewegung und der „Make Love – Not War"-Philosophie pilgerten, war natürlich die „Love, Peace & Music-Fair" in Woodstock.

An drei Tagen im August 1969 verwandelte sich das Gelände einer Farm im US-Bundesstaat New York in den Austragungsort eines Musikfestivals, das nicht nur als Höhepunkt der Hippie-Bewegung gilt, sondern indirekt zum Katalysator einer ganzen Generation wurde, die sich mit den politischen Entscheidungen der damaligen Zeit, insbesondere dem Krieg in Vietnam, längst nicht mehr identifizieren konnte. „Woodstock – 3 Days of Peace and Music", ein Jahr später als Dokumentarfilm veröffentlicht, darf also zurecht als eines der Ereignisse in der Geschichte der USA bezeichnet werden, das einen nachhaltigen Einfluss ausübte und nicht nur in den Köpfen der insgesamt mehr als 500.000 Besucher etwas veränderte. Der daraus entstandene Film gilt als „die Wiederauferstehung eines der größten Momente des 20. Jahrhunderts! Das bekannteste Rockereignis aller Zeiten."

Die Menschen versammelten sich in der Nähe des kleinen Ortes Woodstock, um den bedeutendsten Musikern ihrer Generation (u. a. Jimi Hendrix, Janis Joplin und The Who) zuzuhören. Und Joe Cocker war dabei, wenn auch nur aufgrund einer glücklichen Fügung. Laut Intention des Veranstalters und späteren Joe Cocker-Managers Michael Lang ging es in Woodstock darum, alle wichtigen Rock-Bands der damaligen Zeit auf einem einzigen Festival zu präsentieren, „aber dann kam uns der Gedanke, dass es vielleicht doch eine gute Idee wäre, wenn wir auch ein paar neue Talente vorstellen würden. Joe Cocker war einfach so unglaublich, dass wir wussten, den müssen wir dabeihaben."

Joe und die Grease Band sollten das Sonntags-Programm mit The Band and Sly & The Family Stone eröffnen, und die Gage betrug laut VARIETY Magazine 1.375 Dollar.

Joe und die Band mussten mit einem Hubschrauber der US-Army eingeflogen werden, da es 30 Kilometer vor Woodstock schon kein Durchkommen mehr gab.

Sie spielten dann das gleiche Set, welches sie überall zuvor auf den Konzerten und Festivals in Amerika gespielt hatten. Erst am 6. Oktober

2009, also über 40 Jahre später, erschien bei A&M erstmals ein kompletter Mitschnitt in einer besseren als der bis dato üblicherweise erhältlichen Bootleg-Qualität. Die Show mit „Joe Cocker and The Grease Band" und Chris Stainton an den Keyboards, Henry McCullough an der Gitarre, Alan Spencer am Bass und Bruce Rowlands am Schlagzeug startete um 2 Uhr pm Ortszeit und endete knapp 90 Minuten später um 3.25 Uhr. Die Grease Band eröffnete, bevor Joe Cocker dann bei „Dear Landlord" einstieg und sie anschließend zusammen „Something Comin' On", „Do I Still Figure In Your Life", „Feelin' Alright", „Just Like A Woman", „Let's Go Get Stoned", „I Don't Need A Doctor", „I Shall Be Released", „Hitchcock Railway" und „Something To Say" spielten. Am Ende folgte die legendäre siebenminütige Interpretation von „With A Little Help From My Friends". Der Rest ist Geschichte.

„Wir spielten in Atlanta vor etwa 50.000 Leuten. Immer wieder hörten wir da von einer bevorstehenden richtig großen Sache. Vor der Show waren wir gerade in Connecticut und mussten mit dem Hubschrauber eingeflogen werden. Man kam ja sonst gar nicht mehr hin. Es war gigantisch, über das Gelände zu fliegen. Die Band stieg zuerst in einen Hubschrauber, ich kam ihnen mit einem dieser kleinen Leichthubschrauber nach. Ich hatte gar keine Zeit für Nervosität oder so was. Kaum war der Hubschrauber gelandet, hatte die Band schon einen kleinen Soundcheck, und Michael Lang tauchte auf und meinte: ‚Seid ihr so weit?', und ich meinte: ‚Klar', ging die Stufen hoch, und wir legten los. Keine Zeit für Lampenfieber … Im Film sieht man, wie jemand zu mir sagt: ‚Joe, dreh dich mal um.' Da sah ich diese riesige Regenwolke, und dann ging die Schlammschlacht los … Ich weiß noch, wie wir die Zeit nach dem Auftritt mit ein paar Hippies in einem Wohnwagen verbrachten. Es dauerte einige Stunden, bis wir wegkonnten. Aber irgendwie hatten wir Glück, wir hatten einen guten Tag. Wenn man vor so vielen Menschen singt – also, man kann vor 50.000 Leuten spielen, und es ist immer noch ein Konzert, aber wenn man diese Grenze überschreitet, wie ich es drei oder vier Mal getan habe –, dann ist das etwas anderes. Ich weiß noch, wie ich nach der Hälfte unseres Auftritts dachte, wir würden nie rüberkommen. Dann spielten wir ‚Let's Go Get Stoned' von Ray Charles, was ja wirklich passte, und dann kam Schwung in die Sache. Zum Abschluss spielten wir ‚With A Little Help From My Friends', den Song, der in meinem Leben eine große Rolle spielte", erinnert sich Joe. „Zwei Jahre vor Woodstock hatte ich in einer Bar vor höchstens 300 Leuten gespielt. In Woodstock war es nicht einfach, eine solche Menschenmenge bei der Stange zu halten. Aber als ich schließlich ‚With A Little Help From My Friends' brachte, hatten wir es geschafft. Wir waren gerade fertig, da zog eine riesige schwarze Wolke auf, und es goss stundenlang. Ich erinnere mich auch noch daran, dass ich der Einzige in der Band war, der kein LSD genommen hatte."

Und er fügt hinzu: „Ich denke, dass wir an diesem Tag einfach gut gespielt haben, während viele andere Acts nicht gerade ihr Bestes gaben. Wir hatten das Glück, dass die Kamera gerade lief und wir gut spielten, sonst nichts! Dadurch wurden wir zum Synonym der Musik für Leute, die jetzt an dieses Festival denken. Sie wissen schon, man denkt an Jimi Hendrix, wie er ‚Star Spangled Banner' spielt, und man wird sich immer an ‚With A Little Help From My Friends' erinnern. Es war schon eine unglaubliche Zeit, das Ende einer Ära, das Ende von Flower Power. Ich glaube, dieses Festival fand so großen Widerhall, weil es das Ende dieser Zeit markierte. Zumindest war das Ende damals sehr nahe."

„Woodstock war magisch", erzählte Cocker auf einer Pressekonferenz einem Journalisten der österreichischen KRONEN ZEITUNG. „Die Menschen hatten sich das ganze Jahr über die Köpfe heiß geredet. Wir spielten damals auf vielen großen Festivals mit 50.000 Zuschauern und mehr. Als wir vor 70.000 Leuten in Atlanta auftraten, ging schon das Gerücht herum, dass es an der Ostküste eine Show geben wird. Die Mundpropaganda war riesig, du konntest praktisch an jeder Ecke jemanden über „dieses riesige Festival" reden hören. Aber erst, als wir mit dem Helikopter zur Bühne geflogen wurden, dachte ich mir beim Hinuntersehen, oh mein Gott!"

Bei seiner Woodstock-Performance war Joe Cocker in der Form seines Lebens, und deshalb ist „With A Little Help From My Friends" auf immer und ewig nicht mit den Beatles, sondern mit „Woodstock" und Joe Cocker verbunden!

Zwei Wochen nach Woodstock flog Joe mit der Band nach England zurück und nahm beim „Isle of Wight Festival" teil. Dort traf er kurz John Lennon und war froh, Bob Dylans ersten Auftritt nach seinem schweren Motorradunfall drei Jahre zuvor erleben zu können.

Cockers zweites Album wurde anschließend im Frühjahr 1969 eingespielt und erschien schon im Oktober 1969, gerade einmal ein halbes Jahr nach seinem Erstling. Es hieß einfach nur „Joe Cocker!". Musikalisch fiel es in dieselbe Kategorie wie sein Vorgänger. Die Tracklist begann mit „Dear Landlord" und dem danach folgenden Leonard-Cohen-Cover „Like A Bird On A Wire". Cocker führte die Tradition fort, Dylan und den Beatles die Ehre zu erweisen, aber anders als bisher machte er diesmal aus Dylans „Dear Landlord" (einem Walzer) einen Rock'n'Roll-Song. Neben „Darling Be Home Soon" von den Lovin' Spoonful nahm Joe mit „That's your Business Now" zudem auch wieder eine erfrischende Cocker/Stainton-Komposition auf.

Im Frühsommer 1969 hatte er die Beatles, die beeindruckt von seiner Bearbeitung von „With A Little Help From My Friends" waren, in London besucht und um unveröffentlichte Songs nachgefragt. George Harrison hatte ihm gleich ein Demo von „Something" aufgenommen und mitgegeben; es existiert ein Foto aus dieser Zeit, das die beiden vermutlich bei diesem Treffen zeigt, und es gibt Gerüchte, dass George auf Cockers Aufnahme sogar die Rhythmusgitarre spielt. Joe wollte auch gerne McCartneys „Golden Slumbers" haben, was dieser jedoch ablehnte. Aber bei „She Came In Through The Bathroom Window" gab es keine Einwände, und Joe nahm seine eigenen Versionen der beiden vereinbarten Songs auf. Diesmal fanden die Aufnahmen in Los Angeles statt, und er wurde wieder von kompetenten Musikern begleitet: Neben Chris Stainton und seiner Grease Band wirkten u. a. Merry Clayton, Bonnie Bramlett und Rita Coolidge mit, Sneeky Pete Kleinow und Clarence White (von den Byrds) spielten Gitarre. Am markantesten aber war das Auftreten von Leon Russell, der das Album letztendlich sogar koproduzierte und während Joes „Mad Dogs & Englishmen"-Tour ein Jahr später einen großen Einfluss auf dessen Karriere – im Guten wie im Schlechten – ausüben sollte.

Die 70er-Jahre
Jahre des Einbruchs

+++ BREAKING NEWS +++ BREAKING NEWS +++ BREAKING NEWS +++

Hippies, freie Liebe und Drogenexperimente – Die 70er als eine Epoche voller Widersprüche (1970) / Tage voller Mad Dogs & Englishmen – Der Film und die Tournee (1970) / Joes erstes Live-Album „Mad Dogs and Englishmen" (1970) / „Like A Bird On A Wire" und die Kunst, Coverversionen von Leonard Cohen, Bob Dylan und den Beatles zu singen (1970) / Trost bei Rita Coolidge (1971) / Hilfe vom Bruder und Rückzug nach Sheffield (1971) / Album Nr. 3: Das „Joe Cocker"-Album alias „Something To Say" (1972) / Beim fränkischen Woodstock in Würzburg (1972) / Unter Drogen, in Haft und ausgewiesen in Australien (1972) / Kalter Entzug in Cornwall (1973) / Erstmals wieder im Studio (1973) / Album Nr. 4: „I Can Stand A Little Rain" (1974) / Haft in Wien (1974) / Zusammenbrüche und Rückzüge (1974) / Mehrere Managerwechsel und mit John Belushi bei „Saturday Night Live" (1975) / Album Nr. 5: „Jamaica Say You Will" (1975) / Live in L.A. (1976) / Psychosen und Album Nr. 6: „Stingray" (1976) / Das Ende der A & M-Jahre, neue Plattenverträge und neue Abstürze (1976) / 7: „Luxury You Can Afford" (1978) / Die Trennung von Freundin Eileen (1978) / Woodstock-Revival (1979)

+++ BREAKING NEWS +++ BREAKING NEWS +++ BREAKING NEWS +++

Den Jahreswechsel 1969/1970 nahm Joe Cocker aufgrund permanenten Konzertierens und damit in Verbindung stehendem Tournee-Stress, Management-Druck – und Drogenkonsum – nicht mehr ganz bewusst war.

Es war die Zeit des Durchbruchs und eine Zeit voller Widersprüche, die letztendlich bis zum psychischen Zusammenbruch führen sollte.

Die Hippie-Bewegung war damals auf ihrem Höhepunkt. Spätestens, nachdem Scott McKenzies Hit „San Fransisco" 1967 die Hitparaden gestürmt hatte, suchte sich die im Aufbruch befindliche Jugendkultur einen neuen alternativen Lebensstil. Der Geist von Woodstock schwappte von den USA 1970 nach Europa über. Doch die Drogenexperimente forderten ihren Tribut. Statt Kunst, Poesie und Liebe wurde die Szene zunehmend von harten Drogen und Dealern beherrscht.

Es gibt Parallelen zwischen Janis Joplin und Joe Cocker, die sich auf ihrer beider Herkunft aus der Arbeiterklasse, auf ihre Stimmen, die mehr schwarz denn weiß klangen, aber auch auf ihre Erfolge und auf ihren Drogenkonsum beziehen. Janis starb 1970, Cocker lebte weiter, versank aber zunehmend im Morast von Erwartungsdruck, Managementfehlern, Selbstüberschätzung und allzu menschlichen Schwächen. Letztendlich überlebte Joe Cocker zwar, brach jedoch ein, zerbrach an dem, was anfangs wie Erfolg aussah.

Sein zweites Album war im November 1969 erschienen, und er war damit sofort auf Tournee gegangen. Eine Pause gab es nur bis Neujahr 1970. Zunächst war eine Englandtournee angesagt, dann ein Auftritt bei der Musikmesse Midem im französischen Cannes. Danach schickte ihn Dee Anthony, sein Konzertpromoter, zum dritten Mal nach Amerika. Doch Joe zögerte. Er fühlte sich ausgebrannt und lehnte die Tournee ab.

Die Ochsentour aus Studio-Aufnahmen, Konzerten, Interviews und Fernsehauftritten, die er binnen zwei Jahren zum dritten Mal durchmachte, war Joe zu viel. Die mentale Anstrengung, nun auf einmal vor Zehn- bzw. Hunderttausenden von Menschen in Amerika zu performen, wurde für ihn, der noch kurz zuvor vor wenigen Leuten in Pubs gastiert hatte, immer größer. Aber Dee Anthony witterte die Chance, mit Joe Geld zu machen. Der Amerikaner flog deshalb extra nach England, um mit ihm persönlich zu sprechen. Aber Joe blieb hart, schließlich war er der Bandleader. Dee versuchte ihn davon zu überzeugen, dass es jetzt die beste Zeit sei, nach Amerika zu gehen. Er verwies auf die schon vorhandene Publicity, auf seinen werbewirksamen und den Bekanntheitsgrad steigernden Auftritt in Woodstock. All das und zahlreiche Konzerte im ganzen Land sollten die besten Voraussetzungen sein, seinen Durchbruch in den Staaten zu zementieren. Aber Cocker war müde, erschöpft, und den Vertrag, den er angeblich mit Dee Anthony hatte, ignorierte er und stritt ihn noch Jahre danach in vielen Interviews ab. Als Schutzreaktion gegen Dees Drängen löste er kurzerhand die Grease Band auf.

Dee Anthony drehte danach fast durch. Er hatte bereits Hallen gebucht, Plakate gedruckt und Vorbereitungen getroffen. Die Tour sollte im Februar starten. Dee machte immer mehr Druck und drohte damit, Joe zu verklagen. Das machte wiederum Joe völlig verrückt. Er bekam Angst. Er konnte sich nicht mehr genau erinnern, was er da angeblich unterschrieben haben sollte. Am Ende seiner Kräfte, wusste Joe nicht mehr, was er tun sollte. Zum einen wollte er keinesfalls gleich nochmals auf Tournee, zum anderen hatte er jedoch Angst, dass Dee vielleicht doch recht haben könnte – mit dem Vertrag und damit, dass, wenn er jetzt die bereits angekündigte Tournee nicht durchführte, er in Amerika als unzuverlässiger, unprofessioneller Künstler gebrandmarkt werden würde. Joe befürchtete, dass er alles, was er sich bisher erarbeitet hatte, mit der Entscheidung, nicht auf Tour zu gehen, möglicherweise kaputtmachen würde.

Anthony wiederum argumentierte damit, dass seine zwei 69er-Alben gerade jetzt erst in den USA völlig angesagt seien und er mit dem Woodstock-Auftritt im Rücken und durch eine (nunmehr dritte) Tournee seinen Marktwert erheblich steigern und endlich wirklich Geld verdienen könne. Woodstock hatte Joe gerade einmal wenig mehr 1.000 Dollar Gage eingebracht, und die noch so medienträchtigen Auftritte davor und danach waren finanziell ebenfalls nicht besonders erfolgreich gewesen.

Als sich Joe dessen bewusst wurde, dass er sich selbst in dieses Dilemma manövriert hatte, bat er Denny Cordell um Hilfe, der schließlich die Idee hatte, Leon Russell zu fragen, ob der nicht eine Lösung habe. Bis es so weit war, versteckte sich Joe bei Denny in dessen Haus in Los Angeles. Irgendwann kamen Dee und Leute von der Plattenfirma A & M-Records vorbei und zeigte ihm den Vertrag noch einmal. Er musste etwas tun. „Vielleicht nur eine kleine Band und eine kleine Tour, vielleicht mit Leon am Klavier, Chris Stainton am Bass … und einem Gitarristen und einem Trommler. Das könnte doch reichen", dachte sich Joe und ließ sich schließlich, sich überrumpelt, verraten und ausgenutzt fühlend, darauf ein. Einsichtig, dass er nur einen von ihm unterschriebenen Vertrag zu erfüllen hatte, zeigte er sich diesbezüglich aber nie. Joe Cocker war geradezu naiv, wenn er glaubte, dass ihn ein Manager aus der Musikbranche auch nur einen Moment ausruhen ließe oder ihm entgegenkommen würde, wenn dafür womöglich auf Gewinne aus Tourneen und Veröffentlichungen verzichtet werden müsste.

Zudem schien ihn alles, was da auf ihn zukam, nervös und unsicher zu machen. „Wir hatten nie an eine große Band gedacht, wie sie dann schließlich entstanden ist … meine Absicht war es lediglich, eine kleine Truppe zusammenzustellen. Aber Leon wollte nur mitmachen, wenn er selbst die Band organisieren konnte", gestand er später. Die Menschen um Joe herum sahen das indes anders. Sie witterten Geld und sahen keinen Anlass, auf Joes Befindlichkeiten und die aufkommenden Selbstzweifel und Unsicherheiten Rücksicht zu nehmen. Sie handelten getreu dem Motto „Die Kuh muss gemolken werden, wenn der Euter dick ist", erinnerte sich Denny Cordell: „Joe hatte keine andere Möglichkeit, als in der Kürze der Zeit und mit der gebotenen Eile seinen Vertrag zu erfüllen." In der Folge kam es zu dem, was als der „größte Rock-Zirkus aller Zeiten" namens „Mad Dogs & Englishmen" in die Rockgeschichte eingehen sollte, ein Unterfangen, das Joes Ruhm nach Woodstock um ein Vielfaches vergrößerte, aber seine finanzielle und psychische Situation um ein ebenso Vielfaches verschlimmern sollte. Joe Cocker hatte bereits seit Ende der 60er Probleme mit Alkohol und Drogen. 1969, vor und nach Woodstock, war er auf unzähligen Drogentrips. Die 70er-Jahre mit dem Beginn der „Mad Dogs & Englishmen"-Tournee trugen dazu bei, seine Sucht zu intensivieren.

Denny Cordell sorgte dann in den Studios von A & M-Records in L.A. für Räumlichkeiten, um dort mit der von Leon Russell zusammengestellten Band zu proben. Fünf Tage später flogen alle zum Eröffnungskonzert nach Detroit, und Joe hatte plötzlich Spaß an diesem großen neuen Projekt. Die plötzliche Begeisterung passte in sein damaliges Gefühlsleben, das von Stimmungsschwankungen bestimmt wurde.

Die Band war jedoch größer als vorgesehen. Viel größer. „Wir waren alle plötzlich wie hypnotisiert", sagt Cordell rückblickend. Leon Russell hatte trotz der auf über 40 Leute angewachsenen Band jedoch alles im

Griff. Cordell hatte zudem noch die Idee, das ganze Unterfangen mit einem Filmteam festzuhalten, was die Zahl der Mitreisenden noch einmal erhöhte. Russell wiederum gefiel sich in der Rolle des „musikalischen Direktors", der das Programm bestimmte. Joe wollte sich jedoch ungern die Leitung der Band aus der Hand nehmen lassen. Bei der Grease Band war er schließlich auch der Bandleader gewesen. Wieder war er mit einer Stress-Situation konfrontiert.

Joe wollte den letzten Hit der Rolling Stones, „Honky Tonk Women", als Opener der Show. Russell schlug die ältere Julie-London-Nummer „Cry Me A River" als Gospel-Version vor. Ein Glücksfall war der Box-Tops-Hit „The Letter", der bei den Proben in den A & M-Studios zusammen mit „Space Captain", einem Song von Matthew Moore, aufgenommen wurde. Diese beiden Songs wurden schließlich als Single veröffentlicht und Joes erster Top Ten-Erfolg in Amerika. Leon Russells Vorschlag war damit hinfällig.

Was das „Mag Dogs & Englishmen"-Projekt so außergewöhnlich machte, war auch das darin gelebte Hippie-Feeling. Getreu dem Motto „Wir sind alle eine Familie" wurden plötzlich aus 20 Musikern über 40, und alle fühlten sich in dem familiär-freundschaftlichen Kreis glücklich. Joints machten die Runde, und alle fanden es wunderbar. Es herrschte ein geordnetes Chaos, was auch im später veröffentlichten Film bestens wiedergegeben wurde. Die Band hatte mit Jim Gordon, Jim Keltner bzw. Chuck Blackwell drei Schlagzeuger, weil sich niemand traute, den zwei überflüssigen abzusagen. Dazu gab es noch zwei Perkussionisten: Bobby Torres und Sandy Konikoff. Die Bläser-Section bildeten Bobby Keys und Jim Price, später kam noch Jim Horn dazu; Carl Radle spielte Bass; Don Preston war an der Gitarre; Chris Stainton spielte Klavier und Orgel und Leon Russell Klavier und Gitarre. Der „Space Choir" bestand ursprünglich aus zehn Sängern, wurde jedoch immer größer, und Rita Coolidge und Claudia Lennear waren dabei die herausragenden Sängerinnen bei Songs wie z. B. „Superstar". Fälschlicherweise wurde dieser Song Leon Russell zugeschrieben. „Das war mein und Bonnies Song. Leon und Delaney haben den Song fertigbearbeitet und dann ihre Namen daruntergesetzt. Man hat uns den Titel ganz einfach geklaut", ärgert sich Rita Coolidge noch heute. Die Truppe um die elf angesehenen Profimusiker und den beachtlichen Chor, die als eine der besten Formationen gilt, die Cocker jemals hatte, lief dann von Konzert zu Konzert zu unerwarteten Höchstformen auf.

Die Tour begann am 20. März 1970 in Detroit unter dem Motto: „Joe Cocker, Mad Dogs & Englishmen." 65 Auftritte in zwei Monaten sollten folgten. Das heißt pro Tag mindestens ein Konzert, an manchen Tagen gar zwei. Die Tour führte die dann irgendwann auf knapp 50 Künstler angewachsene Mannschaft, die aus den Musikern, ihren Familien, Technikern, Roadies und einer kompletten Filmcrew bestand, durch 48 Städte der USA. Die Anzahl änderte sich dauernd, da immer wieder jemand dazustieß und andere gingen. An manchen Tagen wurden sogar an die 100 Leute gezählt.

Cockers Management mietete kurzentschlossen eine Super Constellation an, auf deren Nase man die Worte „Cocker Power" pinselte. Alles in allem gingen dreiundvierzig Leute und ein gefleckter Hund am 19. März 1970 an Bord der Maschine und flogen nach Detroit, wo die Tournee am nächsten Tag beginnen sollte.

In Detroit wurde Joe Cocker gefeiert wie nie zuvor. Eine Woche und vier Shows später kamen die „Mad Dogs" in Bill Grahams Fillmore East in New York an, wo später der größte Teil des Live-Albums und des Films innerhalb zweier Tage aufgenommen wurde.

Das TIME MAGAZINE schrieb über das New Yorker Konzert vom 27. März 1970: „Auf der Bühne steht die größte – und die ausgeflippteste – Rockband, die es je gab. Links auf der Bühne der Chor – 13 Sänger und Sängerinnen, deren Bekleidung aus Schals und tischtuchähnlichen Umhängen besteht. Ein kleiner, schwarz-weiß gefleckter Hund tummelt sich vor den Bühnenscheinwerfern. Zwei kleine Kinder tollen fröhlich auf der Bühne umher." Die beiden Kinder waren übrigens die von Produzent Denny Cordell. „Wenn man Joe zum ersten Mal erlebt, fragt man sich, warum bisher noch niemand einen Star aus einem schwankenden Holzklotz gemacht hat", so das TIME MAGAZINE weiter. „Er weiß genau, wann er schreien muss, wann jammern, wann er eine Phrase mit einem klagenden Ton beenden muss."

In nur acht Monaten wurde Joe so zum bekanntesten weißen Blues-Sänger in den USA.

„Mad Dogs & Englishmen" ist übrigens in England ein feststehender Begriff und war als Titel eine Idee von Cordell. „Mad Dogs And Englishmen" hieß ein Hit des Multitalents, Schauspielers und Sängers Noel Coward, der mit seinen ironischen und scharfsinnigen Komödien zu einem der beliebtesten englischen Entertainer wurde. Sein Song ist eine Satire auf die „verrückten Hunde und Engländer", die die Einzigen sind, „die bei brütender Hitze in den Kolonien in der Sonne herumrennen, während jeder normale, klardenkende Mensch sich in den Schatten zurückzieht." Die Satire passte zu Joes Situation und wurde somit zum Slogan für die Tournee.

Joe Cocker war der Direktor eines nie dagewesenen Rock'n'Roll-Zirkus, Leon Russell war der Löwenbändiger und Denny Cordell so etwas wie der Hausmeister, der die Talente wie „Delta Lady" Rita Coolidge förderte. Die Tour war die unwiederbringliche Momentaufnahme einer ebenso berauschenden wie berauschten Zeit, mutete wie eine Reise ohne Vorgaben an.

Die Tour endete schließlich am 16. Mai in San Bernardino, Kalifornien. Ihr Ende war für Cocker trotz großartiger Leistungen der Beginn eines weiteren psychischen und körperlichen Abstiegs, den er mit erheblichem Drogenmissbrauch zu beschleunigen wusste. Finanziell galt die Tour ebenfalls als Desaster, sie brachte Joe Cocker sage und schreibe nur einen Gewinn von ganzen 862 Dollar. Alle hatten an der Tour verdient – nur eben nicht Joe. In den USA war er zwar jetzt berühmt, aber auch pleite. Das Desaster ging weiter, als die Plattenfirma gleichfalls pleiteging. Die Tantiemen für seine beiden ersten Alben gingen somit verloren. Joe bekam für die ersten Alben keinen Dollar mehr.

Doch während der Tour war noch alles gut und berauschend gewesen. Die lebendige und zugleich chaotische Atmosphäre bei den Konzerten ist sowohl im Film als auch auf dem Album verewigt und ging wegen ihrer Unverfälschtheit in die Geschichte der Rockmusik ein. Die Tracklist besteht überwiegend aus Coverversionen berühmter Hits dieser Zeit, die mit viel Leidenschaft und Gospel-Feeling dargeboten werden.

Das Album erschien im September 1970 und wurde bei A & M Records veröffentlicht. Aufgenommen wurden die Songs in Bill Grahams legendärem Fillmore East am 27. und 28. März 1970 vom ebenso legendären Aufnahmetechniker Edwin Kramer. In Großbritannien erreichte die Platte Platz 16, in den USA sogar Platz 2 der Albumcharts. In der Originalfassung besteht das Album aus zwei Langspielplatten, die heute auf einer CD erhältlich sind. Im November 2005 erschien außerdem eine Deluxe-Edition auf Doppel-CD. Diese Edition enthält zusätzlich 12 unveröffentlichte Demos, Studio- und Konzertmitschnitte der Tour.

Mad Dogs & Englishmen wurde zu *dem* Hippie- und Kommunenereignis schlechthin hochgehypt. Der Film ist in seiner Machart ein wenig dem Woodstock-Film nachempfunden, wofür u. a. das Split-Screen-Verfahren verantwortlich ist. Er fängt wie sein Woodstock-Pendant ein ähnliches drogenlastiges „Love & Peace"-Feeling ein, wird aber auch gerne mit Musikfilmen wie dem später entstandenen „The Last Waltz" und auch dem früher entstandenen Beatles-Film „Magical Mystery Tour" verglichen. Die „Magical Mystery Tour" der Beatles hatte damals eine Art „psychedelische Busreise" voll skurrilem Humor zum Inhalt.

Wie drogenlastig die „Mad Dogs & Englismen"-Szenerie letztendlich war, lässt sich schwer nachvollziehen. Einige Interview-Ausschnitte des Films machen jedoch deutlich, dass der Film wie eine Reise durch die Zeit anmutet. Eine Reise durch die frühen Siebzigerjahre mit verrückten Hunden und Engländern. Joe Cocker war der Protagonist dieser Konzertreise, die wie ein nicht endender wollender Acid-Trip wirkt.

Der Film zeigt die Band und die Entourage auf, vor und hinter der Bühne. Er zeigt Cocker im Gespräch mit interessierten Fans auf der Straße, mit Journalisten beim Interview oder auch live im Studio bei dem Radiosender KRCW in San Francisco. Man sieht Cockers mentale wie auch körperliche Anstrengung. Der Film dokumentiert auch, wie Cocker eine Art Marionette zu sein scheint, die an den Fäden all jener hängt, die in seinem Dunstkreis die Hoffnung hegten, von ihm und seiner Kunst zu profitieren. Darunter natürlich auch ein Leon Russell. Ohne ihm Böses unterstellen zu wollen, trug Russell maßgeblich dazu bei, Joe Cocker in die eine oder andere Form von künstlerischer wie auch menschlicher Abhängigkeit zu bringen.

Cocker und Leon Russell sieht man in dem Film oft mit verklärtem Blick irgendwo zwischen Alkohol- und Drogenrausch. In einem ebensolchen befand sich Joe wohl auch bei folgenden laut geäußerten Gedanken, die auszugsweise im O-Ton übersetzt wiedergegeben sind: „Wir, weißt du, ich lebte in einer Straße, die das, waren Doppelhäuser, aber unglaublich dicht beieinander … Du kennst das, wie das ist, wo jeder über jeden redet und solche Scheiße. Die Nachbarn saßen uns also direkt auf der Pelle. Daneben im Wohnzimmer einer Frau … da konnte ich den Plattenspieler laufen lassen. Und die sangen dann vor dem Spiegel mit einem Tennisschläger, verstehst du? Als ich anfangs, verstehst du, unglaubliches Selbstbewusstsein, verstehst du? Ja, etwa so … ich habe Gitarre spielen gelernt … und lernte die Akkorde nur durch die imaginäre Gitarre, meine gesamte Schlagtechnik kommt daher … dann ging es nur darum, die Finger entsprechend zu bewegen … manchmal kam ich von der Bühne und musste mich …", und so weiter.

Für solche Satzfragmente schämte sich Joe Cocker noch lange, sie sind aber im Film dokumentiert. Und folgender Satz wurde auch noch jahrzehntelang zitiert und nachgefragt: „Bevor ich einem Scheißkerl die Faust ins Gesicht schlage … wäre ich kein Sänger, dann hätte ich wahrscheinlich jemanden umgebracht." Aussagen wie diese komplettierten den Eindruck, den man von dem sich in immer desolateren Gemüts- und Rauschzuständen befindlichen Joe Cocker nicht nur im Film erhielt, sondern auch bei Konzerten, Tourneen, TV-Auftritten und Interviews.

Zeigt der Film Cocker anfangs noch mit kurzen Haaren, so später dann mit Vollbart und langem Haar. LSD scheint ihn ziemlich verändert zu haben. Spricht man Joe Cocker heute darauf an, sagt er, dass er sich an diese Zeit so gut wie nicht mehr erinnern könne.

Joe Cocker war anfangs der Tour der große Star, Leon Russell dagegen „nur" der Bandleader. „Leon, er war die Vaterfigur. Vor jedem Auftritt gab es für alle ein zeremonielles Dinner – bis ich mit dem Essen aufhörte", erzählte Cocker lange nach der Tournee. „Unser ganzer Haufen versuchte, die Tatsache zu begreifen, dass das ganze Leben wie eine Bühne ist." Doch diese Atmosphäre veränderte sich. Die Gigs waren zwar alle überwältigend, aber für Joe entwickelte sich die Tournee zunehmend zu einem Monster. „Wir haben uns ziemlich verkracht – ein gewaltiger Egokrieg", meint Cocker weiter „Ich habe den Mann verehrt, doch das hat er mich auf der Bühne spüren lassen. Ich habe gesungen und er: ‚Alright. Come on … come on.' Beim Publikum kam das dann so an, als würde er die Fäden in der Hand halten, jeder sagte, dass er mir die ganze Zeit die Show stehle, und nach einer Weile hat mich das fertiggemacht."

Aber es war nicht nur Joe, der unter der Tour und den ganzen Drogen litt. Jim Keltner erging es ähnlich, wie der in J. P. Beans Buch „With A Little Help From My Friends" mitteilt: „Ich hatte schon immer etwas dagegen, auf Acid zu spielen, aber dieses Mal hatte mich Jimmy Gordon überredet. Das Acid begann erst richtig zu wirken, als wir auf die Bühne gingen. Als ich mich an mein Schlagzeug setzte, spähte ich um mich und sah vor mir eine riesige Wand aus roten und blauen verschwommenen Lichtern – und Joe in einer Art Nebel, während er mit den Fingern durch sein Haar fuhr, so wie er dies immer tat. Er erschien mir auf einmal so merkwürdig – ich war so verwirrt, dass ich nicht mehr wusste, warum der Kerl da stand und sich in diesem roten und blauen Nebel an den Haaren zerrte. Und dann sah ich nach links, und Jim Gordon, der direkt neben mir an seinem Schlagzeug saß, sah aus, als wäre er zwei Häuserblocks weit von mir entfernt. Ich erinnere mich lediglich daran, dass er gespielt hat und mir immer wieder zu verstehen gegeben hat: ‚Spiel, spiel!' Ich hatte einen Stock in der Hand, blickte auf das Becken, und in meinem Kopf tauchte die Frage auf: ‚Was ist Rhythmus?' Typischer bedienter Trip! Ein Grund, warum ich jemand anderem kein Acid empfehlen würde … Ich hatte Angst, Todesangst, weshalb ich mich vom Schlagzeug erhob und mich zu Chuck Blackwell umdrehte … ich packte ihn am Arm und zerrte ihn zum Schlagzeug. Er sagte: ‚Darauf spiel ich nicht …' Ich sagte: ‚Du wirst spielen, setz dich hin!' Und ich ging von der Bühne nach hinten und setzte mich auf die Treppe. Ich erinnere mich, wie ich dort saß und zuhörte … und weinte … schluchzte … und ich hörte Joe ‚Bird On A Wire' singen. Dieser Song wird mir ewig im Gedächtnis bleiben. Das war ein sehr einschneidendes Erlebnis."

Nacht für Nacht ging Joe auf eine Bühne, trat vor ein Publikum, das Joe Cocker sehen wollte und „sich mit einem aufgeblasenen, nach Rampenlicht verzehrenden Leon Russell abfinden musste, der mit seinem Zylinder auf der Bühne herumstolzierte und dessen Riffs aus seiner Gibson-Gitarre wie Maschinengewehrfeuer kamen, und der alle anderen – einschließlich Joe – mit einer Handbewegung zum Schweigen brachte."

„Ich finde das Stargehabe so beschissen", erklärte Joe in Pennsylvania der Presse. „Manchmal möchte ich am liebsten wieder zu den alten Tagen in den Sheffield Pubs zurückkehren – wo die Leute noch ihren Spaß hatten. Man kann auf diese Weise bessere Musik machen." Aber er musste durchhalten. „Drogen und Alkohol gehörten für ihn damals dazu", sagt Denny Cordell. „Wahrscheinlich hat er so viel getrunken, weil er wusste, dass er Nacht für Nacht da rausgehen musste. Und dann kam irgendeiner von Dee Anthonys Typen und sagte, die Tour sei in den roten Zahlen und deshalb wären noch mehr Gigs dazugekommen. Es sollte anfangs doch nur eine kleine Tour mit wenigen Gigs werden – dreißig Auftritten im Laufe von sechs Wochen –, aber sie hat dann sehr viel länger gedauert als ursprünglich geplant."

Die anfängliche Freude wich mehr und mehr Skepsis und Unmut, Selbstzweifeln und Depressionen. Rita Coolidge war es, die zu Joe hielt: „Ich wollte die Tour um alles in der Welt verlassen, weil einfach zu viel Scheiße damit verbunden war. Ich war einfach die ganze Zeit über furchtbar traurig. Ich saß meistens neben Joe im Flugzeug, wir waren wirklich gute Freunde, saß einfach nur da, nach den Auftritten, während wir zur nächsten Stadt flogen, und versuchte ihm zu erklären, warum ich nicht weitermachen konnte, warum ich zurück nach Hause musste. Und er drehte sich dann zu mir herum und sah mich mit dem süßesten Gesicht aller Gesichter an und sagte: ‚Du kannst mich nicht verlassen, du kannst nicht aufhören – du bist der einzige Freund, den ich habe.' Und ich brachte es dann nicht mehr fertig zu gehen. Man kann eines mit Sicherheit sagen – sein großes Herz war die einzige Kraft, die uns alle weitermachen ließ", resümiert sie in J. P. Beans Buch.

„Am Ende der Tournee war ich nahe am Durchdrehen. Und als alles vorüber war, sah ich absolut keinen Sinn mehr im Weitermachen. Ich war erschöpft, verwirrt und durcheinander", resümierte Joe und sagte eine für Herbst 1970 angekündigte weitere Tour ab. Erst im November gelang es Denny Cordell, Joe zu überreden, nach Alabama zu kommen, um zwei neue Songs aufzunehmen. Die Single „Cry Me A River" war zwischenzeitlich auf Platz 11 in den US-Charts. Das kurz zuvor veröffentlichte „She Came In Through The Bathroom Window" erreichte Platz 30.

Freunde beobachteten, wie Joe Cocker mit sich selbst sprach, in Unterhaltungen oft das Thema wechselte oder einfach nur vor sich hin sinnierte. Joe wollte nur noch seine Ruhe haben und von dem ganzen Zirkus nichts mehr wissen. Er schluckte Massen von Beruhigungsmitteln und Drogen. Seine damalige Freundin Eileen rief seinen Bruder Victor um Hilfe, der ihn nach Sheffield brachte. Joe zog wieder ins Haus seiner Eltern.

Cocker unterschied sich in seinem Verhalten aber nicht von vielen seiner Generation: Sie schnupften es, und sie spritzten es. Manche schluckten es sogar. Die meisten gingen schließlich einfach daran zu Grunde. Brian Jones, Janis Joplin, Jimi Hendrix, Jim Morrison. Manche tranken sich das Hirn aus dem Kopf, andere schossen es sich heraus. Einige rauchten nur oder zogen es sich durch die Nase. Ganz wenige rieben es sich zwischen die Zähne, unters Zahnfleisch. Bestenfalls fielen sie einfach nur in ihren Swimming-Pool und bekamen von dem Elend ihrer Sucht nicht mehr viel mit, andere stürzten nur von einer Leiter in ihrer Bibliothek oder erlagen ihrer Sucht nach dem verlorenen Entzug. Dem Schmerz schon vergessener Narben konnten sich nur wenige entziehen. Viele tranken und trinken noch immer. Er aber, Cocker, überlebte.

Joe Cocker, der Alkohol und die Drogen. Ein endloses Thema. Er schnupfte Kokain, rauchte Marihuana, Cannabis und Pot und nahm am Ende die Teufelsdrogen Heroin, PCP, Black Acid und andere Formen von LSD. Das alles schrieben nicht nur die Medien, sondern bestätigte er in vielen Interviews über 30 Jahre hinweg auch selbst immer wieder. Er trank Bier und Bacardi. Er nahm psychoaktive Pflanzen ebenso wie die chemische Keule, die ihn aus der Wirklichkeit des Lebens schlug. Er suchte nach dem Shangri-La, ohne die Spiritualität dafür zu besitzen. Gefunden hat er nichts. Von den harten Drogen kam er los, durch einen selbst gewählten kalten Entzug, danach, etwa zehn Jahre später, gab er das Rauchen auf. Wiederum zehn Jahre später hörte er auch auf zu trinken. Einfach so, von heute auf morgen. Ohne Ankündigung. So wie er damit begonnen hatte.

Der österreichischen KRONEN ZEITUNG erklärte er in den 2000ern, also mehr als 20 Jahre nach seinem langwierigen Kampf mit und gegen Drogen, warum er sie nahm: „Weil wir im Grunde alle selbstzerstörerisch sind. Wenn du jung bist, fühlst du dich so. Zu Woodstock- Zeiten habe ich mir eingebildet, ich könnte niemals krank werden. Wir dachten, dass wir ewig in unseren Zwanzigern bleiben würden. Aber die Welt war härter, als wir glaubten. Als wir dann unsere Tour in Sheffield begannen, trank ich ungefähr fünf Bier pro Nacht. Ich nahm zunächst nichts Hartes, aber nach einem Jahr tauchten plötzlich LSD und Pot auf. Als die Ernüchterung kam, wurde es nur noch schlimmer. Ich trank nie harte Sachen, bis wir diese Show in Australien spielten, wo die Presse wirklich gegen uns war. Ich spazierte ins Hotel, und vor jeder Show betrank ich mich. In dieser Gewohnheit blieb ich lange stecken." Und einmal ergänzte er im SPIEGEL: „In den Siebzigern, als ich noch Schweralkoholiker war, da hatte ich einen guten Abend mit zwei darauffolgenden schlechten. Und ich hatte mich damit arrangiert. Heute bin ich ausgeglichener."

„Die Droge ist nach kurzem das Einzige, was zählt", erläuterte Joe Cocker 1997 gegenüber dem SPIEGEL. „Als ich in den siebziger Jahren Heroin genommen habe, ging es mir richtig dreckig." Alle Erinnerungen Joe Cockers an die Zeit der 70er schließen mit den Worten: „Ich kann mich nicht wirklich mehr an alles erinnern. Es ist gar nicht so leicht, das heute den Leuten klarzumachen. Man würde heute sagen, ich sollte eine Therapie machen, aber es gab damals noch nicht so was wie etwa die Betty-Ford-Klinik, wo man Therapien machen konnte. Und ich war sowieso sehr verbohrt damals, man traute sich gar nicht, mir irgendwelche Ratschläge zu geben. Ich werde oft gefragt, ob ich diese Zeit bereue, aber das kann ich noch nicht mal sagen, denn es war einfach eine graue

Phase. So, als ob ich gar nicht existiert hätte. Erst, als ich Ende der 70er meine Frau Pam kennenlernte, ging es wieder bergauf. Sie zeigte mir, dass mein Leben einen Sinn hat. Aber ich verstehe Menschen, die das nicht schaffen, die auf der Straße leben. Ich habe es erlebt. Und wenn man keinen Sinn sieht oder niemand einem hilft, ist es für einige schwer, sich selbst aus diesem Sumpf zu befreien."

„Depression ist ein hartes Wort", sagte Cocker einmal, darauf angesprochen, warum er eigentlich zu Drogen und Alkohol griff. „Ich denke, das haben Bluessänger so an sich – eine schwermütige, dunkle Seite. Andererseits will ich das nicht als Ausrede benutzen. Angefangen hat es damit, dass ich high werden wollte, nach einer Show nicht alleine im Hotelzimmer bleiben konnte und ausgegangen bin. Aber später begann ich, auch alleine zu saufen, bis vier, fünf Uhr in der Früh eine Flasche Rum zu leeren. Es war schon eine sehr einsame, deprimierende Zeit."

Es gibt Gerüchte, dass die „Mad Dogs & Englishmen"-Tour mit Leon Russell dafür verantwortlich war, dass Joe süchtig wurde. „Ich glaube, das wäre auch ohne diese Tour passiert", entkräftet er diese Vermutung. „Begonnen, Hochprozentiges zu saufen, habe ich erst nach dieser Tour – und zwar, als ich in Australien gespielt habe. Ich kann mich noch genau erinnern: Da waren zuerst Reporter in meinem Hotelzimmer, und es stand eine Flasche Whiskey auf dem Tisch. Als die Presse weg war, habe ich sie aus irgendeinem Grund genommen und zu saufen begonnen – obwohl ich davor nie Schnaps getrunken habe."

In der Künstlerszene war das Experimentieren mit psychoaktiven Substanzen oft eine wichtige Erfahrung, auch für Joe Cocker. Aber nur wenige der Künstler haben sich dazu öffentlich bekannt. Joe tat es. Einige andere auch, viele jedoch nicht, einige starben, wenige kamen davon los. „Billie Holiday, beispielsweise, bei ihr war es so", sagt Joe, angesprochen auf die Sucht. „Dazu kam bei ihr, dass sie heroinabhängig war. Es ist, zugegeben, ein großartiges Erlebnis, Musik zu hören, wenn man auf Heroin ist … Als ich in den siebziger Jahren Heroin genommen habe, ging es richtig bergab mit mir. Ich habe keine Rechnungen mehr bezahlt. Einen Tantiemen-Scheck über viele hunderttausend Pfund habe ich mal in die Waschmaschine gesteckt. Keine Ahnung, wie der in meine Jeans gekommen ist. Ich habe ihn nie eingelöst, das ist sicher. Ich schwebte irgendwo weit weg von Zeit und Raum."

PCP, eine Droge, die auch Cocker zu sich nahm, wird in der Szene Angel Dust, Crystal, Dust, Engelsstaub, Flakes, Hyperdust, Killerjoint, Magic Wack, Mist, Monkey, Peacepill, Peace Powder, Space Base, Star Tripper, Superweed oder Wack genannt. Es ist übrigens die Abkürzung von Phenyl-Cyclidin-Piperidin bzw. Phenyl-Cyclohexyl-Piperidin, einer Droge, die ursprünglich als Anästhetikum für Narkosezwecke entwickelt wurde. Da es bei Patienten allerdings zu unerwünschten Nebenwirkungen wie Krampfanfällen und Halluzinationen kam, wurde das Mittel vom Markt genommen. PCP ist etwas, das alles, vor allem aber die musikalische Wahrnehmung, verändert.

Die Journalisten in den 70ern warteten nur darauf, bis Joe von solchen Eindrücken erzählte. Manchmal fühlte er sich dazu genötigt, manchmal hatte er auch das Gefühl, freundlich sein und brav auf die Fragen antworten zu müssen. „Joe, wie war es?", löcherten sie ihn. „Wie war es genau, als du PCP oder Black Acid genommen hast?" Joe beschwichtigte dann schnell und sagte abwinkend: „Ich versuche nicht daran zu denken. Es sind schreckliche Erfahrungen". Und dann folgte die immer wiederkehrende Frage: „Hast du eine Botschaft an die Jugend von heute?" „Ja, lasst die Finger davon. Von all dem. Es bringt dir nichts. Du kommst nicht voran. Es bringt dich an genau den Ort zurück, von dem du losgegangen bist. Du kommst keinen Schritt weiter. Also lasst die Finger davon." Der längerfristige Gebrauch von PCP kann übrigens zu Sprachstörungen, Minderung der Gedächtnisleistung und Depressionen führen, die man Joe oft nachsagte.

„In den 70er-Jahren ging meine Karriere ja ehrlich gesagt den Bach runter. Ich hatte zwar den Hit ‚You Are So Beautiful', aber ich war auch ein Trinker. Die deutschen Fans aber haben zu mir gehalten, obwohl ich so ein Wrack war. Man wusste nie, was an einem Abend passieren würde, ich konnte für nichts garantieren, aber sie haben mich nie im Stich gelassen."

DER SPIEGEL fragte Joe Cocker einmal: „Wie gut erinnern Sie sich an Ihr verlorenes Jahrzehnt, die Siebzigerjahre?", und Joe meinte nur: „Einige Katastrophen vergisst man nicht. Aber es gibt auch lange Zeiträume, die einfach gelöscht sind, weg. Ein mentaler Block. Ich kann damit sehr gut leben, aber viele Menschen scheinen mir erklären zu müssen, was ich damals so getrieben habe. Das Jahr 1977 ist komplett weg …"

Innerhalb von nur fünf Jahren hatte sich damals alles gedreht: „In Sheffield war ich noch der, der gläserweise Bier trank, und nun bekam ich halluzinogene Drogen angeboten, Kokain und all das. Wir wähnten uns in einer Art Renaissance, mit unseren Klamotten, den langen Haaren etc. An die Tour kann ich mich gar nicht mehr genau erinnern – nur an das: Wenn man jung ist, glaubt man, unbesiegbar zu sein. Dann gerät man ganz schnell auf die andere Seite. Es ist wirklich schwer, sich da wieder herauszubuddeln … Das Leben war anstrengend mit 20. Ich habe bis Mitte 30 einige heftige und auch ungute Liebesbeziehungen erlebt, war drogenabhängig. Ich muss das alles nicht noch mal haben. ‚Hard Knocks' (dt.: Rückschläge) handelt z. B. von Standhaftigkeit. Ich hatte in den 70ern große Probleme. Heutzutage nehmen dich deine Leute diskret aus dem Rennen und sagen: ‚Joe, du musst clean werden!' Damals war alles sehr viel unkontrollierter. Ich wurde durch die Drogen zudem recht böse und gemein. Trotzdem fiel es mir schwer, den Drogen und dem Alkohol abzuschwören."

Der KRONEN-ZEITUNG wiederum erklärte er 2007 nach seinem „kalten" Entzug: „Das Problem ist, dass Alkohol so greifbar ist. Greifbarer als alles andere. Du gehst in eine Bar, und keiner denkt daran, dass du dich hier selbst kaputt machst. Als ich mit dem Trinken aufhörte und morgens aufwachte, war mein erster Gedanke noch immer bei ein paar Bieren. Jeder hat einen anderen Zugang zum Thema. Ich bin jetzt sechs Jahre trocken, und die Leute sagen mir schon wieder Dinge wie: ‚Komm schon, Joe, ein Bier oder zwei kannst du jetzt ja riskieren!' Aber ich weiß, dass die alten Gewohnheiten dann sofort wieder präsent wären. Eine Woche später würde ich mir irgendwo eine Flasche Bacardi holen. Ich hätte genauso gut an meiner Leber sterben können! Ja, meine Leber hätte in diesen Jahren mehrere Gelegenheiten gehabt, sich zu verabschieden …"

Im Londoner „Festival Palace" hatte der Mad-Dogs-Film erst am 22. Januar 1971 Premiere, kurze Zeit später dann in Amerika. Erst jetzt wurde klar, welches Disaster das Ganze wirklich war. Joe erhielt zwar 95 Prozent der Bruttoeinnahmen, musste davon aber auch sämtliche Ausgaben bestreiten und damit natürlich auch die Gehälter der Musiker und die Kosten der gesamten Produktion bezahlen. „Ich habe damals nicht begriffen, dass ich für jede nur denkbare Ausgabe selber aufkommen musste. Ich bin deswegen immer noch in den roten Zahlen", erklärte er dazu noch 1982.

Bei der Pressekonferenz in London sagte der Regisseur des Films: „Während der ganzen Tour wurde ziemlich viel mit Drogen experimentiert, und ab diesem Zeitpunkt war Joe immer abwesender und unnahbarer. Joe war ein Mensch, der, ganz besonders während dieser Tournee, zu nichts Nein sagen konnte. Das wurde während der Dreharbeiten klar – und wir mussten entscheiden, ob wir einen Film drehen wollten, der vom dokumentarischen Standpunkt aus interessant war, dafür aber in gewisser Weise unseren Künstler im negativen Licht zeigte. Ich glaube, man kann sagen, dass wir vielleicht etwas auf die langweilige Schiene geraten sind, aber wir wollten ihn einfach nicht in einem schlechten Licht präsentieren."

Die Filmemacher versuchten zumindest, Cocker nicht allzu schlecht wegkommen zu lassen. „Er beherrscht die Leinwand, und man kann sich dieser seltsamen, hypnotisierenden Macht, die von ihm ausgeht, wenn er singt, einfach nicht entziehen", schrieb der TORONTO GLOBE & MAIL. TIME beschrieb Joe als einen „heiligen Mann mit einer Vision, der schwitzt, grölt, mit den Augen rollt und sich mit scheinbar großer spastischer Energie über die Bühne bewegt ... Wenn Joe Cocker sich nicht mit den Besten messen kann, verfügt er doch über genügend Talent und Energie sowie eine Überfülle an sensationellen Klängen, um sein Publikum dazu zu bringen, sich zurückzulehnen und, wie es in den alten Songs so schön heißt, sich zu sagen: ‚Let the good times roll.'"

Am 27. Februar 1971 spielte Leon Russell mit seiner Band in der Universität von Sheffield. Russell ließ Cocker ausrichten, er würde sich freuen, wenn er vorbeikäme. Joe aber war ohnehin stoned und ging deshalb nicht hin.

Erst Ende Mai 1971 stand er zum ersten Mal wieder auf einer Bühne. Rita Coolidge war in der Stadt und trat im Vorprogramm für die Byrds auf. Sie lud Joe ein, der dann auch prompt erschien. Allerdings bis oben hin voll mit Acid. Dennoch spielte er zwei Blues-Titel und sang mit Rita im Duett „When The Battle Is Over".

Später hielt sich Joe in L.A. auf und fand Unterschlupf u. a. bei Rita Coolidge: „Er schlief auf einer Fußmatte im Foyer von Denny Cordells Haus. Es hat mir das Herz zerrissen, nach all dem, was er auf der Tour durchgemacht hatte, wie er jetzt wie ein Hund auf einer Matte schlief – und Drogen nahm. Ich wohnte zu der Zeit bei meiner Schwester Priscilla und Booker T., und ich brachte Joe ab und zu mit. Er wohnte dann zwei oder drei Tage bei uns – wurde jedesmal wieder klar und nüchtern, und ich habe ‚soulfood' gekocht, weil er das so gerne aß. Ich sorgte für ihn, bis er wieder bei sich war, doch jedesmal endete er wieder auf dem Fußboden."

Im Juni 1971 ging Joe Cocker ins Studio und nahm binnen einer Woche neun neue Songs auf. Es waren allesamt Songs, die er zusammen mit Chris Stainton geschrieben hatte. Steve Winwood und Ringo Starr kamen im Studio vorbei, und Joe spielte sogar bei einigen Songs Schlagzeug.

Von seiner Freundin Eileen Webster hatte er sich zwischenzeitlich für ein Jahr getrennt, fand aber Ende 1971 wieder zu ihr zurück. In einem alten Ford Transit fuhren sie quer durch England und Wales und genossen eine gewisse Leichtigkeit des Seins. Joe entzog sich zunehmend der Öffentlichkeit. Er wollte nicht immer wieder die gleichen Fragen beantworten, wollte nichts mehr über Leon Russell sagen, nichts über Drogen und Alkohol, nichts über die Mad-Dogs-Tour und schon gar nicht gefragt werden, warum er immer Coverversionen singe…

Bis heute lastet Joe Cocker der Vorwurf an, dass er kein Instrument beherrsche und doch nur anderer Leute Lieder singe. Seit Beginn seiner Karriere hatte er Songs anderer Künstler interpretiert, das stimmt. Aber die Art, wie er dies tat, war stets einzigartig.

Wie Cocker zum Interpreten anderer Künstler geworden ist? „Früher, in den 60ern wäre ich wirklich lieber ein einfaches Bandmitglied gewesen. Aber in Sheffield gab es nicht viele Sänger, nur massenweise Gitarristen. Es war ganz anders als in Liverpool, das mehr eine Blues-Stadt war. Wir haben Coverversionen gespielt, und ich habe dem Schreiben nie die nötige Aufmerksamkeit gewidmet. Also bin ich Sänger geblieben."

Cocker singt vorrangig Coverversion im Sinne einer ganz und gar eigenständigen Neuinterpretation ein. Er selbst sagt dazu: „Es klingt ein bisschen brutal, sie einfach Coverversionen zu nennen. Normalerweise fragen mich die Franzosen: ‚Wei du ju olwäis du sis dämn covärs?' Ich versuche stets, die Songs neu zu erfinden und sie zu meinen eigenen zu machen. Das hat vielleicht nicht immer geklappt – es ist wie bei einem Maler, der ein Bild sieht und sich sagt, ich will meine eigene Version davon malen. Ich mache das einfach schon seit so vielen, vielen Jahren. Vielleicht auch aus dem Grund, weil ich selbst wenig schreibe. Ich finde Songwriting mindestens so schlimm, wie sich einen Zahn ziehen zu lassen."

Leonard Cohen z. B. hat Cocker bisher drei Mal gecovert. 1969 mit „Like A Bird On A Wire" auf seinem zweiten Album „Joe Cocker!", 1989 mit „I'm Your Man" auf „One Night Of Sin" und 1999 mit „First We Take Manhattan" auf „No Ordinary World". „Wir suchten damals nach geeigneten Liedern. Leonard Cohens Songs gefielen mir schon immer gut. Ich wünsche mir oft, die Leute könnten den ganzen Entstehungsprozess meiner Songs nachvollziehen: Das heißt, sie würden entweder die Originale kennen oder die ersten Demos hören können. Dann würden sie sehen, wie weit meine letzte Version davon entfernt ist. Am Schluss ist es ein völlig anderes Ergebnis. Auf Leonard Cohen stand ich schon immer. Irgendwo habe ich sogar noch eine neue Nummer von ihm, die ich vielleicht irgendwann noch einmal aufnehme. Leonard singt in einer so ungewöhnlichen Tonart, dass man kaum sagen kann, ob ein Song eine Melodie hat oder nicht, aber sie sind alle ganz gut geworden."

Manche Coverversionen unterscheiden sich im Arrangement und Sound, manche halten sich streng an das Original. Bei den drei Cohen-Songs ist „Like A Bird On A Wire" eher einer, der sich vom Original unterscheidet, und die beiden anderen halten sich eher an die Originalvorlage. „Ich bin kein Songwriter. Ich fühle dabei wie ein Zuhörer. Ich lasse mich von der Mystik eines Songs einfangen und möchte ihm meinen eigenen Ausdruck verleihen. Es ist, als würdest du jemand anderem ein Buch vorlesen, das du selbst zwar nicht geschrieben hast, es aber total gut findest. Für den Zuhörer ist es, als würdest du ihm seine eigene Geschichte erzählen. Manchmal ist die Geschichte eine glaubwürdige, manchmal nicht. Aber die richtige Songauswahl ist immer wie eine Schlacht. Leonards Song ‚First We Take Manhattan' etwa kannte ich zunächst nur in der Version von Jennifer Warnes, also auch nur als ein Cover vom Original. Aber es hat mir auf Anhieb gut gefallen, weil es ein wirklich guter Song ist. Und je öfters ich mir dann das Original anhörte, umso mehr wurde mir die Tiefe des Textes bewusst. Ein Grund mehr also, diesen großartigen Song von Leonard aufzunehmen."

Kritikern fällt vor allem immer die scheinbar mangelnde Originalität bei Cockers Alben auf, ihnen covert er einfach zu viel und baut seine Karriere zu sehr auf Coverversionen auf. „Aber wenn ich dann keine mehr einsinge, beschweren sie sich und fragen, wo bleiben die Coverversionen?", wundert sich Cocker. Über die Auswahl sagt Joe Cocker: „Ich könnte stundenlang darüber philosophieren. Ich brauche eine Komposition eigentlich nur einmal zu singen, und schon fühle ich, ob ich auf dem richtigen Weg bin. Mein Bauch sagt mir schnell, ob ich mit einem Song, einem Cover oder einem Album richtigliege. Ein Song ist ein Medium, beim Singen vollziehe ich eine mentale Transformation. Aber eigentlich kann man das einem Außenstehenden gar nicht erklären."

Eine Formel, um die Songs zu entdecken, die passen, gibt es nicht. Bestimmte Singer/Songwriter aber wiederholen sich in Cockers Karriere. Bob Dylans Lieder waren von Anfang an Songmaterial, das es wert war, zu covern. Die ersten Dylan-Covers waren „Just Like A Woman" und „I Shall Be Released" auf dem Debutalbum 1969. Das neueste Dylan-Cover ist „Ring Them Bells", das 2007 auf „Hymn For My Soul" erschien. „Meistens gibt es etwas in einem Lied, in der Struktur eines Liedes, das ich herauskitzeln will. Als ich ‚Ring Them Bells' zum ersten Mal hörte, empfand ich es als sehr schwierig, die Aussage des Songs zu beschreiben –

wenn es überhaupt eine gibt. Aber … ich bin kein Bob Dylan, deswegen fällt es mir schwer, das zu erklären. Sehen Sie es als Handwerk. Es ist ein Handwerk wie jedes andere auch. Wenn man gute Musiker bei sich hat, bringt man ihnen zunächst bei, wie die Phrasierung aussehen sollte, wie der Song an dieser und jener Stelle klingen muss. Der Input ihrerseits kommt dann von ganz alleine. Die besten Songs entstehen sowieso ohne viel Aufwand." Die Songs wählt Cocker nur bedingt selbst aus. „Ich bin quasi Produzenten und Managern ausgeliefert. Ich könnte auch gar nicht alle Bänder hören, die uns von Komponisten geschickt werden, so viel Zeit habe ich nicht. Trotzdem ist es immer ein Kampf, am Ende 14 Stücke zusammenzubekommen. Ich muss Kompromisse machen. Manchmal sind auf den Alben auch ein paar Songs, die für meinen Geschmack ein bisschen kommerziell sind. Aber ich kann nicht am Zeitgeist vorbeisingen. Wenn die Menschen von der Plattenfirma einen leichten Sommerhit wollen, liefere ich den."

Angst vor dem Original hat Cocker nie. „Dann hätte ich beispielsweise ‚Could You Be Loved' nie aufnehmen dürfen. Bob Marley hat die definitive Interpretation seines Songs geliefert. Wir haben mehr eine ‚Light'-Version gemacht." Coverversionen jüngerer Künstler lassen Cocker & Co. eher aus. „Die sind doch lange nicht so talentiert wie die Musiker der sechziger Jahre. Wenn ich an The Who oder The Small Faces denke – so etwas gibt es heute nicht mehr. Außerdem finde ich es vermessen, dass Oasis sich für die Beatles-Nachfolger halten. Die Beatles-Musik hat wirklich jeder auf dieser Welt mal gehört, und jeder, der es sich leisten kann, hat auch eine Platte von denen. Das ist ein absolut einzigartiges Phänomen. Oasis sind nicht so wichtig, wie sie behaupten."

Insbesondere während der Anfangsphase der Beatmusik war es nicht ungewöhnlich, dass Bands ihre Karriere mit Coverversionen ihrer Vorbilder begannen. Beste Beispiele sind die Beatles und die Rolling Stones selbst. Beide Bands hatten zahlreiche Stücke Chuck Berrys und von Blueskomponisten im Repertoire. Häufig wurden auch gezielt Coverversionen lanciert, um deren Original-Interpreten und Autoren zu größerer Popularität zu verhelfen. So wurde etwa der Song „Blowin' in the Wind" von Bob Dylan zunächst in der Version von Peter, Paul and

Mary ein Hit, bevor seinem Autor der Durchbruch gelang. In den 60er-Jahren war es auch üblich, dass britische Interpreten für den britischen Markt die Stücke coverten, die zuvor in den USA von amerikanischen Interpreten auf den US-Markt gebracht wurden. In so manchen Fällen wurden Coverversionen sogar erfolgreicher und populärer als die Originalaufnahmen. „All Along the Watchtower" etwa stammt von Bob Dylan, wurde aber durch die Live-Interpretation von Jimi Hendrix erst richtig bekannt. Und so haben z. B. auch so manche Coverversionen von Joe Cocker, allen voran „With A Little Help From My Friends" von den Beatles, „Just Like A Woman" von Bob Dylan oder „Like A Bird On A Wire" von Leonard Cohen mindestens den Bekanntheitsgrad der Originale. Die sogenannte musikologische Abgrenzung von Original und Coverversion fällt sowieso oft nicht leicht.

Joe hatte Dylan in Sheffield erstmals entdeckt. Zu jener Zeit überlegte er gerade, nur noch Blues zu singen, als seine Aufmerksamkeit von Dylans melodischem „Don't Think Twice, It's Alright" angezogen wurde. Cocker begann, mit der Grease Band Dylan-Songs auszuarbeiten und hatte schon vor „Stingray" einige aufgenommen. „The Man In Me" von „New Morning" haucht er mit einer leichten Reggae-Version neues Leben ein, sie wurde von Peter Tosh und Tyrone Downey arrangiert. „Catfish", das Dylan selbst nie veröffentlicht hat, ist wahrscheinlich die schwermütigste Nummer in der Auswahl, die Joe selbst als „mein Überstunden-Album" (gemeint ist „Stingray") bezeichnet.

Covers zu singen, ist für Joe Cocker etwas ganz Normales. Wie kam Joe aber eigentlich z. B. dazu, Dylans Geschichte von dem Baseballspieler Catfish Hunter aufzunehmen? „Ich fragte Dylan einfach ... ich war etwas nervös, ihm zu nahe zu treten ... ich fragte ihn um ein Lied, das er nicht aufgenommen hatte, und Dylan antwortete: ‚Ich habe diesen alten Blues, den ich über Catfish geschrieben habe.' ... und er gab mir ein Demo." So viel zum Hintergrund von so manchem Dylan-Song, den Joe gecovert hat.

„Natürlich ist es besser, neues Material zu spielen, weil es deine Fantasie auf Trab hält. Aber ich vergebe mir auch nichts, wenn ich ‚Little

Help' oder ‚Delta Lady' singe. Außerdem glaube ich nicht, dass mein Publikum noch kommen würde, wenn ich das alte Material ganz aufgeben würde. Es ist nun mal so, dass zu meinen Konzerten weniger die jungen Leute kommen als die, die mit meiner Musik groß geworden sind. Hinzu kommt, dass die Plattenfirma denkt, dass ich eben ein Interpret von Songs anderer Leute bin. Sie sagen: ‚Sicher, Joe, du bist als Songschreiber nicht übel, aber vergiss es doch lieber und kümmer dich um das, was du wirklich kannst'", erzählte er einmal dem SOUNDS Magazin …

Bis 2013 hat Joe Cocker seit seinem ersten Album drei Leonard-Cohen-Songs, acht Bob-Dylan-Lieder sowie acht Songs aus den Federn der Beatles oder deren Mitgliedern zumindest auf offiziell erschienenen Alben „gecovert". Und es gibt keinen, der Joe nicht großes Talent nachsagt. „Ich empfinde es immer wieder als große Ehre, wenn ein anderer Künstler meine Lieder interpretiert. So dachte ich auch, als ich Joe Cockers ‚Like A Bird On A Wire' 1970 oder ‚First We Take Manhattan' 1998 hörte", so etwa Leonard Cohen in einem Gespräch mit dem Autor in Berlin 2001. Und last but not least sagte auch Bob Dylan einmal: „Joe hat den besten Kehlkopf der Welt", ein Kompliment, worüber der schmunzelt: „Ich habe mir grade erst Bob Dylans neue Platte angehört, ‚Tempest'", verriet Joe Cocker 2012. „Ein Freund sagte darüber, dass Bob aufhören solle, er habe ausgedient. Ich finde, das ist Quatsch. Niemand wäre auf die Idee gekommen, Shakespeare zu sagen, er sei zu alt zum Schreiben. Ich träume ja auch davon, wie zuletzt Tom Jones, ein reines Blues-Album zu machen, was wohl auch wieder aus Covern bestehen würde. Davon träume ich. Ich habe bisher 23 Alben gemacht, vielleicht schaffe ich insgesamt 30. Darunter sollte ein Blues-Album sein. Aber noch hat keine Plattenfirma die Kröte geschluckt. Sie wollen Joe, den Pop-Sänger. Da muss ich sie auch manchmal bremsen. Etwa bei einem Lied wie ‚I'll Be Your Doctor', das sich sehr, sehr direkt an eine Frau richtet. Das muss man schon so machen, dass es zu meinem Alter passt …"

Doch zurück in die 60er: Zwischenzeitlich hatte Joe erfahren, dass er in den USA schon einen Plattenumsatz von über drei Millionen Dollar erreicht hatte – von denen er quasi nur einen ganz kleinen Bruchteil erhielt. In einem Interview mit der BBC sagte er daraufhin, er wolle nichts mehr mit Rock'n'Roll zu tun haben. „Es hat alles mit Love und Peace angefangen und im Chaos geendet."

Kenny Slade erinnert sich: „Die meiste Zeit waren wir stoned. Joe beglich alle Rechnungen, und ich wollte es ihm später zurückgeben. Er sprach nie über Mad Dogs, aber ich weiß, dass er Leon Russell überhaupt nicht gemocht hat, das weiß ich. Er hasste ihn."

Die Zeit in den Staaten, die Arbeit mit jemandem wie Leon Russell – all das hat einen tiefen Eindruck bei Cocker hinterlassen. Um zu verarbeiten, was er da durchgemacht, hätte jeder normale Mensch ein ganzes Leben gebraucht. „Joe ist sehr sensibel", verrät Rita Coolidge. „Joe ist ein Mann mit sehr tiefen Gefühlen. Er vermag alles in seiner Musik zum Ausdruck zu bringen – er hat wirklich eine Menge Soul. Er ist wie ein Maler, der von innen heraus malt …"

Erst Ende Januar 1972 wurde die Presse dann von der Mitteilung überrascht, Joe probe mit einer neuen Band. In Amerika hatte Chris Stainton ein paar Musiker zusammengetrommelt, und Joe war daraufhin zu ihm geflogen. Doch noch immer hatte er das Problem mit Dee Anthony. Der hatte aufgrund der alten Vertragsmodalitäten eine einstweilige Verfügung erreicht, die zum Inhalt hatte, dass Joe nur mit ihm in den USA Tourneen und Konzerte bestreiten dürfe.

Chris Staintons Manager Nigel Thomas und seine Plattenfirma A & M halfen ihm dann aus der Misere heraus, mussten ihn aber von Anthony „freikaufen". Für wie viel genau kam nie heraus. Von einer Viertelmillion Dollar war die Rede. Joe selbst nannte Summen zwischen vierhunderttausend und vier Millionen Dollar. Die konkrete Summe wurde nie bestätigt. Es wurde Stillschweigen darüber vereinbart. Das Haus, das er in Sheffield kaufen wollte, wurde jedenfalls nie gekauft.

Dafür ging Joe anschließend unbeschwert ohne die „Altlast" Dee Anthony in Amerika auf Tournee und hatte in Nigel Thomas nun auch einen neuen Manager. Thomas organisierte Joes erste musikalische Wiederbelebungsversuche und eine große Amerikatournee, die nach kurzen Proben mit einer Premiere im ausverkauften Madison Square Garden in New York begann. Doch das Publikum war enttäuscht. Joe spielte ausschließlich neue Songs. Er wollte mit keinem Song mehr an die „Mad Dogs"-Tour erinnert werden.

Nach der US-Tour ging man für zwei Open-Air-Festivals nach England und fügte noch Konzerte auf dem Kontinent hinzu. Am 8. Juli trat er beim Würzburg-Open-Air im Dallenberg Fußballstadion auf. Mit dabei waren die Chris Stainton Band & The Sanctified Sisters. DIE ZEIT berichtete damals darüber, wie hartnäckig das Bayerische Innenministerium versucht habe, dieses „fränkische Woodstock" zu verbieten. Grund dafür waren Berichte über Joe Cockers Teilnahme bei diesem Open Air, „der umfangreiche illegale Handel und ... Genuss von Rauschgiften an dem Veranstaltungsort" sowie bedenkliche hygienische Verhältnisse. 12.000 Zuschauer waren in Würzburg dabei, 80 Prozent davon amerikanische GIs, die in der Stadt selbst oder anderswo stationiert waren. Die lokale Presse war begeistert und schrieb: „Ein epochemachendes Musikereignis. Stars wie Joe Cocker geben sich ein Stelldichein, bei sonnigen 30 Grad verläuft das Festival ruhig und friedlich. Die Bands geben Vollgas, nach Beschwerden aus dem Stadtgebiet wird um 3 Uhr nachts der Strom abgestellt."

Der Auftritt von Joe Cocker gilt bis heute als legendär, da er eher orientierungslos auf der Bühne agierte. Cocker & Band spielten etwas mehr als eine Stunde. Der Auftritt begann mit „Woman To Woman" und endete nach elf Songs mit „Cry Me A River". Die Aufnahme des Gigs ist einem GI zu verdanken, der damals seinen Kassettenrecorder vor die Bühne stellte und den Auftritt in recht mäßiger Qualität aufnahm. Eine Form der Bootleg-Produktion, die seinerzeit möglich war und nicht unterbunden wurde. Mit dabei waren Christopher „Chris" Stainton an Piano und Keyboards, Neil Hubbard an der Gitarre, Alan Henry Spenner am Bass, Jim „Jimmy" Karstein am Schlagzeug, Felix „Flaco" Falcon, Jim Price, James Ronald „Jim" Horn, Bobby Keys sowie „The Sanctified Sisters". Ob James Lee „Jim" Keltner, Glenn Ross Campbell und Gloria Jones mit von der Partie waren, ist nicht bestätigt. Während der Konzerte im Jahr 1972 wechselte Joe die ihn begleitenden Musiker häufig.

Nichtsdestotrotz, Joe hatte wieder Freude an der Musik gefunden. Nach Europa ging er erneut in Amerika auf Tour. Doch spätestens dort, als sie wieder begannen, von Stadt zu Stadt zu fliegen, fühlte er sich einmal mehr an die „Mad Dogs"-Tour erinnert.

„Es entstehen immer Reibereien, wenn Leute lange zusammen sind", sagte Joe darauf angesprochen. „In Hotelzimmern herumzuhocken und in die Glotze zu starren, macht mich nach einer Weile wahnsinnig, mir Städte anzuschauen, gefällt mir nicht. Ich bin mir bewusst, dass ich mehr für meine Gesundheit tun sollte, als mich in die Selbstzerstörung zu stürzen."

Während der Tournee wurden viele der Konzerte aufgenommen, zwei Live-Nummern kamen dann auch auf Joes im November 1972 erschienenes nächstes Album, das schlicht „Joe Cocker" (bzw. „Something To Say") genannt wurde, sich titelmäßig also kaum vom vorangegangenen Album „Joe Cocker!" – mit Ausrufezeichen – unterschied. Das Album mit neun Songs wurde bis auf Gregg Allmans „Midnight Rider" und Dan Penns/Chips Momans „Do Right Woman" (live) zusammen von Chris Stainton und Joe Cocker komponiert. Mit dabei auch der in Würzburg noch unbekannte und live vorgetragene Song „St. James Infirmary" von Frey Assunto. Die Songs entstanden größtenteils bei Proben oder während der Tour, erinnert sich Joe. „Das, was mich am meisten fasziniert, ist das gemeinsame Komponieren mit Mitmusikern. Ich fühle mich richtiggehend zu Hause, wenn ich mit Chris arbeiten kann. Er ist in der Lage, wichtige Trends und Veränderungen vorauszuahnen. Nicht jeder Musiker hat diese Fähigkeit. Mir selbst macht es unheimlich Mühe, mich ernsthaft zu konzentrieren und wirklich gute Songs auszubrüten. Am liebsten würde ich immer direkt im Studio komponieren, statt in einem stillen Kämmerchen. Aber das geht natürlich nicht, da stehen schließlich zehn bis zwanzig Techniker herum, die auf ihren Einsatz warten."

Das Album bekam keine guten Kritiken, schaffte es aber immerhin auf Platz 27 in den amerikanischen Billboards. Andere live aufgenommene Songs erschienen erst 1976 unter dem Titel „Live In L.A.", einem als semi-offiziell zu wertenden Live-Album, da nicht in Joes Backkatalog aufgenommen wurde. Die Aufnahmen lassen sich kaum mit der Qualität einer offiziell erschienenen Live-Platte vergleichen. Zudem war Joes Stimme fernab von dem, was man von ihm gewohnt war.

Im Oktober 1972 flog Joe mit dreißig Leuten und vierzig Tonnen Bühnenausrüstung auf den fünften Kontinent. Er absolvierte am 3. und 7. Oktober in Western Springs, Auckland, und Christchurch zwei Auftritte in Neuseeland und startete dann am 10. Oktober im Hordern Pavilion von Sydney seine erste (geschichtsträchtige und drogenschwangere) Australien-Tournee.

Joe gab auch eine kleine Pressekonferenz. Ein Auszug zeigt, wie misstrauisch und zugeknöpft er noch immer war:

„Wie lang wird jedes Ihrer Konzerte dauern?"
„Vielleicht eine Stunde … eineinhalb Stunden … zwei Stunden …"
„Spielen Sie eigentlich Rock'n'Roll oder Rhythm and Blues?"
„Jawohl … so etwas ähnliches."
„Singen Sie viele Stücke von ‚Mad Dogs and Englishmen'?"
„Drei."
„Als was würden Sie sich bezeichnen?"
„Ich bin ein extrem gewöhnlicher Mensch."

Da zu jener Zeit nicht viel in Australien passierte, nahm man Joes Tournee zum Anlass, sich in belanglosem Detailjournalismus zu üben. Es ging gar nicht mehr darum, wie gut er sang, trotzdem die Konzertkritiken nicht schlecht waren.

Plötzlich geschah etwas Unerwartetes. Am 14. Oktober 1972, kurz nach 10 Uhr morgens, tauchten zwei Polizisten des Rauschgift-Dezernats im Adelaide's Park Royal Motel auf. Entweder war es die Vermutung, jeder langhaarige Rockstart trage Cannabis mit sich herum, oder es war der Tipp eines Neiders. Fakt jedenfalls ist, sie fanden bei Joe Cannabis, das er in Sydney gekauft hatte und noch am selben Tag rauchen wollte. Joe, fünf Musiker seiner Band und eine der Musiker-Frauen wurden nach der Razzia auf der Polizeistation verhört und gegen eine Kaution von 200 Dollar pro Person später wieder auf freien Fuß gesetzt. Am Montag, dem 16. Oktober, gab es eine Gerichtsverhandlung in Adelaide, bei der Joe und die anderen zu einem Bußgeld von 300 australischen Dollar verurteilt wurde. Die Band flog anschließend schnellstmöglich weiter nach Melbourne, wo sie für vier Konzerte gebucht war. Was niemand ahnte, war der Umstand, dass der Vorfall von einigen – vor allem sehr konservativen – Parlamentariern wie etwa einem gewissen Frank Stewart dazu genutzt wurde, um Aufmerksamkeit in eigener Sache zu erregen. Sie forderten immer lautstärker die Ausweisung von Joe Cocker und seiner Band aus Australien. Schließlich interessierte sich auch der Einwanderungsminister für die Angelegenheit, der wegen des Wahlkampfes in Australien gleichfalls daran dachte, sich mit dem „Fall Cocker" profilieren zu können. Das ganze gipfelte schließlich in einer parlamentarischen Anfrage, ob der Einwanderungsminister „die Autorität habe, die Aufenthaltsgenehmigung für Joe Cocker zurückzuziehen, und ob er diese Autorität im Interesse der australischen Jugend auch nutzen würde?"

Joe war wieder einmal nur das „Opfer". Am Mittwoch, dem 19. Oktober, unterschrieb Forbes dann die Ausweisungsbescheide für Joe und sechs weitere Bandmitglieder. Innerhalb von zwei Tagen mussten sie Australien verlassen – oder sie würden festgenommen und zwangsweise in ihre Heimat zurückverfrachtet. Die australische Presse schrieb: „Pop-König wird deportiert".

Mit einem Glas Wein in der einen und einer fast leeren Flasche in der anderen Hand stieg Joe daraufhin in der Festival Hall in Melbourne als „Nr. 173567" – seiner neuen Polizei-Registrierung – auf die Bühne und erklärte unter tosendem Beifall: „Ich hatte eine himmlische Besprechung mit der Polizei, und ich wollte euch nur sagen, dass ich bereit bin". Dabei hielt er seine beiden Arme so zusammen, als hätte man ihm Handschellen angelegt. „Ich wette mit euch, dass Marihuana in fünf Jahren in Australien legal sein wird, und derselbe Typ, der jetzt versucht, uns hier rauszuschmeißen, wird dann selber auch rauchen."

Die Presse schrieb vom „wildesten Popkonzert, welches je in Melbourne stattgefunden hatte". Über die Musik wurde kaum berichtet, wohl aber darüber, wie Joe sich auf der Bühne gab, mit abwechselnd Wein, Whiskey, Bier und Champagner in der Hand und sich gleichzeitig die Schuhe und sein T-Shirt ausziehend. Danach war Joe stockbesoffen. Im Hotel wartete man schon auf ihn und wollte ihn gar nicht mehr ins Hotelzimmer lassen, worauf er wutentbrannt herumpöbelte. Ein Anlass mehr, erneut die Polizei zu rufen und Joe zu verhaften. Joe, seine damalige Freundin Eileen Webster, die Freundin von Neil Hubbard, die ebenfalls

Eileen hieß, und ein Roadie namens Keith Robertson, der Joe helfen wollte und dachte, die Polizisten seien nur Pöbler, verbrachten die Nacht dann im Knast in Melbourne. J.P. Bean erzählte Joe für dessen Recherchen über die Australientour 1972: „Ich komme also in diese Gefängniszelle, die Tür knallt zu, und ich sitze im Dunkeln und denke, dass ich da alleine drin bin. Und ich höre dieses Rascheln. Auf einmal geht ein Streichholz an, und ein Typ fragt mich, ob ich eine Tüte rauchen wolle, und ich sage: ‚Sicher, sehr nett von dir, das wird mich etwas beruhigen‘, und dann fragte er mich: ‚Warum bist du denn hier?‘, und ich meinte: ‚… das weiß ich selber nicht so genau, Unruhestiftung oder so etwas Ähnliches. Und du?‘ … und er meinte: ‚Sie nennen es Mord. Ich hab einen Aborigine umgelegt, aber – für mich ist das kein Mord‘ … und ich denke mir: Jesus, was haben sie bloß mit mir gemacht! Aber wir haben dann die ganze Zeit geredet, bis man mich um sieben Uhr morgens wieder rausließ. Australien hat mich erst zum ‚Mad Dog‘ gemacht, die haben die Sensationslust erfunden. Am Donnerstag, dem 19. Oktober, gab es dann die Verhandlung im Bezirksgericht Melbourne. Die Anklage umfasste zehn Punkte: unerlaubter Drogenbesitz, Drogenmissbrauch, Beleidigung der Polizei, Beleidigung des Hotelmanagers, Widerstand gegen die Verhaftung, anstößiges Benehmen, obszöne Äußerungen, Widersetzen der Aufforderung, das Hotel zu verlassen. … Am selben Abend gaben wir ein Konzert und wurden nicht verhaftet, und dann spielten wir auch noch die Mitternachtsshow."

Diese beiden Konzerte in Melbourne fanden also noch statt, nur Brisbane und Perth mussten schließlich abgesagt werden, obwohl das Open-Air-Konzert in Perth mit 20.000 Zuschauern ausverkauft war.

Am 22. Oktober 1972 verließ Joe samt Entourage das Land. In England schrieb der DAILY EXPRESS: „Cocker verhaftet!"

„Meine Mutter hat es im Daily Express gelesen und bekam fast einen Herzanfall", erinnert sich Joe noch heute, leicht grinsend.

Am Flughafen von Melbourne warteten Fans und Presse, zu der Joe wieder einmal wie ein geprügelter Hund sagte: „Ich glaube, dass man mich hier sehr unfair behandelt hat." Dann flog er über Sydney und Los Angeles nach London, wo auch die englische Presse auf ihn wartete.

Wieder einmal war Joe Cocker Opfer seines Erfolges geworden, was ihn nach einem kurzen Höhenflug wieder nach unten zog. Er begann sich wieder zu verkriechen und besuchte einige Konzerte, ging über Weihnachten und Neujahr zurück nach Sheffield zu seinen Eltern und besuchte Eileen in London.

Die Jahre 1973 und 1974 waren den vorangegangen sehr ähnlich, wurden jedoch noch von der Tatsache getoppt, dass Chris Stainton die Band verließ. Streit gab es keinen, Chris wollte nur nicht mehr so oft und lange unterwegs sein, denn seine Frau war nicht mehr bereit, das länger mitzumachen.

Streit gab es dagegen mit seinem „neuen" Manager Nigel Thomas. Joe fühlte sich verkauft. Einmal mehr unter Druck gesetzt. Nicht mehr leistungsfähig und ausgelaugt. „Ich steckte damals in einer Phase, in der ich völlig am Arsch war. Und ich wollte unbedingt raus aus dem Vertrag mit Nigel Thomas. ‚Das kostet dich aber was', sagte der. ‚Ist mir egal', sagte ich, ‚du kannst haben, was du willst – ich will nur raus.' Nigel wollte 400.000 Dollar, und ich Idiot hab sie ihm gegeben", erklärte Joe später in den 80ern seine Situation. Es war der gesamte Vorschuss, den ihm seine Plattenfirma A & M vorgestreckt hatte. „Es gab für mich damals nichts Wichtigeres, als den Stoff zu besorgen, den ich brauchte. Es war meine eigene Dummheit, und da konnte ich niemanden um mich haben, der mich davon abbringen wollte." Die Tatsache, dass Nigel Thomas Joe aus einer Misere herausgeholfen, ihm Studios und Aufnahmetermine und sogar namhafte Produzenten wie Bob Johnston besorgt hatte, der schon mit Aretha Franklin, Bob Dylan und Leonard Cohen gearbeitet hatte, verdrängte Joe. Nigel nahm das Joe per Vertrag zustehende Geld dann als Abfindung und verschwand.

Zu jener Zeit nahm Joe Cocker vermehrt Heroin. Mit seiner Freundin Eileen Webster bekam er fürchterlichen Krach, weil die ihm auch nicht wirklich helfen konnte und ebenso drogensüchtig war.

Im Juni 1973 fuhren Joe und Eileen nach Cornwall, um in einem angemieteten kleinen Häuschen „kalt", alleine, sogar ohne Medikamente zu entziehen. „Ich bin ziemlich stolz darauf, dass ich davon losgekommen bin, denn Heroin ist etwas Fürchterliches. Ich habe einfach damit aufgehört. Ich habe gelitten und all diese grauenvollen Gefühle durchgemacht, bin alle fünf Minuten auf die Toilette gegangen", erklärte Joe in den 80ern seine damalige Methode, zumindest von Heroin loszukommen. „Das Spiel, das diese Typen mit mir trieben, war plötzlich so durchschaubar. Jedes Mal sagten sie, es sei nichts aufzutreiben, und wenn es dann doch etwas gab, war es doppelt so teuer wie vorher. Trotzdem war es damals noch längst nicht so teuer wie heute. Gott sei Dank gab es Crack damals noch nicht. Ich habe das Zeug nie probiert, denn das scheint ja die schlimmste Droge der Welt zu sein."

Erst im November 1973 betrat Joe wieder ein Studio, um am nächsten Album namens „I Can Stand a Little Rain" zu arbeiten, das im August 1974 erschien. Es fehlte jedoch Chris Stainton. In freundschaftlicher Hinsicht, atmosphärisch wie auch musikalisch. „In meinem Kopf geht nun mal alles recht einfach und bescheiden zu. Viel mehr als vier oder fünf Akkorde habe ich nicht drauf. Wenn du nur singst und kein Instrument spielst, was kannst du dann schon? Es ist schwierig, einem Haufen von Musikern klarzumachen, was du willst. Du hast die Ideen halt nur in einem Zipfelchen von deinem Kopf. Komponieren bereitet mir sehr viel Mühe", antwortete Joe auf die Nachfrage eines Journalisten 1974, was sich durch Staintons Weggang geändert habe.

Joe hatte sich auch mit Denny Cordell überworfen, als er erfuhr, dass der mit Leon Russell ein eigenes Plattenlabel gegründet hatte. Als Produzent gewann er mit Unterstützung von A & M Records schließlich Jim Price. Die Aufnahmen verliefen dieses Mal anders. Man nahm an historischen Orten in England, wie etwa in Woburn Abbey oder in einem alten Schloß in Wales auf, später dann aber doch noch in einem Studio in Los Angeles. Zwischen den Aufnahmen gab es oft lange Pausen. Joe zog sich über den Jahreswechsel und nach dem Entzug und den ersten Aufnahmen wieder bei seinen Eltern in Sheffield zurück. Er besaß immer noch keine eigene Wohnung, geschweige denn ein Haus. Wenn er gerade nicht auf Tournee war, war er immer darauf angewiesen, bei irgendjemandem Unterschlupf zu finden.

Anlässlich der Album-Veröffentlichung gab er dann im Juni im „Roxy Theatre" in Los Angeles auf dem Hollywood Sunset Strip ein Konzert für die Presse, bei dem er zwar zumindest einigermaßen bei Stimme, aber nicht in guter Verfassung war. „Er stolperte auf der Bühne herum … jeder wusste, was er gerade durchmachte – es war wirklich furchtbar traurig. Beim dritten Stück lag er in einer Embryo-Position auf der Bühne, und bei den meisten Songs vergaß er den Text", erinnerte sich der damalige A & M-Chef Jerry Moss. Unter den geladenen Gästen waren auch Diana Ross, Cher und Marc Bolan.

Dennoch, das Album kam an. Der amerikanische ROLLING STONE urteilte: „Es ist eine Platte über Leid und Verfall, die die grausam angeschlagene Verfassung Cockers ausdrückt." Das BILLBOARD-Magazin schrieb: „Nach einer zweijährigen Pause ist Joe Cocker zurück und singt so gut wie nie … Die kraftvolle, bluesige Stimme ist besser denn je." Und SOUNDS in Deutschland meinte: Eine „an die Nieren gehende Dokumentation von Sängerdepression." Und irgendwie hatten alle recht. Joe Cocker „arbeitete" an seinem „Image" des „ewig Süchtigen" und „tragischen Trinkers des Rock'n'Roll".

Der deutsche MUSIKEXPRESS gab dem Album drei von fünf Sternen und resümierte: „So sanft, wie er auf dem Plattencover aussieht, so singt er auch. Er beschränkt sich fast ausschließlich auf langsame Nummern, wobei ‚You Are So Beautiful' (von Billy Preston) am Stärksten auffällt. Wirklich phantastisch begleitet von Nicky Hopkins am Klavier, singt Joe diese schon hundert Mal interpretierte Ballade mit solch einem ‚feeling', dass es einem richtig warm ums Herz wird. Es ist vor allem die Zusammensetzung aus Sound, Arrangement und Cockers rauer, doch einschmeichelnder Stimme, die diese Platte so gut macht."

Danach war wieder Touren angesagt. Einen neuen Manager hatte er in L.A. mit Reg Lock gefunden. Der organisierte für Joe ein Haus in Buleton, vierzig Meilen von Santa Barbara entfernt, in dem seine neue Band proben konnte. Doch auch dort war das Chaos vorherbestimmt. Die Bandmitglieder und ihre Frauen, Freundinnen und weiblichen Gespielinnen probten nicht nur, sondern feierten auch gewaltig. Und das natürlich auf Joes Kosten. Der eine versuchte vom Hausdach in den Swimmingpool zu springen, der andere fuhr einen Wagen von Joe zu Bruch und setzte damit auch noch ein Stück Weideland in Brand, Joe selbst stürzte beim Reiten vom Pferd und brach sich das Handgelenk. Sein Gitarrist Henry McCullogh, der ihn begleitete, brach sich die Schulter. Die beiden stritten sich ohnehin dauernd: „Er war wirklich witzig – er versuchte, mich zu erschießen! Er sagte: ‚Joe, du bringst es einfach nicht mehr.' Also entgegnete ich: ‚Okay, wenn du es so siehst, können wir nicht mehr zusammen weitermachen.' Dann nahm er eine Whiskeyflasche und bedrohte mich damit, also schnappte ich mir die Courvoisier-Flasche, und danach fragte er Jim, ob er ihm seine Knarre leihe, um mich wegzupusten!" Später erklärte Cocker, dass das alles nur Spaß gewesen sei: „Wir waren doch alle nur high und besoffen."

Nach diesem Vorfall verließ McCullogh die bizarre Truppe, die in Albert Lee Ersatz fand. Joe ging schließlich erstmals seit zwei Jahren mit der neuformierten Cock'n' Bull Band Ende August wieder auf ausgedehnte Tournee durch die USA und Kanada. Sechs Wochen lang. Danach gab es eine knapp dreiwöchige Pause auf den Bahamas, und der zweite Teil der Tour war quasi wie der erste, nur eben in anderen Städten. Albert Lee erinnert sich: „Er war immer noch beeindruckend ... einige seiner Songs ließen einen wirklich erschauern ... aber in Wirklichkeit war er ständig nervös ... wir kamen früh zu einem Gig, gingen ins Hotel, und er fing mit einer Flasche Brandy vor dem Auftritt an ... er aß nichts und war sehr gereizt, übergab sich auf der Bühne ..."

Im Troubadour, einem Club in L.A., brach er während eines Konzerts schließlich zusammen. Joe Cocker wirkte wie ein gefallenes Denkmal der Rockgeschichte, und das, noch bevor er zum Denkmal wurde. Er war peinlich und mitleiderregend. Er kotzte mitten im Konzert, unterbrach kurz und sang dann wieder mehr schlecht als recht weiter. Die Sets bestanden wie etwa in Allendale, Michigan, aus Stücken von den Alben „Joe Cocker", „I Can Stand A Little Rain" sowie vom damals noch nicht veröffentlichten „Jamaica Say You Will".

Im April 1975 erschien mit „Jamaica Say You Will" schließlich Joes fünftes Studio-Album. Darauf befanden sich zehn Songs, von denen die meisten aus den „I Can Stand A Little Rain"-Aufnahmen stammten und damals keine Verwendung fanden. Dem deutschen MUSIKEXPRESS gefiel das Album, man gab wieder drei von fünf Sternen und begründete dies mit den Worten: „Joe Cocker scheint zum Glück seine Formkrise fürs Erste überwunden zu haben ... Das Album klingt, als habe es nie einen total abgeschlafften und müden Cocker gegeben ... Die LP ist in guter alter Cocker-Tradition gebaut und beschwört hin und wieder die Leon Russell-Ära, obwohl sich hier Nicky Hopkins, Richard Tee und Peggy Sandwig den Klavierhocker teilen!" Wichtig sei, so der MUSIK-EXPRESS weiter, „dass der alte Cocker wieder auferstanden scheint".

Im Februar ging Joe erstmals nach 1972 wieder nach Australien. In den USA hatte er zu viele schlechte Kritiken erhalten, und in Australien hatte es einen Regierungswechsel gegeben. Es schien im metaphorischen Sinne des Wortes „Gras" über die einstigen Turbulenzen gewachsen zu sein. Bis auf besonders strenge Auflagen verlief die Australientour – unter polizeilicher Beobachtung stehend – ohne allzu nennenswerte Vorkommnisse.

Nach einem kurzen Abstecher nach Neuseeland gab Joe noch ein Konzert auf Hawaii, bevor er wieder in sein angemietetes Haus in Malibu zog.

Sein drittes Album in drei Jahren, und damit Album Nr. 6 mit dem Titel „Stingray", begann er ab Mitte des Jahres 1975 in Kingston auf Jamaica aufzunehmen. Mit dabei war der Song „Born Thru Indifference", ein erster (mit Richard Tee) selbstgeschriebener Song in der „Nach-Stainton"-Ära (und einer der wenigen, die Cocker noch schreiben würde). Mit dabei auch „Catfish" ein Song von Bob Dylan, den dieser jedoch bis dahin selbst nie veröffentlicht hatte.

Am 22. Mai 1975 spielte Joe vor 17.000 Soldaten in Fort Campbell, Kentucky, zur Feier des 200-jährigen Bestehens der US-Army. Unter dem Motto „Music – you're my mother" sollten Joe Cocker & Band sowie weitere Gruppen dann eine Art Kasernentournee absolvieren. Doch nach dem Auftaktkonzert stellte sich heraus, dass die Tournee doch nicht finanzierbar war.

Am 2. Oktober trat Joe im US-Fernsehen bei der Talkshow „Saturday Night Live" auf, bei der er von dem Komiker John Belushi bei der zweiten Strophe von „Feelin' Alright" parodiert wurde. Belushi, der später der Star bei den Blues Brothers wurde, hatte so etwas schon einmal in einer früheren Show in Form einer bizarren Wiedergabe von „With A Little Help" gemacht.

„Als ich davon hörte, was wir da tun sollten, war ich zunächst etwas skeptisch. Ich hatte ‚With A Little Help' von ihm noch nicht gesehen, deshalb wusste ich nicht, was mich erwartete", sagte Joe später. „Und die Band Stuff wollte davon gar nichts wissen. Belushi war für sie nur ein Klamauk-Macher, mit dem sie nichts zu tun haben wollten. Aber ich bekam während der Proben einen entzündeten Hals, und er brachte mich zu diesem Stimmenspezialisten, und so lernte ich ihn ein bisschen besser kennen. Er erzählte mir, wie er die Parodie zu Hause geübt habe. Er erschreckte seine Mutter zu Tode – er probierte es drei Monate lang, und sie war wirklich besorgt, weil sie nicht wusste, wen er versuchte zu verkörpern!" Als eine der besten „Saturday Night Live"-Shows wurde das Duett von Joe und John Belushi über Jahre hinweg wiederholt. (YouTube zählte 2014 über eine Million Klicks dieses Auftritts …)

Weihnachten verbrachte Joe dann traditionell wieder bei seinen Eltern in Sheffield, zog durch die Pubs und gab sogar so plötzlich wie unerwartet ein Konzert in der Stadt. Der englische NEW MUSICAL EXPRESS nutzte die Gelegenheit, Cocker dabei zu beobachten, wie er das meisterte und was er außerdem noch tat. Der mit „The Homecoming" betitelte Artikel verwendete aber auch die Zwischenüberschrift: „Never give a sucker an even break", was so viel bedeutet wie: „Man kann einen Trottel ruhig übers Ohr hauen, denn er checkt es ja sowieso nicht." Der Artikel gibt Joes Befindlichkeit Anfang 1976 wie kein anderer bestens wieder. „Die ‚Legende' Joe Cocker ist stets mehr gefeiert worden als der Mann selbst", lautet die Einleitung sinngemäß.

Und ja, es stimmte: Bester Beweis dafür war das mangelhafte Interesse an seinem ersten offiziellen und groß beworbenen Konzert in Großbritannien nach mehr als vier Jahren. Nachdem ein Konzertveranstalter auf den Bekanntheitsgrad, den Cocker durch seine drei „informellen" Auftritte mit Kokomo an den Universitäten von Bristol und Brunel sowie im Birminghamer Club Barbarella's erlangt hatte, aufmerksam geworden war, buchte er Joe ganz optimistisch für ein Konzert am Neujahrstag in Birminghams größter und wahrscheinlich schlechtester Location, der Bingley Hall. Cockers bekam für den Auftritt 4.000 Pfund, musste diese Gage aber mit Kokomo teilen. Da jedoch nur ein paar Hundert Tickets in den Vorverkauf gingen, wurde die Summe im gegenseitigen Einvernehmen auf die Hälfte reduziert. Zwei Riesen direkt am ersten Tag zu verlieren, war ein unglücklicher Start ins neue Jahr. Aber Joe Cocker war eben nie der Typ, dem das Glück zu Füßen lag – und darauf gründet natürlich sein Mythos. Er war der arglose Mann aus dem Norden, ein früherer Gas-Installateur aus Sheffield und aufstrebender Soulsänger, der als ein zeitgenössischer Dick Whittington nach London kam und nach anfänglichen Widrigkeiten in den späten 60ern ungeheuren Erfolg hatte mit Aufnahmen wie dem Klassiker „With A Little Help From My Friends" und Konzerten mit der hervorragenden Grease Band. Der Legende nach wird er als Unschuldslamm des Rock bezeichnet, der in einem euphorischen Nebel von chemischen Substanzen und Alkohol auf die Straße der Verzweifelten geriet und sich nicht bewusst war, dass er von ein paar Erzbösewichten tyrannisiert wurde. Am Ende der Mad-Dogs-Tournee ging Cocker freiwillig ins Exil. Er verlor den Mut und alles schien sinnlos.

„Es ist öfter vorgekommen", gibt er zur Jahreswende 1975/1976 zu. „Sogar als Teenager hing ich manchmal alles für ein Jahr an den Nagel, zum Beispiel, als Motown auf der Höhe des Erfolgs angelangt war und ich darin keinen Platz für mich finden konnte. Ich packte also meine Sachen zusammen und wanderte durch die Felder von Derbyshire und dachte nach." Joe wurde von vielen weiterhin als körperliche Ruine angesehen, die unweigerlich dem künstlerischen Kollaps geweiht war. Zudem war er berüchtigt für seine vermeintliche Genusssucht, persönliche Verwundbarkeit und Formbarkeit in professionellen Dingen … der liebenswerte Trottel, der sich niemals wirklich berappelt. Es überrascht jedoch, dass die düstere Aura Cockers wenig Eindruck auf das Birminghamer Publikum machte.

„Man hat mich in den letzten paar Jahren ziemlich heftig abgestempelt und mir vorgeworfen, dass ich falsch singen würde und all dieses Zeug", gab Joe damals einem kompetenten Interviewpartner vom NEW MUSI-

CAL EXPRESS zu Protokoll, der anschließend ein schönes Portrait des Sängers zeichnete, das es als Momentaufnahme wert ist, genauer zitiert zu werden. „Die Leute sagten, dass ich schlechte Shows abliefern würde. Wenn genügend Leute das sagen, beginnt man irgendwann selbst zu glauben, dass irgendetwas mit einem nicht stimmt."

Und: „Ich war immer sehr selbstkritisch. Ich weiß, wenn ich nicht in Form bin. Ich bin froh, sagen zu können, dass ich derzeit so fit bin wie schon viele Jahre nicht mehr. Ich könnte", grinste er und tätschelte seinen weit herausgestreckten Bauch, „ein bisschen dünner sein."

Der Gesprächspartner beschreibt Joe Cocker als einen anspruchslosen Mann, der inmitten der Zuschauer an der Bar der Bingley Hall sitzt, eine Zigarette nach der anderen raucht und reichliche Mengen hellen Bieres aus Plastikbechern trinkt. Er scheint sich wenig um seinen Ruf oder das Rockstar-Gehabe zu kümmern. Ebenso wenig kümmert es ihn, ob über ihn im NEW MUSICAL EXPRESS geschrieben wird oder nicht.

Es gibt dauernd Unterbrechungen, erfährt man weiter, und der Bassist von Kokomo (und früher der Grease Band), Alan Spenner, versucht währenddessen eine Reihenfolge der Songs für Joes Auftritt zusammenzustellen. Freunde kommen immer wieder mal vorbei. Fans bieten ihm an, ihm einen auszugeben, und Joe willigt gerne ein. Die Backstage-Ausweise arrangiert er selbst.

Joe bleibt locker und relaxed, genießt die Stimmung und ist oftmals belustigt, dass ein Journalist Interesse an seiner Karriere haben kann. Nein, Amerika habe seine Verbundenheit zur Heimat und die damit einhergehende Freundlichkeit nicht beeinträchtigt.

Lediglich im Gespräch zeigt sich, dass er die letzten drei Jahre in den Staaten gelebt hat. Es ist eine seltsame Mischung der Ausdrucksweise beider Kulturen; die Umgangssprache aus Yorkshire trifft des Öfteren auf den Slang der Straßen von L.A. Es ist also möglich, dass er unbewusst mit einem Satz wie „Ey oop, let's kick t'ass" daherkommt.

Auch was das äußere Erscheinungsbild betrifft, bleibt er sich größtenteils treu. Ein langer krauser Bart gleicht das allmählich schwindende Haupthaar aus. Obwohl er einen trüben Blick hat und einen Bierbauch vor sich herträgt, sieht er relativ gesund aus.

Am meisten erstaunt jedoch seine Haltung. Er scheint unbeeindruckt, dass die Nachfrage nach seinem Konzert so gering ist. Er sagt, dass er nur nach Großbritannien gekommen sei, um seine Eltern an Weihnachten zu besuchen, und dass er mit Kokomo gejammt habe aufgrund seiner langjährigen Freundschaft zu Alan Spenner. Und schließlich habe er einem Auftritt nur zugestimmt, weil er „das Geld im Augenblick gut gebrauchen kann."

Joe Cockers Karriere aus rein musikalischer Sicht steht jedoch im Widerspruch zu dem dramatisierten Mythos, der ihn umgibt. Auf kommerzieller Seite müsste er mehr vorzeigen können als ein bescheidenes angemietetes Haus in L.A. und ein bisschen Kleingeld in der Tasche.

Im letzten Jahr, erzählt Joe, seien sie mit bescheidenem Erfolg in Amerika auf Tournee gewesen, und im Winter spielten Stuff im New Yorker Club Mikell's. Cocker ließ sich dort gelegentlich blicken und trat spontan mit ihnen zusammen auf.

Er erinnert sich: „Ich bin einfach so hingegangen und saß im Publikum. Dann spielten sie ein Stück an, dass ich kannte, und ich bin aus der Menge heraus auf die Bühne gesprungen."

Joe gibt an, dass er so um die 860 Dollar für die zweimonatige Mad-Dogs-Eskapade bekommen habe. Abgesehen von einer geringen Summe, die er von der Chris Stainton All Stars Tour 1972/73 behalten habe, beruhe momentan seine einzig verlässliche Einnahmequelle auf den Tantiemen für seine Songs.

Er erzählte außerdem, dass einer seiner früheren Partner in seinem Namen ein Bankkonto eröffnet und dort 200.000 Dollar seiner (Cockers) Knete deponiert habe. Joe behauptet, dass der Zugang dazu sehr schwierig sei.

„Ich bin in so viele verflixte Management-Situationen geraten, dass ich Dylans früheren Manager, Albert Grossman, um Rat fragte. Er sagte, dass ich zuallererst jemanden finden müsse, der mich wirklich fördern und dem ich am Herzen liegen würde ... Das war für mich das Ende, denn ich hatte mit allen Kräften versucht, jemanden zu finden, der sich entsprechend um mich kümmern würde. Und indem er dies sagte, ist mir klargeworden, dass er (Grossman) diese Aufgabe nicht übernehmen wollte."

Im Weiteren erzählt Cocker eine Geschichte über einen anderen früheren Manager und versenkt dann, eine Grimasse schneidend, seinen Kopf in einer Plastiktasse.

„Diese Art Leute", fährt er fort, „schaffen ihre Nüsse für die Winterzeit fort. Das ist das Problem. Sie sind einfach versteinert … Der Grund, warum man einen Manager hat, ist, ich will nicht sagen, um einen zu decken, aber er soll deine Interessen schützen. Aber dann fangen sie an Mist zu bauen. Ich meine, du willst dich an die musikalische Arbeit machen, und viele dieser Typen … weißt du … sind frustrierte Rock-and-Roll-Musiker. Sie wären verrückt danach, da oben auf der Bühne zu stehen und zu singen. Als mir klarwurde, dass manche Leute nur scharf darauf sind zu sehen, wie ich es vermassele, anstatt wie ich einen guten Auftritt hinlege, hat das wirklich etwas in mir verändert. Es hat mich für eine ganze Weile von der Musik weggebracht."

„Ich weiß nicht, ob du mein letztes Album gehört hast, " sagt er schüchtern zu dem Journalisten, „aber es gibt darauf ein Lied, das den Arbeitstitel ‚Born Thru Indifference' trägt. Ich muss es vierzig Mal gesungen haben und versuchte, einen anderen Text zu finden. Nach ungefähr vierzig oder fünfzig Überarbeitungen haben wir schließlich doch die erste Version genommen."

Zwischenzeitlich hatte Stainton dann allerdings doch zugesagt, mit Cocker zusammenzuarbeiten, ihn zu produzieren und möglicherweise auch mit ihm zu spielen – zu Joes großer Freude. Und ihre Zusammenarbeit brachte schließlich Songs wie „Sandpaper Cadillac", „Something's Coming On", „Pardon Me Sir" und „Black Eyed Blues" hervor.

Cocker sagt dazu: „Ich habe einfach angefangen, mir die Seele aus dem Leib zu singen, und er ist eben so ein guter Musiker, dass er wusste, wohin ich steuern würde."

Joe Cockers Unzufriedenheit mit seinen geschäftlichen Dingen bezieht sich indes nicht nur auf das Management, sondern er hat außerdem das Gefühl, dass seine Plattenfirma A & M in gewisser Hinsicht versucht, seinen künstlerischen Blick zu vernebeln.

Er ist sich der meisterhaften Qualität von „Stingray" bewusst und beschwert sich: „Jerry Moss, der Boss von A & M hat nur bei mir angeklopft, um mich zu fragen: ‚Kannst du nicht ein paar mehr Rocksongs machen?' Ich versuche ihm zu erklären, dass ich damals so drauf war und deshalb solche Songs gemacht habe ... Aber er hat es einfach nicht geschnallt. Sie wollen Hits, weißt du. Aber ich habe keine Lust, mir darüber Gedanken zu machen, was einen Hit ausmacht, weil ich eben keine Rock'n'Roll-Songs gemacht habe, um einen Hit zu landen", sagt er dann verächtlich: „Ich mache mir aus dem ganzen Kram eh nichts."

In der Tat bildet diese Haltung den Kern von Cockers Zugang zur Musik. Weil er selbst kein Instrument spielt, hatte er immer höchsten Respekt vor seinen Leutnants, ob es Stainton, Russell oder sonst wer war. Er sagt, dass der Zusammenhalt der Gruppe von höchster Wichtigkeit sei.

„Im Grunde", erklärt er, „liegt es daran, dass ich immer davon geträumt habe, Gitarre oder ein anderes Instrument spielen zu können. Es ist wie mit der Grease Band: Ich wollte nicht, dass es mich und die Grease Band gibt, ich wollte einfach die Grease Band mit mir als einen Teil davon. Nehmen wir zum Beispiel Rod Stewart. Für eine Zeitlang hatte er es im Griff, richtig? Es gab nur die Faces. Dann haben sie ihn plötzlich emporgehoben und alles auf ihn zugeschnitten, so dass sich die Besetzung der Band zu ändern begann und die Faces irgendwer sein könnten ... Jetzt sind es überhaupt nicht mehr die Faces. Aber ich wollte einfach nur mit ein paar talentierten Typen, die dasselbe Ziel verfolgen oder denselben musikalischen Zugang zum Rock'n'Roll haben, zusammen sein."

Und er bekennt: „Ich hatte häufiger Probleme mit Alan (Spenner) und Neil (Hubbard), weißt du. Ego-Kämpfe. Ich habe immer wieder versucht, diesen Star, den man aus mir machen wollte, kleinzuhalten und tat mein Möglichstes, sie davon zu überzeugen, dass es nie mein eigener Wunsch war, in die erste Reihe geschoben zu werden ... Ich bin jetzt aber darüber hinweg. Um ehrlich zu sein, das ist mir jetzt scheißegal. Es ist mir schnuppe, ob sie meinen Namen hervorheben oder nicht. Denn was am Ende wirklich wichtig ist, ist die Musik, die man produziert."

Was Geschichten über frühere Partner betrifft, ist Joe trotz einschlägiger Erfahrungen niemals verbittert, nachtragend oder voller Bedauern. Hey, das ist alles Schnee von gestern, scheint seine Devise zu sein. Und selbst heikle Nachfragen zu seinem persönlichen Drogen- und Alkoholkonsum werden freundlich beantwortet.

Hast du mit Narkotika Scheiße gebaut?

„Nein, überhaupt nicht", grinst er schelmisch. Bei der Menge an Drogen, die ich konsumiere … schön wär's!

Und wie steht es mit Alkohol?

„Natürlich. Klar. Ich trinke viel. Ich bin erst bei diesem Arzt gewesen, und er meinte, ich würde an Ermüdungserscheinungen aufgrund von Alkohol leiden. Aber ich bin überzeugt, weil ich jeden Tag diese Brechanfälle hatte, dass das meiste einfach auf meinen derzeitigen Lebensstil zurückzuführen ist; es hat nicht unbedingt hiermit was zu tun …" Und er leert seinen Becher.

„Aber vieles davon ist Illusion", erklärt er und leckt sich den Schaum von den Lippen. „Es ist einfach so, dass die Leute diese Idee von dir und all dem bekommen. Ich bin einfach ein übergewichtiger Rocker, der zu viel raucht."

Dann winkt er ein bekanntes Gesicht herbei, um dem Gespräch entkommen zu können. „Dies ist mein älterer Bruder, Victor. Frag ihn, wenn du noch irgendetwas über mich wissen willst." Und weg ist er.

Kurz nach diesem abrupten, aber höflichen Abgang und nachdem er unzählige Flaschen hellen Bieres konsumiert hat, beginnt ein deutlich beleibter Rocksänger sein offizielles Comeback in Großbritannien.

Die Veranstaltungshalle ist ein akustisches Schlachthaus: groß, düster und kalt, mit einem eisigen Steinboden, metallenen Dachbalken, Betonpfeilern und streng angeordneten Reihen mit Stühlen aus Eisen und Segeltuch. Elektrisches Licht, das wahrscheinlich strategisch hoch oben an Pfeilern angebracht wurde leuchtet schwach und wenig effektiv. Ein paar Tausend Jugendliche strecken bereitwillig ihre eiskalten Hände für Joe in die Höhe, und ihre roten Nasen leuchten über ihren klappernden Zähnen.

Cocker ist deutlich wacklig auf den Beinen. Er torkelt nach vorne zum Mikrofon, mit Kokomo hinter sich, die vollzählig aufspielen und mit ihrem Eröffnungsstück „I Broke Down" beginnen. Früher am Abend hatte die Band das Gebäude mit ihrer eigenen Funk Revue zum Teil erwärmen können. Sie war zwar exzellent, aber kam wie eine hippe Version von Pop Props rüber. Der schlaksige unermüdliche Spenner gab den Gastgeber und alberte herum, bis die eingefrorenen Gesichter der Kids Risse bekamen oder zu schmelzen begannen.

Doch zwischen Künstler und Publikum gibt es eine breite Absperrung aus Metall, die einen Graben von ungefähr zehn Fuß zwischen ihnen entstehen lässt. Dies erfordert das furchteinflößende Röhren einer Stimme wie der Cockers, um die Eiszapfen wirklich von ihren Hockern zu reißen. Er steht unbeweglich da, seine Füße vor dem Mikrofon wie im Boden verwurzelt. Aber sein Oberkörper, der in eine purpurne Opa-Weste gehüllt ist, wendet und dreht sich wie in der Agonie eines epileptischen Anfalls; sein linker Arm hängt steif an der Seite, und seine rechte Hand schießt empor, um seinen Nacken zu berühren. Seine Zuckungen sind die charakteristische Serie gequälter Körperbewegungen, die seine gequälte, leidenschaftliche und kraftvolle Soulstimme bereits seit Beginn seiner Karriere begleiten.

Cockers einzige Atempausen ergeben sich, wenn Neil Hubbard ein paar für gewöhnlich harte und aggressive Gitarren-Soli erklingen lässt oder das sanfter klingende Piano von Tony O'Malley mit seiner großen Bandbreite an musikalischer Struktur einen melodischen Kontrast schafft. Dann steht Joe in der Mitte der Bühne, sein Körper beugt sich leicht vor und zurück, als würde er im Wind wehen, aber seine Füße bleiben fest am Boden kleben.

Die Musik ist ausgezeichnet, sie swingt und liefert anfangs die entspannte Stimmung für soulige Songs wie „The Jealous Kind" und „Worrier". Bei „High Time We Went" werden Kokomos Segel eingeholt und im Maschinenraum, der von Spenner, dem Schlagzeuger John Susswell und Hubbard besetzt ist, die Maschinen gestartet, während O'Malley auf seinem Rock'n'Roll-Piano herumklimpert und mit voller Kraft in die Tasten haut. Cocker ist auf schmerzvolle Art ganz in das Geschehen involviert, die Zuckungen sind jetzt noch heftiger. Dies lässt Dyan, Frank und Paddy – den Frontsängern von Kokomo – als Kontrast den süßen Soul-Part. Im Anschluss teilt Joe dem Publikum mit, dass er betrunken ist. Das finden die Besucher klasse. Das Konzert ist ein Erfolg.

Und als die Treuen, die Bekehrten und die Schaulustigen nach draußen stolzieren, wird offensichtlich, dass die Rock-Bestatter den falschen Mann herausgepickt haben – „Never give a sucker an even break"!

Im Mai 1976 erschien dann „Stingray", und Joe ging mit seiner Band Stuff auf Tournee, um dafür zu werben. Er spielte über sechzig Konzerte in den folgenden Monaten, warf aber der Plattenfirma vor, ihn nicht genügend zu unterstützen. Und A & M hatte in der Tat kein Interesse mehr, den auslaufenden Vertrag zu verlängern.

Joe Cocker trennte sich später dann von seinem Manager, der aus seiner Sicht zu weich für die Branche war. Joes Anwalt Michael Rosenfeld war es schließlich, der auf Michael Lang als Ersatz kam, den ehemaligen Woodstock-Veranstalter. Der lud Cocker zwar zu einem von ihm veranstalteten Jazz-Festival in Südfrankreich ein, lehnte aber den Job zunächst ab.

Derweil hatte Joe etwa 800.000 Dollar Schulden und den Ruf weg, ein unzuverlässiger Alkoholiker zu sein. Andererseits lebte er in einem Haus in Kalifornien, dessen Miete er zwar zahlte und dessen Kühlschrank er füllte, doch es wohnten und lebten darin andere. Cockers Gutgläubigkeit und Naivität hatte sich herumgesprochen, und so gingen unzählige Schmarotzer aus und ein.

„Ich erinnere mich, wie ich öfters in sein Haus in L.A. im Nicholas Canyon kam, das er 1976 angemietet hatte ... es war unfassbar! So viele Leute lebten von ihm! Er trank immer noch wirklich viel, und da waren viele um ihn, die ihn genau in dieser Verfassung haben wollten", erinnert sich Michael Lang. „Der Ort wurde langsam beängstigend", gab auch Joe zu. „Es kamen mittlerweile neun oder zehn Dealer täglich vorbei, es lag so nah an Hollywood. Die fragten sogar: ‚Könnten wir dein Klavier ausleihen?' Sie spielten gut, also sagte ich: ‚Klar!' Dann ging ich weg, und sie nahmen hauten mit dem Klavier ab!" Das war Joe 1977.

Michael Lang ließ jedoch der Gedanke nicht los, für Cocker eine Art „Wiederaufbauprogramm" zu starten, als er 1977 doch noch dessen Manager wurde. Lang wollte ihn erst einmal von L.A. weghaben. Die USA waren zur verbrannten Erde für Joe Cocker geworden. Der „Saturday Night Live"-Auftritt war zwar auf seine Art lustig, aber nicht sehr schmeichelhaft und im Endeffekt eher demaskierend. Lang organisierte also eine Australien-Tour und ging dann mit Joe, quasi zum Aufwärmen, zuerst einmal nach Südamerika.

Michal Lang empfand Südamerika als eine Art Wilden Westen. „Es war unglaublich. Seit Jahren war niemand mehr dort gewesen, und es war eine der wenigen Regionen der Welt, wo ich mit Joe hingehen konnte und wo er seine Vertrauenswürdigkeit noch nicht vollständig verloren hatte", erzählte er J.P. Bean. In Brasilien trat Joe in Rio, Santos und San Paulo auf. Joe und seine Band mussten wegen der Gefahr von Kidnapping bewacht werden und jeder aus der Band erhielt einen eigenen Leibwächter, bewaffnet mit einem Maschinengewehr. Der Leibwächter folgte jedem überall hin.

Neuseeland und Australien dagegen waren da wesentlich entspannter. In Down Under absolvierte Joe 14 Shows, eine besser als die andere. Bei einer Pressekonferenz in Australien sagte er: „Ich muss mit dem Trinken aufpassen, ich weiß, wann ich eine schlechte Show abgeliefert habe, und es tut mir weh – also trinke ich dann noch ein paar Liter Bier, um es zu vergessen." Ein paar Liter Bier zu viel trank er auch auf dem Flug nach Perth, wo er nach der Landung auf die Rollbahn kotzte. Weitere Zwischenfälle dieser Art gab es zum Glück nicht. Mit besten Kritiken in der Presse ging es später zurück in die USA.

Als Joe zurück war, überraschte ihn Lang mit einem neuen Plattenvertrag von Electra/Asylum. Joe machte sich sofort an die Arbeit für ein neues Album, das siebte: „Luxury You Can Afford". Nachdem man versucht hatte, Denny Cordell wieder als Produzenten zu gewinnen, dieser Versuch aber nach zehn Minuten Zusammenarbeit aufgrund von Joes Verweigerungshaltung scheiterte, fand Michael Lang in Allen Toussaint einen geeigneten Produzenten, der mit Joe gut umgehen konnte. Er steuerte mit „Fun Time" einen eigenen Titel bei und ließ auch zu, dass Joe mit „Watching The River Flow" wieder einem seiner geliebten Dylan-Songs einen neuen musikalischen Anstrich gab. Drei Songs schrieb Phil Driscoll. Dr. John war Gastmusiker bei zwei Songs, „What You Did To

Me Last Night"sowie „Southern Lady", und Billy Preston war an den Tasten bei Joes Version des Marvin-Gaye-Stücks „I Heard It Through The Grapevine" und bei dem Procul-Harum-Klassiker „A Whiter Shade Of Pale". „Diese zwei nahm ich nur auf Drängen der Plattenfirma auf", sagte Joe später. „Die Leute von der Plattenfirma hatten ihre eigenen Vorstellungen von dem, was ich singen sollte. Letztendlich habe ich einen Kompromiss geschlossen."

AUDIO, das deutsche Musikmagazin, war Feuer und Flamme. „So eindrucksvoll hat ‚A Whiter Shade ...' noch nie geklungen", schrieb der Kritiker. Und auch der MUSIKEXPRESS war begeistert. „Es stehen wieder hervorragende Musiker zur Verfügung: Dr. John, Richard Tee, Cornell Dupree, Eric Gale, Steve Gadd und Bernhard Purdie. Mit penetranter Perfektion läuft hier alles nach Plan: die Bläser, die unvermeidlichen Chormädchen, das Honky-Tonk-Piano ... funky but chic ... auch bei den anderen funky eingespielten Titeln, obwohl die Musik dabei reichlich auf Disco-Sound für Intelligente getrimmt wird." Drei von fünf Punkten gab es dafür. Kaum eine Rezension kam jedoch ohne den Vergleich mit dem Disco-Sound der Epoche aus, von dem Cocker bzw. sein Produzent durchaus beeinflusst war. Funkier hatte bisher kein Album Cockers geklungen. Bläser, Background-Sängerinnen, Groove-Nummern zum Tanzen und samtene Songs zum Träumen – sehr amerikanisch, sehr New Orleans, urteilten Fans.

Joe hingegen machte seine Anpassung an die veränderte Situation am Markt, wo der Disco-Sound nach dem Hard Rock auch den Glimmer Rock und Punkrock abzulösen schien, nicht zum Thema und konnte auch die dahingehenden Kritiken nicht nachvollziehen. „Ich weiß, dass ‚Fun Time' sehr nach Disco klingt. Na und? Ich verirre mich doch selbst ab und zu an diese Orte. A groove is a groove."

„Luxury You Can Afford" klang auch als Titel für das Album sehr verheißungsvoll und tiefgründig, war es aber nicht. ‚Ich erinnere mich, wie Michael, mein Manager, in meine Garderobe kam und fragte: „Joe, wie willst du das neue Album nennen?' Ich sah nach oben, und auf dem Regal lag eine Pappschachtel, auf der ‚Luxury You Can Afford' stand. Und ich sagte: ‚Lass es uns so nennen.' Er lachte, und wir nannten es so."

Das Album erschien im August 1978. Der STERN nannte es „eine der besten Rockplatten des Jahres", und der ROLLING STONES sprach von „Joes Comeback als größte Überraschung seit Woodstock". Kommerziell reichte es in Deutschland aber nur für Platz 76. Für seine Reputation und mit Blick auf eine Tour war das Album der Beginn einer Renaissance des nicht mehr viel tiefer fallen könnenden Joe Cockers, der einst eine Legende war und nun nur noch einen Schuldenberg vor sich her schob.

Musikalisch schien Joe mit „Luxury" rehabilitiert. Privat dagegen war alles nur Chaos. Leute gingen weiter bei ihm ein und aus, ohne dass er darüber Bescheid wusste, wer ihn gerade versuchte auszunehmen. Nur sein Rechtsanwalt, Michael Rosenfeld, achtete ein wenig auf ihn und unterstützte ihn gelegentlich auch finanziell, ohne eine Gegenleistung dafür zu wollen.

Joe zog ins ruhigere Woodland Hills. „Ich wollte wieder versuchen zu schreiben. Ich war mit Eileen – und mit Daniel, dem Sohn aus ihrer ersten Ehe – wieder zusammen. Ich glaube, wir lebten dort insgesamt acht Monate, und ich setzte mich nicht ein einziges Mal ans Klavier, obwohl das mein ursprüngliches Anliegen war."

Die Geschichte mit Eileen, seiner Freundin, Lebens- und Leidensgefährtin, nahm im Verlauf des Jahres 1978 dann jedoch ihr so plötzliches wie unspektakuläres Ende. Die Geschichte zwischen Joe und Eileen war ein ewiges Hin und Her. Ihre Ehe mit einem Ladenbesitzer aus L.A., aus der ihr Sohn Daniel stammte, hielt nicht lange. Zuvor und danach tauchte sie immer wieder in Joes Leben auf. Eines Tages stand sie mit dem Baby vor der Tür und zog bei ihm ein. Trotz vieler Streitigkeiten und Trennungen verband sie vieles: die Verhaftung in Australien, Drogenabstürze, Süchte und Sehnsüchte sowie der gemeinsame Entzug vom Heroin. Joe hing sehr an ihr, seitdem sie sich 1962 in seiner Heimat kennengelernt hatten. Damals war sie sogar im „Avenger-Tour-Bus" zusammen mit Joe durch England gefahren. Aber im Sommer 1978 wollte Eileen nach Hause, nach Sheffield, raus aus L.A., raus aus den USA. Joe kaufte für sie ein Haus in seiner Heimatstadt, und Eileen zog von den USA zurück nach England. Irgendwann wollte er dann bei einem seiner nächsten England-Aufenthalte für ein paar Tage bei ihr unterkommen, so wie er es öfters bei Freunden machte, und stellte fest, dass Eileen nun mit ihrem neuen Lebensgefährten in dem Haus lebte. Wortlos ging er und legte die Beziehung mit Eileen für immer ad acta. „Wir hatten unsere guten und viele schlechte Zeiten, aber es ist alles verziehen."

Joe hingegen blieb in den Staaten und zog erstmals in seinem Leben allein in ein Haus, die Laurel Springs Ranch bei Santa Barbara. Ein Haus, das der Schauspielerin Jane Fonda gehörte, die es an Leute aus dem Showbusiness vermietete. Beim Anmieten des Hauses lernte Joe Cocker Pam Baker kennen, die später seine Frau werden würde und für Jane Fondas Kindercamp arbeitete. Joe verguckte sich sofort in Pam, und nicht viel später zog sie bei ihm ein und brachte allein durch ihre Präsenz Ordnung in sein Leben.

Im Oktober 1978 startete eine 25 Konzerte umfassende US-Tournee, auf der er sowohl vom Publikum wie auch von der Presse gefeiert wurde.

Doch plötzlich schwebten neue Damoklesschwerter über ihm. Kommerziell war das Album kein Erfolg, und für Joes neue Plattenfirma Elektra/Asylum kamen noch nicht einmal die Produktionskosten herein. Joe wurde auf Schadensersatz in Höhe von 145.000 Dollar verklagt.

Zeitgleich bekam er Post von der britischen Staatskasse: Angeblich habe er seit seinem ersten Durchbruch in der Rockszene zehn Jahre zuvor keine Steuern mehr bezahlt. „Ich schuldete ihnen ungefähr 90.000 Pfund", so Cocker, „und die musste ich irgendwie aufbringen, sofern ich jemals wieder britischen Boden betreten wollte." Er und sein Manager schafften es schließlich, die Forderung auf 75.000 Pfund herunterzuhandeln und eine Ratenzahlung von halbjährlich 5.000 Pfund zu vereinbaren. „Ich habe einen guten Buchhalter in den Staaten, und mein Manager Michael ist fair zu mir. Jetzt ist es so, dass der Buchhalter ein Auge auf Michael hat und Michael ein Auge auf ihn. Und ich versuche, beide unter Kontrolle zu haben. Ich mag es, Geld zu haben, aber ich bin nicht verrückt danach. Ich bin nicht gierig nach Millionen. Ich weiß auch nicht, wie viel Geld ich auf der Bank habe. Ich bin zufrieden, wenn ich welches habe. Ich denke nicht über solche Sachen nach. Worte aus

Cockers Mund, die man noch Jahre später von ihm hören würde, wenn man ihn auf finanzielle Desaster ansprach. Helmut Fest, jahrelanger Geschäftsführer von Joes deutscher Plattenfirma EMI, bestätigte das: „Er kümmert sich überhaupt nicht um die geschäftliche Seite. Das macht alles sein Manager. Joe stellt sich nur im Studio vor das Mikro und singt."

1979 versuchte Joe Cocker an neue Tourneen zu kommen. Im Mai wollte er eine weitere Tour durch Australien veranstalten, doch seine Begleitband, die American Standard Band, sagte ab, weil sie selbst einen Plattenvertrag erhielt und eine eigene Tour ohne ihn organisierte. Joe stand wieder einmal alleine da, ohne Geld, ohne Plattenvertrag, ohne Tournee und dieses Mal auch noch ohne Band. Der australische Veranstalter verklagte ihn nebenbei auch noch auf Schadensersatz wegen der kurzfristig abgesagten Tournee.

Unter dem Motto „Woodstock in Europe" organisierte Michael Lang im Spätsommer 1979 anlässlich des zehnten Jahrestages des Woodstock-Festivals dann aber eine Tour durch Europa, bei der allen voran Joe Cocker, aber auch Arlo Guthrie, Richie Havens und Country Joe McDonald sowie der englische Blueser Alexis Korner auftraten. Es waren Joes erste Auftritte auf dem europäischen Kontinent seit 1972, die Auftritte in Nordengland 1975/1976 einmal ausgenommen. Mit Joe spielte eine Band, die Mitch Chakour mit Musikern aus New England, die zu dieser Zeit in L.A. wohnten, zusammengestellt hatte: Michael Thompson an der Gitarre, Trey Thompson am Bass, Jimmy Lang spielte Keyboards, und am Schlagzeug saß B.J. Wilson, der frühere Procul-Harum-Mann, der schon bei „With A Little Help From My Friends" mitgewirkt hatte.

Das europäische Publikum nahm Joe Cocker mit Begeisterung auf. Und auch speziell das deutsche. Vier Open-Air-Konzerte fanden hierzulande statt. Und auch die Presse war begeistert. Von einem kleinen Zwischenfall bei einem der deutschen Konzerte einmal abgesehen – „es war in irgendeinem Amphitheater, wo Hitler immer seine Phrasen gedroschen hatte", so Cocker später: Von dem deutschen Veranstalter bekam er Stoff angeboten. „Es gab damals verschiedene Sorten von LSD ... PCP ... Ich nahm alles in diesen Tagen. Ich nahm es eine halbe Stunde vor dem Auftritt. Danach konnte ich nichts mehr sehen – es war wie in einem Schneesturm … ich hatte eine schreckliche Überdosis … ich war wie weggetreten … Michael erzählte mir später, dass ich auf die Bühne rausging, vier Lieder sang und dann ‚Gute Nacht' sagte." Cocker ließ also weiterhin kein Fettnäpfchen und keine Droge aus, wenn beides nur in unmittelbarer Nähe war. Joe war für die Versuchungen der Rockwelt sehr anfällig, und er hatte trotz der Unterstützung, die er von Pam und Michael erfuhr, noch nicht genügend Selbstvertrauen, um Titulierungen wie z. B. „Star von gestern", „sterbende Legende" oder „Woodstock-Relikt" zu verkraften.

Auch das Jahr 1979 ging derart mit psychischen Blessuren einher und brachte letztlich mehr Niederlagen als Erfolge. Aber keine war heftig genug, um ihn am Weitermachen zu hindern und ihn auszuknocken …

Joe Cocker zu Beginn seiner Karriere in den 60ern live on stage (Foto: Getty Image).

Von links oben nach rechts unten: Joe Cocker 1969 live in Woodstock. Dokumentiert ist der gesamte Auftritt auf dem Album „Live At Woodstock 1969", das in dieser kompletten Fassung erst 2009 erschien. Cockers Mitschnitt seines 1994er-Woodstock-Auftritts erschien als CD sogar erst 2013. Joe Cocker und Chris Stainton beim Warten auf ihren Woodstock-Auftritt. (Bild rechts, Mitte. Foto: Getty Image). Cocker „get stoned" in den 70ern (Foto: Getty Image).

Promotion-Fotos von MGM und A & M Records für den Film und das dazugehörige Live-Album „Mad Dogs & Englishmen" aus dem Jahr 1970 und als DOCD- und DVD-Release 2005. Ganz rechts außen auf dem Foto unten: Leon Russell mit Zylinder (Quelle: MGM und A & M Records).

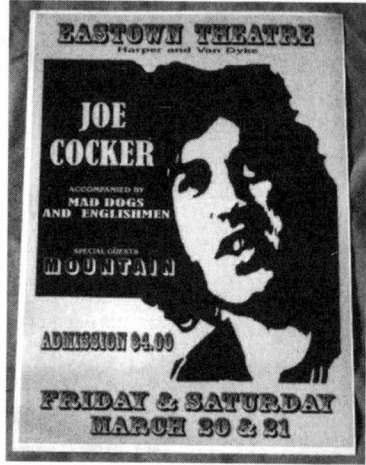

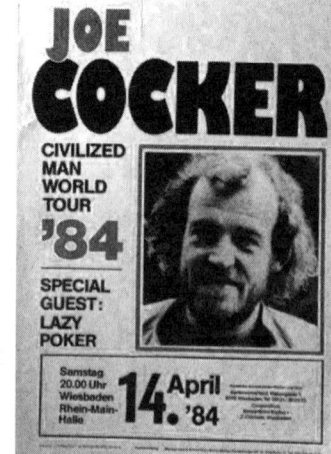

Konzertplakate aus den Jahren 1969 bis 2010. Zumeist sind die jeweiligen Platten- oder PR-Foto-Motive als Plakatmotiv verwendet worden.

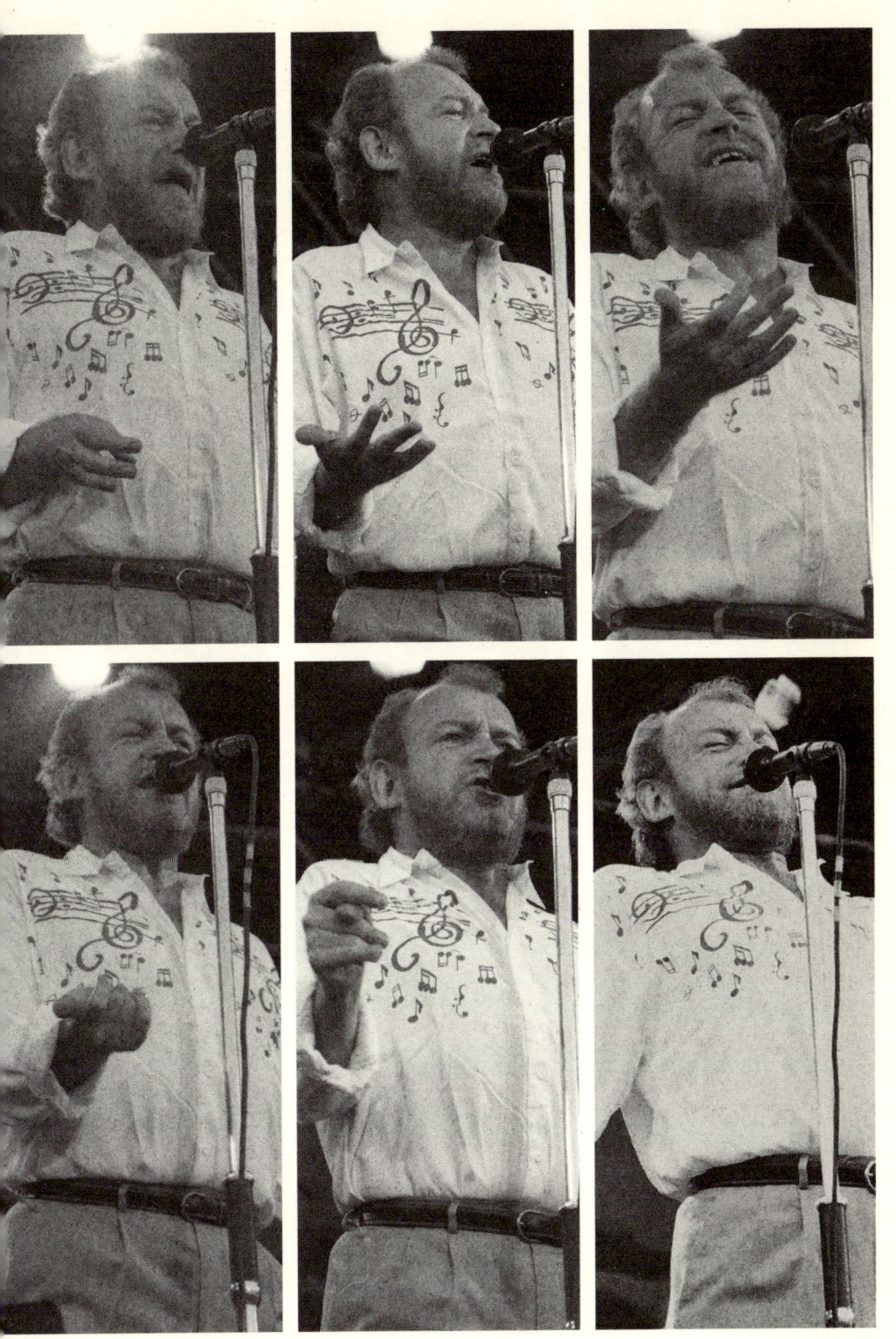

Live in St. Wendel 1989: Die Entstehung eines markdurchdringenden Schreis (Fotos: Christof Graf).

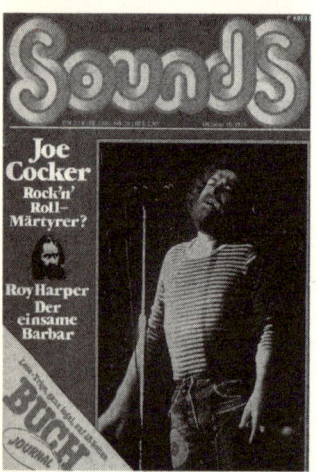

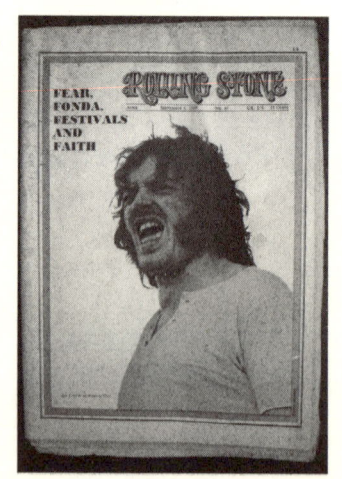

Titelseiten im Spiegel der Zeit: Von den 60ern bis heute. Die Titelseite des Tabou-Kulturmagazins aus dem Jahr 1994 wurde vom Autor dieses Buches produziert und im Anschluss von Joe Cocker signiert.

Reguläre Album-Cover im Spiegel der Zeit: Von „Joe Cocker" (1969) bis „Fire It Up" (2012) zunächst alle 22 regulären Studio-Alben in chronologischer Reihenfolge, danach alle offiziellen Live-Alben von „Mad Dogs & Englishmen" (1970) bis „Fire It Up – Live" (2013) sowie einige Beispiele sonstiger, teils mehr oder weniger offizieller und semioffizieller Live-Veröffentlichungen wie z. B. „Joe Cocker Live in L.A." (1976) oder auch „Live At Montreux" (2013) plus die drei offiziell in der Cocker'schen Diskografie genannten Best-Of-/Greatest Hits-Kompilationen (s. a. Erläuterungen dazu im APPENDIX).

Joe Cocker 1997 anlässlich der Beck`s Tour im Berliner Hilton, links sein Manager Roger Davies (Foto: Christof Graf).

Joe Cocker erhält die „Goldene Europa" des Saarländischen Rundfunks 1999 in Saarbrücken (Foto Christof Graf).

Joe Cocker live beim Rock am Ring 1985 (Foto: Christof Graf).

Live on Stage Ende der 90er: erstmals wieder zusammen mit Chris Stainton an den Keyboards (ganz links) (Foto: Christof Graf).

1981 zusammen mit Jennifer Warnes bei ihrem „Up Where We Belong"-Auftritt (Foto: Getty Image).

Die 80er-Jahre
Jahre des Umbruchs und der Läuterung

+++ Breaking News +++ Breaking News +++ Breaking News +++

In kleinen amerikanischen Clubs vor 200 Leuten und vor 20.000 im New Yorker Central Park, ein inoffizielles Live-Album und beim Rockpalast in Berlin (1980) / Album Nr. 8: Sheffield Steel (1982) / Oscar für „Up Where We Belong" zusammen mit Jennifer Warnes (1983) / Mit Supertramp auf Tournee (1983) / Album Nr. 9: Civilized Man (1984) / Der Tod seiner Mutter (1984) / Live beim ersten Rock am Ring-Festival (1985) / Mit Ray Charles auf der Bühne (1985) / Album Nr. 10: Cocker (1986) / Live in Montreux, die Erste (1987) / 9 ½ Wochen und Album Nr. 11: Unchain My Heart (1987) / Heirat mit Pam (1987) / Die Cocker-Wiese in der DDR (1988) / Das Nelson Mandela 70th Birthday Tribute Concert in London (1988) / Bei Prince Charles & Lady Diana bei der Prince's Trust-Gala (1988) / Album Nr. 12: One Night Of Sin (1989) / Ständchen für den Präsidenten der USA (1989) / Der Niedergang des Kommunismus: für ein paar Stunden im alten West-Berlin (1989)

+++ Breaking News +++ Breaking News +++ Breaking News +++

Die 80er! Die einen liebten sie, die anderen hassten sie. Die einen beschimpften sie als langweilig, altbacken, konservativ, die anderen goutierten sie als spannend und innovativ. Bevor sie ihre Innovationen jedoch hervorbrachten, begannen sie erst einmal traurig. Auch für Joe Cocker.

In diesen umtriebigen Jahren, geprägt von zahlreichen Veränderung, hatten es insbesondere die „alten Rocklegenden" wie Joe schwer. Zudem hatte er sich seinen einst guten Ruf regelrecht „versoffen" und durch kontinuierlich gepflegte Unzuverlässigkeit die Vorbehalte gegen ihn zementiert. Cocker spürte mehr und mehr, dass das Prädikat „Woodstock-Legende" weder erfolgreich zu vermarkten war noch überhaupt in der aufkeimenden Landschaft innovativer Musikrichtungen von Interesse war. Joe absolvierte entsprechend wieder einmal das, was man in der Branche die „Ochsentour" nennt, was heißt, ohne Plattenvertrag und vermittels Präsenz in kleinen Clubs kleiner Städte sich eine Fangemeinde aufzubauen. Pünktlich zum Übergang ins neue Jahrzehnt startete er also eine Nordamerika-Tournee durch kleine unscheinbare Clubs. Sein neuer Tourmanager Tom Sullivan, Ex-Roadie und Sohn einer Country-Größe in den Staaten, hatte mitanzusehen, wie sehr sich die von seinem Vater verehrte Legende quälen musste und vor einem undankbaren Publikum auftrat.

Die Amerika-Tournee begann im Royal Oak Theatre in Detroit und führte Joe dann durch Kanada und an die Westküste. Auftritte fanden hauptsächlich in Clubs statt, selten in Theatern oder Konzerthallen. Ab Juli folgten ebensolche an der amerikanischen Ostküste. Die Krönung der Tour gab es mit einem Auftritt im New Yorker Central Park am 12. Juli vor 20.000 Zuhörern. Es war die größte Show, die Joe seit Jahren in den USA gegeben hatte. Die Show wurde mitgeschnitten und als „Live in New York"-Album, allerdings nur in Japan und Australien, veröffentlich, was das Album zum nicht offiziell gewerteten und damit semioffiziellen Live-Album macht.

Danach ging die Ochsentour in Europa weiter, wo Joe in Dublin, dort allerdings immerhin im National Stadium, startete.

Der Höhepunkt der Europatournee war Deutschland, wo Joe Cocker im vorangegangen Jahr eine Art Comeback-Versuch in Peter Rüchels „Rockpalast" in Düsseldorf startete. Dieses Mal sollte er einen „Rockpalast" in Berlin bekommen. „Im Metropol nahmen wir zwei Konzerte mit vier Gruppen auf. Am zweiten Tag, dem 31. Oktober 1980, ging dann Joe Cocker auf die Bühne. Wir hatten ihn ein Jahr zuvor auf der unglückseligen Woodstock-Revival-Tour gesehen, und das war eine traurige Darbietung. Auch von der Reaktion des Publikums her, das Joe Cocker beim Song ‚Guilty' – von Randy Newman, über Alkohol – anzumachen versuchte: ‚Hey Joe, trink noch ein Bier'," erinnert sich Rüchel.

„Dieser Mann ist wirklich durch alle Höhen und Tiefen gegangen und hätte Besseres verdient."

Peter Rüchel freute sich entsprechend richtig darauf, ihn auf der Bühne neuerlich ansagen zu dürfen. Und diesmal stimmte die Chemie. Das Publikum im Metropol empfing Joe Cocker, wie er es verdiente: mit Aufmerksamkeit und Zuneigung. Und Joe revanchierte sich mit einem sensationellen Konzert.

Zusammen mit Cliff Goodwin (Lead Guitar), Howard Hersh (Bass), Mitch Chakour (Piano), Larry Marshall (Organ), Eric Parker (Drums) und Maxine Green (Voc) absolvierte er eines der besten Rockpalast-Konzerte aller Zeiten und erntete beste Publikumsresonanz sowie beste Kritiken.

Auch wenn sich der Anfang der 80er-Jahre für Joe recht schwierig gestaltete, war genau dieser Auftritt ein Meilenstein in seiner langsam sich entwickelnden zweiten Karrierephase. Das Konzert war fast zwei Stunden lang und bestand aus 20 Songs. Nach dem Intro und der Ansage Peter Rüchels stieg Joe mit „Cry Me A River" ein und jagte dann eindrucksvoll einen Kracher nach dem anderen aus seiner Kehle: Das Konzerte endete mit „High Time We Went".

Fragte man Joe nach diesem Konzert, war es eines der wenigen in dieser Zeit, an das er sich noch erinnern konnte.

Wohl noch deutlicher erinnerte er sich allerdings an manch seltsame Begebenheiten während der Tour, die Anfang November mit zwei Konzerten im Venue in London endete. „In Italien hielt man uns mit Maschinengewehren an, um uns zu überfallen, aber als sie mich erkannten, wollten sie nur Autogramme haben, und in London hätte ich beinahe kein Geld für den Auftritt bekommen, obwohl die Show ausverkauft war."

1981 hatte er noch immer keinen Plattenvertrag, und er machte deshalb mit der Ochsentour weiter. Michael Lang erzählte später, dass Joe noch nie zweieinhalb Jahre ohne Vertrag gewesen sei, diese Jahre aber zur Läuterung und zur Planung seines Comebacks genutzt habe.

Im Mai 1981 kam es zu einer seltsamen Begegnung. Joe und Leon Russell waren für ein und dieselbe Veranstaltung gebucht. Es war das erste Mal seit Jahren, dass sich die beiden Kontrahenten wieder begegneten. Joe sollte für Leon eröffnen, wozu es dann aber doch nicht kam. Am Ende wurde Joe mehr gefeiert als Leon. Einen gemeinsamen Auftritt auf der Bühne gab es nicht, aber ein kurzes belangloses Treffen in der Garderobe, das nach kurzem Smalltalk auch schon wieder endete. „Er fragte mich, wie es mir gehe, und ich antwortete: ‚Ja, es geht so.' Das war das letzte Mal, dass ich etwas von ihm gehört oder gesehen habe."

Das Jahr zeichnete sich durch endloses Touren aus. Es ging nochmals nach Australien und dann nach Japan, wo drei Konzerte in Ngoya, Osaka und in Tokio angekündigt waren. Das letzte fand trotz Taifun-Warnung im Yoyogi Park in der japanischen Hauptstadt statt. Die Japaner aber füllten den Veranstaltungsort restlos, weshalb auch Joe das Konzert ohne mit der Wimper zu zucken durchzog.

Fast schon wie eine Tradition gepflegt, verbrachte Joe Weihnachten 1981/1982 wieder zu Hause bei seinen Eltern in Sheffield und zog um die Jahreswende einmal mehr durch die Clubs und gab dabei sogar ein spontanes Konzert im Pleasant Inn, zusammen mit Frank White, einem seiner früheren Musikerfreunde aus den 60ern.

1982 sollte zum Beginn einer neuen Zeitrechnung für Joe Cocker werden. Der Wiedereinstieg in die Plattenbranche begann mit einem Auftritt als Gastsänger auf dem Crusaders-Album „Standing Tall". Der Song „I'm So Glad I'm Standing Here Today" mit einem Text von Will Jennings bewegte Joe sehr, weil es quasi sein Leben zum damaligen Zeitpunkt zum Inhalt hatte. Das Angebot der Crusaders, den Song mit ihnen aufzunehmen, den sie auch extra für ihn geschrieben hatten, zeugte von großem Vertrauen in einen Sänger, dem zu der Zeit keine Plattenfirma mehr einen Vertrag geben wollte. Aber Joe war geläutert und performte perfekt. Im Februar 1982 flog er dann zusammen mit Michael Lang nach Los Angeles, um gemeinsam mit den Crusaders bei der Grammy-Verleihung mit diesem Song aufzutreten. Einen Grammy gewannen sie letztlich nicht, aber sie und Joe heimsten große Aufmerksamkeit und viel Lob ein.

Dank dieses Erfolgserlebnisses bekam Joe Cocker schließlich wieder einen eigenen Plattenvertrag. Chris Blackwell von Island Records nahm ihn unter Vertrag und schickte ihn noch im Februar in die Compass Point Studios auf den Bahamas. Blackwell hatte Joe Ende der 60er schon einmal eine Chance gegeben, sich aber nach dem „Mad Dog"-Debakel zurückgezogen. Blackwells ursprüngliche Idee war es, dass Joe ein Album mit Country- und Western-Songs inklusive Reggae-Feeling singen sollte. Aber Joes Demobänder zu den neuen Songs „Shocked" und „Look, What You've Done" überzeugten Blackwell, und so entschied Joe über die Songauswahl am Ende selbst.

„Sheffield Steel", das achte Studio-Album, wurde also eingespielt. Die Aufnahmen fanden mit Hilfe erstklassiger Musiker wie Sly & Robbie oder Wally Badarou statt. Das Album beinhaltet sonnendurchflutete Coverversionen von Bob Dylans „Seven Days", Randy Newmans „Marie", Jimmy Webbs „Just Like Always" und Stevie Winwoods „Talking Back To The Night".
„Sheffield Steel" wurde am 22. Mai 1982 in Deutschland veröffentlicht und gilt als „außergewöhnliches" Album, als das Comeback-Album und „im Grunde das letzte große Cocker-Album, bevor er in den allzu gefälligen Mainstream abdriftete", wie ihm später seine Hardcore-Fans attestieren würden. Leider nahm er auch bei diesem Album keine eigenen Songs auf. Beeindruckend war aber, wie er Stevie Winwood zeigte, was man aus „Talking Back to The Night" an Tiefe herausholen kann. Joes Stimme kommt kraftvoll und stark rüber, manchmal aber auch verletzlich, er klang nicht so glatt, sondern aggressiv, und das kam bei Nummern wie „Look What You Done" besonders durch.
Kurzum: Es war der Comeback-Erfolg eines Künstlers, der geläutert wirkte und etwas zu erzählen hatte. Auch wenn sich Joe darüber mokierte, dass die Presseleute ihn mehr auf seine Trunksucht und Drogen ansprachen als auf seine Musik.
„Sheffield Steel" wurde weltweit mit positiven Kritiken aufgenommen. Während seiner Deutschlandtour sprach er mit dem MUSIKEXPRESS, der ihn zum Stand der Dinge und zum aktuellen Album befragte. Der ME beschrieb ihn dabei als „Charles Bukowski der Rockmusik", der von seinem Publikum geliebt werde, weil er „ein Stück Mensch zum Anfassen

ist, der ohne die gängigen Attribute des Popstars auszukommen weiß". Aber er räumt auch ein, dass Cocker ein Phänomen zu sein scheint und bei aller Zuneigung der Fans bei diesen eben auch ein gewisser Voyeurismus zu beobachten sei. Freude am Voyeurismus, dem „Schwanengesang eines Sonderlings" beizuwohnen, „der sich durch seine alkoholischen Exzesse selbst an den Rand des körperlichen Ruins getrieben hat. Er ist der Freak, die Dame ohne Unterleib, die im Kuriositäten-Kabinett ihr Dasein fristet." Er sei der, der sich „offensichtlich damit abgefunden hat, die ihm vorgegebene Rolle zu spielen".

Der folgende Auszug aus dem Interview des MUSIKEXPRESS gibt Cockers damalige Befindlichkeit treffend wieder: „Ich hab so viel getrunken bis vor etwa drei Jahren, und das Leben in Kalifornien dort hat mir geholfen, mich trocken zu kriegen ... Ich meine, ich rauche immer noch, wenn was rum ist, aber ansonsten hab ich die Sache ziemlich im Griff ... Mit dem Trinken ist das eben so, dass es dich umgänglicher macht, du vergisst den Stress und die Probleme, die du hast. Es ist eine vorübergehende Flucht ... Also, ich trink heute nur noch ab und zu 'n bisschen Bier, wie du ja hier sehen kannst ..." (fasst sich an die Bauchrolle, die früher effektiv schon größer war) „... Ich würde mich nicht als harten Alkoholiker bezeichnen – wenn ich da andere Leute sehe, die nicht einen Drink mehr zu sich nehmen können, ohne sogleich abzustürzen ..."

Cocker beschreibt auf Nachfrage des Autors dann, wo er in Kalifornien lebt: „Seit vier Jahren in Santa Barbara, Kalifornien. Als temporary alien resident, ho, ho, ho ... Ich lebe dort auf dem Land, und ich brauche die Ruhe. Eigentlich bin ich da in so eine Art Community gerutscht, was mir zunächst gar nicht richtig bewusst war. Der Ort liegt in einer Berggegend, mit Bergleuten, abseits von Santa Barbara. Ich schätze es sehr, von Ziegenmilch und so weiter zu leben. Das bekommt mir alles vorzüglich."

Ein Leben immer noch mit ständigen Hochs und Tiefs, zwischen Ruhe auf dem Land und Tour-Stress. In Deutschland, Frankreich und Italien hatte Joe Cocker dank seiner Konzerte übrigens schon immer einen guten Stand gehabt. „Die Deutschen haben eine unheimliche Liebe zur Bluesmusik. Sie haben mich auch unterstützt, als meine Karriere völlig im Keller war. Wir haben damals in Dörfern und Kleinstädten gespielt, aber das Publikum ließ mich niemals im Stich. Ohne die Fans in Deutschland hätte ich manch eine Krise wohl kaum überlebt", schwärmt Joe noch heute von seinem wirtschaftlich zweitwichtigsten Markt.

In Amerika ist das etwas anders. „Ich weiß nicht genau, woran es liegt, aber irgendwie war New York immer heavy für mich, ich empfand das Publikum dort immer als leicht ablehnend. Ich kann mich an keinen bedeutenden Gig in dieser Stadt erinnern, während zum Beispiel in Los Angeles etliche Shows fantastisch liefen. Irgendetwas stimmt nicht am Verhältnis von New York zu mir."

Bis Dezember 1982 war Joe in Amerika, Europa, Australien, Neuseeland und Japan und absolvierte ausgezeichnete und gefeierte Shows. Im September trat er für zwei Konzerte im Lyzeum in Sheffield auf.

In Australien erfuhr Joe Cocker dann auch vom unerwarteten Erfolg des Films „Ein Offizier und Gentleman" mit Richard Gere und dem dazugehörigen Titelsong „Up Where We Belong". Diesen hatte er im Laufe des Jahres in einem Studio in L.A. mit Jennifer Warnes eingesungen. Jennifer war damals nicht sehr populär und lediglich als Arrangeurin und Backgroundsängerin in der Band von Leonard Cohen bekannt. Erst nach diesem Duett mit Joe sollte sie 1986 mit dem Leonard-Cohen-Song „First We Take Manhattan" einen weltweiten Hit haben. Zwölf Jahre später würde den auch Joe noch mal zum Hit machen.

Drei Wochen war „Up Where We Belong" in den Billboard Top 100 auf Platz 1 und wurde damit zu Joes erstem Nr.1-Hit seit „You Are So Beautiful" 1975. „Ursprünglich wollte den Song niemand veröffentlichen. Es war kein Rhythm and Blues, und nach ‚Sheffield Steel' schien es den Plattenleuten in die falsche Richtung zu gehen. Ich kann mich noch erinnern, als ich ins New Yorker Büro kam und fragte: ‚Wie geht die Single?' Und dieser Junge, Mike Abrahams, zeigte auf einem Berg Retouren und sagte: ‚So geht es …! Joe, ich bin total überzeugt, dass das ein Smash-Hit werden könnte, deswegen schreibe ich allen DJs im Land eine Notiz dazu.' Ich schulde ihm eine Menge für das, was er damals getan hat."

Mit Jennifer Warnes trat Joe auch in Top of The Pops auf. Cocker war mit einem weltweiten Nr.1-Hit aus der Rock-and-Roll-Versenkung wie ein Phönix aus der Asche auferstanden und angesagt wie lange nicht mehr. „Ich fühlte gleich, dass es ein Hit werden könnte." Es war das gleiche Gefühl, das er hatte, als er „With A Little Help" einspielte. „Ich wusste, es war ein Nummer-Eins-Hit ... andere sagten: ‚Na ja, vielleicht', aber ich konnte es richtig fühlen. Der Song wurde in ein paar Stunden eingespielt. Für ‚Sheffield Steel' habe ich ein ganzes Jahr gebraucht – und diese Single haben wir praktisch über Nacht aufgenommen."

Im Februar 1983, zum 25. Jubiläum des Grammy, gewannen Joe und Jennifer Warnes mit „Up Where We Belong" den Preis als das bestes Pop-Vocal-Duo. Danach stand ein Auftritt bei den Academy Awards an, wo Joe und Jennifer Warnes von einem Balkon aus sangen, während unter ihnen Tänzer, als Offiziere und ihre Frauen gekleidet, paradierten und tanzten. Die Autoren gewannen einen Oscar mit dem Song, zusätzlich zu all den anderen Auszeichnungen, die Joe und Jennifer als Interpreten bereits eingestrichen hatten. Es ging jedoch kein Oscar an die Sänger, trotzdem war es ein großer Moment für seine Mutter Madge Cocker, die zu Hause vor dem Fernseher saß und ihren Sohn live bei Joes erster Academy-Awards-Verleihung im Fernsehen zu sehen bekam. Ihrer heimatlichen Lokalzeitung, dem SHEFFIELD STAR, erzählte sie tags darauf, wie stolz sie auf Joe sei – und schon immer gewesen ist. „Ja, meine Mutter hat mich immer unterstützt und an mich geglaubt. Wenn es nach meinem Vater gegangen wäre, wäre ich heute noch Gasinstallateur", so Joe über seine Eltern.

Im Juli 1983 schaute Joe überraschend zu Hause bei seiner Mama vorbei und führte den Anzug von der Oscar-Verleihung vor. Zurück in Amerika fand in Los Angeles im Ambassador Hotel ein Galakonzert mit Glen Campbell, Johnny Cash, Quincy Jones, Smokey Robinson, Stevie Wonder u. a. statt. Auch Cocker war dazu eingeladen, um „A Man And His Soul" zu Ehren von Ray Charles zu singen. Für Joe war es mit das Größte, seinem Idol stilgerecht huldigen zu dürfen. „Ray Charles traf ich einmal in New York", erzählte Joe. „Denny Cordell und ich gingen hinter die Bühne. Ray saß da und irgendeiner sagte: ‚Hey, Ray, Joe Cocker kommt! Er will dich sehen!' Und er: ‚Ja wirklich? Joe! Ich mag die Art, wie du singst!'", erzählte Joe auch noch Jahre danach. Wenn man Denny Cordell darauf anspricht, beendet er die Geschichte mit den Worten: „Und Joe setzte sich zu Füßen von Ray nieder, legte seinen Kopf auf seinen Schoß, fing zu weinen an und sagte: ‚Ray, ich liebe dich so sehr … so wundervoll.'"

Joe war seit Beginn von dessen Karriere ein treuer Fan von Ray. Und erinnert sich noch heute an die 60er, als Ray in einer Sammy-Davis-Show im Fernsehen gefragt wurde: „Wer sind heute denn die besten Soul-Sänger?" Und Ray antwortete: „Da gibt es Mahalia Jackson, da gibt es Aretha Franklin, und da ist auch ein Marvin Gaye … und dann gibt es noch Joe Cocker!" Joe war damals fast ohnmächtig vom Hocker gerutscht. Über zehn Jahre später schrieb Ray in „What I Say – Die Autobiographie einer Musiklegende": „Heute höre ich Sänger, die, glaube ich, den gleichen Sound wie ich haben. Joe Cocker, zum Beispiel. Mensch, ich weiß, der Typ muss mit meinen Platten zu Bett gehen. Aber es macht mir nichts aus. Ich fühle mich geschmeichelt, ich verstehe das."

Ein paar Jahre später stand Joe dann zusammen mit Ray Charles auf einer Bühne, und sie sangen gemeinsam „You Are So Beautiful".

Im Juni/Juli war Joe Cocker schließlich Vorgruppe bei der Tournee von Supertramp u. a. in Deutschland und Frankreich. Joe betrat gegen 19 Uhr die Bühne in den Staden Saint-Symphorien in Metz, Frankreich, und stimmte das Publikum mit einem einstündigen Vorprogramm auf den Haupt-Act Supertramp ein. Zuvor hatte Chris DeBurgh einen etwa 45 minütigen Auftritt.

Am 20. August 1983 spielte Joe Cocker das bedeutendste von einigen Open-Air-Festivals in Deutschland: Ein weiterer Rockpalast-Auftritt, dieses Mal in St. Goarshausen, Loreley. Die Show wurde europaweit übertragen. Sechzig Millionen Zuschauer sahen Bands wie die Straycats, U2, Dave Edmunds und die Steve Miller Band – und eben auch Joe Cocker, der erst fünf Minuten vor der Show von einem Halsspezialisten zurückkam, die Bühne betrat und dieses denkwürdige Konzert absolvieren konnte.

Das dritte mediale Highlight 1983 war Ronnie Lanes Benefiztournee für die „Multiple Sklerose- Forschung" quer durch Amerika. Im September gab es Konzerte in England mit Eric Clapton, Jeff Beck, Jimmy Page, Steve Winwood, Bill Wyman, Charlie Watts, Kenny Jones, Andy

Fairweather-Lowe und Chris Stainton. Die Londoner Royal Albert Hall war restlos ausverkauft. Joe hatte einen festen Platz in der Show und wurde von Eric Clapton, Chris Stainton und Bill Wyman begleitet.

Die Tour führte die Musiker anschließend nach Dallas, San Francisco, Los Angeles und in den Madison Square Garden nach New York. Am Ende jedes Konzerts stieg er bei Eric Claptons „Layla" mit ein, bevor er die Band zu „With A Little Help From My Friends' überleitete. Joe fühlte sich am Ende des Jahres in der Rock-Welt rehabilitiert und angekommen. „Joe Cocker trat mit einer seiner stärksten Stimmleistungen auf, in jeder Weise vergleichbar mit seiner Version in Woodstock vor vierzehn Jahren", schrieben Kurt Loder und Michael Goldberg im ROLLING STONE über das Konzert in San Francisco.

Zwischen den Konzerten arbeitete Joe am nächsten Album, das im Mai 1984 erscheinen sollte. Im März des Jahres kam er im Sog des Rockpalast-Auftritts für 22 Konzerte nach Deutschland und hing noch einen verhängnisvollen Auftritt am 1. Mai in Wien an. Alle Konzerte waren fast ausverkauft und wurden von positiven Kritiken begleitet. Nur Wien war anders. Mit 3.000 Besuchern ebenfalls ausverkauft, aber leider erhielt Joe die Gage von 16.000 Dollar nicht wie vereinbart. Sein Management sagte daher rechtzeitig ab. Joe blieb im Hotel. Der unseriöse Wiener Konzertveranstalter kassierte die Eintrittsgelder einfach trotzdem ein, verschwand und sagte der Presse, Joe sei betrunken gewesen und sitze im Hotel. Nun, betrunken war Joe Cocker nicht, aber der Veranstalter war mit dem Geld längst über alle Berge. Dafür erschien die Polizei und verhaftete Joe. Die Polizei glaubte zunächst dem flüchtigen Veranstalter, der auch noch die Presse darüber informierte, um von sich selbst abzulenken. Die wiederum schoss Fotos von Joes Inhaftierung, und die Welt erfuhr so vom „rückfällig gewordenen Alkoholiker Joe Cocker", was gar nicht stimmte. Bis die Geschichte aufgeklärt war, saß Joe zwei Tage in Wien in Haft, und danach musste er erneut das negative Image von sich korrigieren und um seine Reputation kämpfen.

Gerade rechtzeitig erschien dann mit „Civilized Man" das neunte Studio-Album und konnte ein wenig von der entstandenen PR-Katastrophe ablenken. Ursprünglich sollte das Album „One More Time" heißen und bei Chris Blackwell erscheinen, dem gefiel es aber nicht, der Vertrag mit Island wurde deshalb annulliert, und Joe fand in Helmut Fest, dem deutschen Geschäftsführer von EMI/Capitol Gehör.

Das neue Album präsentierte einen anderen Cocker. Stimmlich ausgezeichnet, mit scharfer Phrasierung und stilistisch von Tempi und Stimmung geprägt. Der MUSIKEXPRESS gab ihm dafür vier von fünf Sternen und bedachte ihn mit folgendem Lob: „Er gehört zu jenen Leuten, die man mit bangem Blick beobachtet, wie man ein kleines Kind im Auge behält, das auf einem Geländer balanciert. Stürzt er ab, oder hat er sich endgültig gefangen? Geht man von seinem neuen Album aus, kommt man nicht umhin, den Titel der LP als zutreffend zu bezeichnen. ‚Zivilisiert', aber nicht im Sinne von gezähmt/langweilig ..." Joe offerierte wieder zehn Songs aus fremder Feder: u. a. „Tempted" von Squeezes in einer brillanten R&B-Version, den Motown-Klassiker „There Goes My Baby" in einer wundervoll-wehmütigen Fassung oder „Hold On" im Soul-Format.

„Civilized Man" markierte eine neue Cocker-Ära und klang nicht mehr so gefällig wie „Sheffield Steel". Die Produktion wirkte voller und zeitgemässer mit ihren typischen 80er-Jahre-Sound-Beats und Synthesizern auf fast jedem Track.

Im Spätsommer ging er erneut auf eine Australientournee, seiner sechsten bis dato. 1984 stand sie unter dem Motto: „A Civilized Man Down Under." Danach stand wieder eine Deutschlandtournee an. Im Vorprogramm spielten die damals gerade kurz vor dem Durchbruch stehenden Musiker von U2. Und nach diesen Shows machte sich Joe auch schon wieder an die Arbeit für das nächste Album in einem Studio in Memphis. Im Oktober besuchte er mit Pam seine Eltern. Danach hastete er schnell zurück ins Studio.

Dort erreichte ihn im Dezember die Schreckensnachricht, dass seine Mutter in Sheffield gestorben war. Joe ließ alles stehen und liegen und fuhr zur Beerdigung.

1985 war dagegen recht unspektakulär. Arbeiten im Studio, die üblichen Tourneen und besondere Auftritte sollten ein Jahr in der Umbruchphase des Joe Cockers markieren, der sich langsam vom Trunkenbold zum „Elder statesman des Rock" entwickelte. Joe war Headliner beim englischen Glastonbury-Festival und Top-Act beim ersten „Rock am Ring"-Festival am Nürburgring in der Eifel. Das Festival, das 2015 im 30. Jahr besteht, fand am 25./26. Mai 1985 erstmals statt.

Joe trat dann im Oktober noch einmal mit Ray Charles in einem Open-Air-Konzert im Sportpark von Hannover auf. Dort waren sie als „The Voices" angekündigt und sangen „Baby Please Don't Go" und „What'd I Say" zusammen. Auch wenn die Zuschauer beeindruckt waren, Joe war enttäuscht. „Ich war schrecklich … ich sagte zu ihm, dass ich versagt hätte. Aber man hat eben gute und schlechte Tage, wenn ich in Form gewesen wäre, hätte ich mich darum gerissen, noch ein Konzert mit ihm zu geben … Zu Hause hängt in meinem Badezimmer ein Bild von uns beiden, er umarmt mich, mit Smokingfliege und allem Drum und Dran. Jeden Morgen, wenn ich aufwache, erinnert es mich an sein Genie!"

Angesichts des Abschieds von seiner Mutter schloss er später die Arbeiten am zehnten, kurz „Cocker" betitelten Studio-Album ab, das im April 1986 veröffentlicht und seiner Mutter gewidmet wurde. „Cocker" schlug ein wie eine Bombe, Platz drei in der ersten Woche. Trotz fünf verschiedener Produzenten schaffte es Joe, das Album wie eine Einheit klingen zu lassen. Die drei Single-Auskopplungen „Shelter Me", welches das Album eröffnete, „Don't You Love Me Anymore" und Randy Newmans „You Can Leave Your Hat On", das durch Kim Basingers Strip-Szene in dem Soft-SM-Klassiker „9 1/2 Wochen" berühmt wurde, waren Joe auf den Leib geschrieben. Er schien plötzlich im Olymp angekommen. Die Fachpresse überschlug sich mit Lob.

Nach Erscheinen des Albums blieb Cocker bis Ende November 1986 auf Welttournee und ließ sich ebenso feiern wie z. B. Tina Turner oder Rod Stewart. In Deutschland schrieb die BERLINER ZEITUNG: „Rocksänger Joe Cocker bestätigt seinen legendären Ruf." Die damalige Musikzeitschrift MUSIC SCENE meinte sogar: „Blues ist sein Leben, seine Stimme ist sein Testament", und STEREO ergänzte: „Er ist ein musikalischer

Diamant geblieben." Das ZDF übertrug im Rahmen des „Rock Sommer 86" Joes Open-Air-Konzert in der Berliner Waldbühne. In den USA gab es TV-Auftritte bei Saturday Night Live, Don Kirshner's Rock Concert, Solid Gold und David Letterman. Und nochmals in Berlin am Ende des Jahres gab es schließlich die Goldene Schallplatte für die ersten 500.000 Exemplare von „Cocker" mit einer Laudatio, die mit den vielzitierten Worten: „Joe ist wie alter Whisky. Er wird immer besser" endete.

Die ersten fünf Monate des Jahres 1987 verbrachte Joe in den USA, anfangs in seinem neuen Haus, das er zusammen mit Pam nach dem Auszug aus der Jane-Fonda-Ranch bezogen hatte. Dort richtete er sich auch ein Musikzimmer ein, in dem er an Songs zu arbeiten begann.

Sein Album Nr. 11, „Unchain My Heart", erschien schließlich im Oktober 1987. Die erste Jahreshälfte arbeitete er daran, in der zweiten widmete er sich der Promotion. Die Produzenten Dan Hartman und Charlie Midnight kreierten für Joe auf „Unchain My Heart" eine Mischung aus Mainstream-Rock-Sound mit Rhythm-and-Blues-Anleihen. Joe über Hartmann: „Er versteht, was man alles im Studio durchmacht, weil er den Gesang tief in sich spürt. Wenn ich nicht in der richtigen Tonlage war, konnte er es mir sofort sagen. Ihm gefiel besonders, dass ich auch vier Takes hintereinander ziemlich identisch phrasieren kann, anders als die meisten anderen Sänger heute, die es zwanzigmal oder öfter probieren oder einen Song Zeile für Zeile aufnehmen. Es ist mein Gesangsstil, ich kann den Ausdruck in meiner Stimme genau fühlen und ihn wiederholen." Charlie wiederum hatte auch schon für James Brown gearbeitet. Das gefiel Joe: „Ich bin mehr Rhythm-and-Blues-orientiert, aber ich liebe auch seine Soulmusik. Ich habe durch die Arbeit an ‚Unchain My Heart' eine neue Sichtweise für das, was ich machen will, bekommen."

Dieses Mal vergab der MUSIKEXPRESS wieder vier von fünf Sternen: „So gut wie auf seinem neuen Album war er lange nicht mehr. Für den bluesigen, bissigen Sound sorgte eine über alle Songs konstante Band, zu der neben ‚Pretender' T. M. Stevens (Bass) auch Gitarrist Phil Grande und Keyboarder Jeff Levine gehören, die des Guten nie zuviel tun und Joe alle Spotlights lassen." Insgesamt lautete das Urteil: „Wohltuende Zurückhaltung, kerniger, ehrlicher Sound (trotz aller Technik). Keine echten Song-Highlights wie beim letzten Mal (‚Inner City Blues'), aber immerhin John Lennons ‚Isolation' in einsamer Klasse. Der Rest sehr homogen, stilsicher und Cocker pur: ein kräftiges Gebräu für alle Cocker-Hörigen, der Mann war nie besser."

Im Sommer absolvierte er seine obligatorischen Festival-Auftritte, auch in Deutschland, wo die Tour am 12. Juni in Walldorf begann.

In der französischsprechenden Schweiz, in Montreux, trat Joe dann das erste Mal beim dortigen Montreux Jazz-Festival auf. Das Publikum begrüßte er mit den Worten: „Es ist schön, hier zu sein, aber ihr solltet etwas gegen den Hundedreck auf den Gehsteigen unternehmen!" Zur Überraschung aller kam der Blues-Musiker James Cotton für ein paar Nummern auf die Bühne. Der Live-Mitschnitt von 1987 erschien allerdings erst 24 Jahre später am 5. August 2011 auf CD und DVD in der legendären Reihe „Live At Montreux" und enthielt den kompletten Auftritt, der allerdings nur 54 Minuten dauerte.

Dieser erste von später insgesamt vier Auftritten beim Montreux-Festival war dennoch besonders. Cocker entwickelt z. B. Dylans „Seven Days" weit über die Albumversion hinaus. Auf der Bühne greift er zwar noch zur Bierflasche, statt wie später zum stillen Wasser, ist aber in guter Verfassung, locker und gut gelaunt. Er merkt an, er hoffe, man könne auch hier in Montreux sein Englisch gut verstehen. Und am Ende von Song sieben, „Just Like Always", entschuldigt er sich, dass er ein paar Zeilen vergessen hat, weil der Song für ihn so emotional sei. Eine weitere Besonderheit bei dieser Aufnahme, die nicht in Cockers offizielle Discografie als „Live-Album" aufgenommen wurde, weil es sich um einen Festival-Release handelt, ist Billy Prestons „You Are So Beautiful". Hier singt er die zweite Strophe, die er bei der Studioaufnahme weggelassen hatte. Gegen Ende, beim vorletzten Song, Dylans „Watching The River Flow" kamen noch einige Musiker zu einer ausgelassenen neunminütigen Jamsession zu Joe auf die Bühne. Montreux ist eben immer für eine Überraschung gut!

Nach Montreux ging es in einem ereignisreichen Tempo mit Shows, Galas und Konzerten weiter. In Athen brannten vor dem Veranstaltungsort Autos, in Italien kam ein Brautpaar nebst Familie auf Geheiß von Joe auf die Bühne, und in Neapel brach er sich einen Finger, den er erst in den USA behandeln ließ. Dazwischen besuchte er mit Pam noch seinen Vater in Sheffield.

Am 11. Oktober, neun Jahre, nachdem sie sich kennengelernt hatten, heirateten Pam und Joe in Kalifornien und verbrachten die Flitterwochen mit der Promotion für „Unchain My Heart" in Europa. Im Dezember erhielt er dafür bereits Platin.

Sein Vater Harold Cocker, mittlerweile 80 Jahre alt, kam nicht nur Hochzeit. Für ihn schien die Reise nach Amerika zu beschwerlich. „Pam hatte vor einiger Zeit eine Krebsoperation, und sie kann keine Kinder bekommen", erzählte Joe über seine Partnerin. „Durch die Heirat mit Pam kann ich mich jetzt um die Staatsbürgerschaft bewerben oder zumindest um eine ‚Green Card', eine unbefristete Aufenthaltsgenehmigung, die in Wirklichkeit blau ist. Es wird sich irgendwann in der Zukunft zeigen, ob wir vielleicht ein Kind adoptieren, aber im Moment bin ich sowieso viel zu beschäftigt, um über solche Dinge nachzudenken."

Das Jahr 1988 ging Joe etwas langsamer an, obwohl er bereits im Februar zu einer neuen Europatournee ansetzte. Vier Monate zog er mit der Band, mit der er auch das Album eingespielt hatte, wieder durch die Welt. Mit dabei: Jeff Levine, Keyboards; David Beal, Schlagzeug; T. M. Stevens, Bass, und Phil Grande, Gitarre, verstärkt durch den zweiten Gitarristen Jeff Pevar, Marty Kersich, Saxophon, und Danny Louis, Trompete und Keyboards. Renee Geyer, die als Gastsängerin auf der Platte zu hören ist, begann die Tournee als Partnerin von Maxine Green, wurde aber ein paar Wochen später durch Carla Vaughn ersetzt.

Im Juni des Jahres gab es gleich drei besondere Ereignisse. Es begann am 1. und 2. Juni mit zwei Konzerten hinter dem Eisernen Vorhang in der DDR. In Ost-Berlin kamen 100.000, in Dresden 125.000 Fans. „Am Abend des 1. Juni stand er vor einer unübersehbaren Menschenmenge auf der Rennbahn von Berlin-Weißensee, tags darauf in Dresden. Um das Technische abzuhandeln: Das hässliche staubige Areal in Weißensee eignete sich viel schlechter als die Wiese in Treptow. Die Anlage war zu leise, die Bühne nicht hoch genug. Viele sahen Cocker nur per Video-Wand; das vermied, wer in jene Bereiche vorstieß, wo man zur Sardine wird", beschreibt Christoph Dieckmann in seinem Buch „My Generation – Cocker, Dylan, Honecker und die bleibende Zeit" seine Erinnerung an Cockers einzige DDR-Konzerte. „Mit „Dear Landlord" fing Joe Cocker an, unterstützt von einer furiosen neunköpfigen Band. Das Programm war gemischt aus Altem und Neuem: „Es gab dreiundzwanzig Stücke, davon sechs Zugaben, und ‚With A Little Help From My Friends' löste riesigen Jubel aus. Nach ‚Watching The River Flow' war endgültig Schluss. Allgemeine Begeisterung. Was wäre mehr zu schreiben, was zu kritisieren an diesem großen Konzert, dem scheinbar nichts fehlte?", resümiert Dieckmann.

Was bleibt von Cocker in Berlin und Dresden? Die Erinnerung und die Tatsache, dass das Gelände, auf dem Cocker in Dresden aufgetreten ist, heute noch immer „die Cocker-Wiese" genannt wird ...

Etwa ein dreiviertel Jahr früher war Bob Dylan in Treptow aufgetreten. Er gab sich zugeknöpfter als Joe Cocker, der vor seinem Auftritt einem Pressegespräch zustimmte und darin u. a. sagte: „Ich sehe die großen Veränderungen weniger in der Rockmusik als im Typus des Rockmusikers. Die Leute, die jetzt hochkommen, planen für eine lange Karriere im Showbetrieb. Sie haben Marktstrategien und kalkulieren ihr Image genau. Die Flower-Power-Musiker der Endsechziger-Jahre lebten, wie sie waren, in den Tag. Sie gaben immer alles und manchmal mehr, als sie hatten. Deshalb so viele Zusammenbrüche, deshalb so große Musik."

Der nächste Höhepunkt folgte am 6. Juni in der Royal Albert Hall in London. Anlass war die Prince's Trust Rock Gala, bei der der Kronprinz und die Prinzessin von Wales anwesend waren. Das Gala-Konzert war eines von vielen in den 80ern initiierten Wohltätigkeitskonzerten. Ein Jahrzehnt zuvor war es George Harrison gewesen, der 1971 das Konzert für Bangladesh organisierte und den Trend zu Wohltätigkeits-Rock-und-Pop-Konzerten anfachte. Dieses Konzept wurde 1982 mit dem ersten Prince's Trust Rock Gala Concert wieder aufgegriffen und entwickelte sich zu einer Tradition, die großen Anklang fand. Mit dem Live Aid Concert zugunsten der Hungernden in Äthiopien erlebte dieser Trend 1985 seinen Höhepunkt.

Die Gala-Concerts von 1986, 1987 und 1988 in der Wembley Arena und der Royal Albert Hall waren, im Vergleich zum Live Aid Concert, kleiner, haben aber dennoch ein überwältigendes Staraufgebot präsentiert. Midge Ure erntete reichlich Beifall für seine Arbeit als musikalischer Leiter der Konzerte, denn er brachte die Legenden des britischen Rock-Pantheon auf die Bühne: Paul McCartney, Eric Clapton, Phil Collins, Elton John, George Harrison, Mark Knopfler, Sting, George Michael, Peter Gabriel, Ringo Starr, Rod Stewart, die Bee Gees und viele mehr. Hinzu kamen einige nordamerikanische Größen wie Bryan Adams, Tina Turner und Leonard Cohen.

Vor dem Konzert am 6. Juni gab es eine Art Empfang, bei der die Künstler Prinz Charles und Lady Di persönlich mit Knicks und Handschlag begrüßen durften. Joe dachte zunächst, dass auch die Queen anwesend wäre, und war daher etwas enttäuscht. Von Midge Ures All-Star-Band begleitet, sang Joe dann „The Letter" und „With A Little Help From My Friends" als Finale der Show, bei dem Eric Clapton, Mark Knopfler, Peter Gabriel, Phil Collins und die Bee Gees gemeinsam mit Joe auf der Bühne standen. Das live im Britischen Fernsehen übertragene Ereignis brachte Joe mehr Promotion als alles, was er in den letzten 20 Jahren an Medienpräsenz in England hatte …

Mega-Event Nr. 3 im Juni 1988 war das Nelson Mandela Birthday Concert am 11. Juni. Das Wembley Stadium war mit etwa 80.000 Fans gefüllt, und rund eine Milliarde Menschen, so hieß es, sahen die zehnstündige Show im Fernsehen. Joe sang „Unchain My Heart" im Soulteil am Nachmittag, wobei er von Jeff Levine und einem großen Orchester unter der Leitung von H. B. Barnum begleitet wurde.

Bei den 17 Shows in Amerika und den zehn in Australien gab es dann eine Überraschung in der Band. Chris Stainton, der bei Eric Clapton ausgestiegen war und nun zusätzlich zu Jeff Levine Keyboards spielte, kehrte zurück in die Band. Nach 15-jähriger Abwesenheit freute sich keiner mehr als Joe, Chris wieder in der Band zu haben.

Zur Jahreswende 1988/1989 arbeitete Joe im Studio an seinem 12. Studio-Album namens „One Night Of Sin", das im Juli in Deutschland erschien, auf Platz 2 einstieg und 32 Wochen in den Charts blieb!

„When The Night Comes", der erste Titel auf der Platte, die eine ausgewogene Mischung aus Rocknummern und Balladen bietet, stammt von dem kanadischen Rockstar Bryan Adams, der bei dieser Aufnahme selbst Rhythmusgitarre spielt. Joe: „Yeah, ich mag seine besondere Art zu spielen ... Er hat zunächst ein bisschen gezögert, mir das Stück zu geben, weil er wahrscheinlich selbst einen Hit damit hätte landen können, aber ich war dankbar." Tatsächlich war Joe mit dem Song in ganz Europa in den Single-Charts erfolgreich und kam in Amerika zum ersten Mal seit 1982 wieder in die Billboard Top Twenty, diesmal bis auf Platz 11.

Cockers Auswahl der Songs brachte neben neuem Material auch einige alte Titel zum Vorschein. Gerry Goffins ‚Got To Use My Imagination' hat viel Saxophon- und Bläserhintergrund, während ‚Unforgiven', ein Stück von Tim Hardin, das fast 15 Jahre lang in der Schublade lagerte, nur mit Klavier und Saxophon instrumentiert ist. „Wir hatten den Song schon damals, als ich mit Rob Fraboni an ‚Stingray' gearbeitet habe", sagte Joe. „Keiner hat sich seither daran versucht, und deshalb schien es eine gute Idee. Es ist ein wirklich schwieriges Lied."

Michael Lang schlug „Fever" vor, ein Stück mit einem starken Arrangement und den hervorragenden Uptown Horns. Joe hatte die Nummer, die in den fünfziger Jahren durch Peggy Lee populär wurde, als Schuljunge zum ersten Mal gehört; eine 78er-Scheibe stand immer noch im Plattenschrank seines Vaters in Sheffield. Produzent Charlie Midnight schrieb die beiden Nummern „Letting Go" und „Bad Bad Sign'", das einem der besten Stücke der Platte, „I'm Your Man", vorausgeht. „Ich stand schon immer auf Leonard Cohen. Irgendwo habe ich noch eine neue Nummer von ihm. Auch das war Michaels Idee. Leonard singt in einer so ungewöhnlichen Tonart, dass man kaum sagen kann, ob ein Song eine Melodie hat oder nicht, aber es ist ganz gut geworden."

„Mal in Trauer versinkend, Schmerz herausbrüllend oder vor Zärtlichkeit zerfließend", beschrieb der STERN das Album und zeigte sich begeistert davon, wie sich Cocker 1989 präsentierte, „wie ein stolzer

Tiger fauchend ... und Songs aus fremder Kompositionshand dank seiner stets eigenwilligen Interpretation neues Leben" einhauchend. Auf „One Night Of Sin" reichen Joes Stimmbänder einmal mehr „bis in die Tiefen seiner Seele". Sämtliche Songs überzeugen auf ihre eigene Art und Weise, egal ob der faszinierend gecoverte Rock-Klassiker „Fever" oder „Bad Bad Sign" mit dem wunderschönen Slide-Gitarrensolo von Jeff Pevar, der Ohrwurm „I Will Live For You" oder auch „Just To Keep From Drowning" samt exzellenter Blechbläser und dem funkigen Bass von T. M. Stevens.

Joe Cocker erinnert sich an die Aufnahmen in New York in zweierlei Hinsicht sehr intensiv: Zum einen war es tiefster Winter, und er hatte eine schwere Erkältung; und zum anderen gelang nach Jahren wieder eine Aufnahme eines selbstgeschriebenen Titels, des ersten nach sechs Platten und vierzehn Jahren. Zusammen mit Chris Stainton und Jeff Levine schrieb Joe „Another Mind Gone". „Es war ein sehr befriedigender Moment für mich, diesen Song zu schreiben. Zum einen zusammen mit Chris Stainton, zum anderen weil er eine Hommage an meinen alten Schlagzeuger B. J. Wilson ist, der zu der Zeit der Studio-Aufnahmen an einem Beatmungsgerät hing, nachdem er versucht hatte, sich umzubringen. Es gibt viele Rocktragödien, aber die ist wirklich tragisch", verriet Joe, noch immer mitgenommen, während der Promotion-Veranstaltungen.

„One Night Of Sin" war die logische Schlussfolgerung aus den vorangegangenen drei Alben und toppte die Verkaufszahlen erneut. An Weihnachten waren weltweit bereits über eine Million Exemplare verkauft.

Während der Aufnahmen hatte Joe im Februar übrigens eine Einladung ins Weiße Haus nach Washington erreicht, um auf der Einführungsparty des neuen Präsidenten George Bush zu singen. „Ich bin kein politischer Mensch, aber wenn ich einer wäre, würde es mich wahrscheinlich mehr zu den Demokraten hinziehen. Die meisten meiner Nachbarn waren überrascht, dass ich es gemacht habe, aber für mich war es eine Ehre, glaube ich, vom Präsidenten eingeladen zu werden. Das Schlimme dabei war, dass ich während der Proben so viel gesungen habe, dass ich beim eigentlichen Auftritt keine Stimme mehr hatte. Aber er kam zu mir und sah mir in die Augen, und ich sagte: ‚Ich gratuliere, Herr Präsident', und er sagte: ‚Gut so!' Ich glaube, ich habe das nur getan, um meine Aufenthaltsgenehmigung verlängert zu bekommen", erinnert sich Joe grinsend.

Flashback: St. Wendel, Bosenbachstadion, 7. Open Air Festival, 25.06.1989, 14 Uhr. Knapp 25.000 Zuschauer passieren die Eingangsbereiche, um an diesem sonnenreichen Tag einen guten Platz auf dem staubigen Hart-Fussball-Feld zu bekommen. St. Wendel war einer der wenigen Cocker/Bap-Termine, bei dem auch John Lennons Sohn Julian auftrat. Er eröffnete das Festival mit einem knapp halbstündigen Auftritt um 15.30 Uhr. Das komplette Festival wurde damals 510 Minuten lang live vom TV Sender 3 SAT übertragen. Leider war damals die Ausstrahlung des Tons während der Livesendung aus technischen Gründen nur in mono möglich. Die Aufzeichnung für die Archivierung erfolgte aber in stereo. Einige der Konzerte wurden dann später im „ZDF Musikkanal" – teilweise leider gecuttet – mit Stereoton wiederholt. Das BAP-Konzert wurde beispielsweise, bis auf 6 Songs, später in stereo wiederholt. Auch die Konzerte von Joe Cocker und Suzanne Vega sind später wiederholt worden. Bei Suzanne Vega wurde dabei die Zugabe „Marlene on the Wall" herausgeschnitten.

Um Punkt 19.30 Uhr trat Joe nach einem kurzen Intro auf die Bühne und fetzte sofort mit „Bad Bad Sign" los, die Menge kreischte, als würde sie schon die Zugabe bejubeln. Sein weißes Hemd mit Notenschlüsselmuster war schon beim zweiten Song „Feelin' Alright" schweißnass. Danach tobte die Menge und erfreute sich an einem 120 Minuten-Auftritt mit 25 (!) Songs. Kaum ein Set war derart gefeiert und lang wie der im saarländischen St. Wendel. Bei untergehender Juni-Sonne gab's als Zugaben „You Are So Beautiful To Me" und „The Letter", bevor Joe völlig erschöpft die Bühne verließ. Nach einer halbstündigen Umbaupause kamen dann Bap auf die Bühne und rockten drei Stunden lang. An den anderen Terminen wechselte sie sich in der Headliner-Rolle ab.

Eine kleine Anekdote noch am Rande des St. Wendeler Konzerts: Nach dem Song „Hitchcock Railways" verließ Joe Cocker eingeschnappt die Bühne und weigerte sich mehrere Minuten lang, das Konzert fortzusetzen. Schließlich kam er zurück mit dem Hinweis: „I got my principals, you know!" Dieser wurde nur in der Livesendung (mit Monoton ausgestrahlt), nicht aber in der Wiederholung gesendet. Es wird vermutet, dass Joe bzw. sein Management noch nicht die komplette Gage ausbezahlt bekommen und er gedroht hatte, nicht weiterzumachen, wenn das Finanzielle nicht auf der Stelle geregelt werden würde …

Ab 8. September 1989 tourte Joe Cocker dann in den USA, wo die Tour in Seattle begann und einen Monat später in Wilkes Barr, Pennsylvania, endete. Bei den Auftritten, die mitgeschnitten wurden, wurde die Band durch die Memphis Horns verstärkt – Wayne Jackson, Andrew Love und Gary Gazoway. Das Endresultat ist auf dem Album „Joe Cocker Live" zu hören, aufgenommen am 5. Oktober in Lowell, Massachusetts.

Der letzte Teil der Tournee fand zu Zeiten des Umbruchs in Osteuropa statt, die mit dem Fall der Berliner Mauer ihren Höhepunkt erreichten. Für den 12. November war in der deutschen Metropole das „Konzert für Berlin" als quasi Wiedervereinigungskonzert geplant.

„Wir waren am Freitag in Hamburg, als wir von den dramatischen Ereignissen erfuhren, aber wir sollten an diesem Sonntag in Dänemark auftreten. Ich erklärte mich einverstanden, eine Show an der Mauer am Nachmittag zu machen. Am Morgen flogen wir nach Berlin, aber weil alle Hotels mit Journalisten voll waren, wurden wir irgendwo am Stadtrand untergebracht. Wir fuhren hin, und da waren Udo Lindenberg und BAP und alle großen deutschen Namen … Mir wurde wirklich warm ums Herz, als ich auf die Bühne kam … und die ganzen Menschen sah. Ich glaube, die meisten waren Ostdeutsche. Das ist mir wirklich nahegegangen." 10.000 Menschen waren in der Deutschlandhalle – und noch einmal 100.000 davor. Millionen von Zuschauern sahen einen kurzen Ausschnitt in den Nachrichtensendungen: Joe, wie er am Ende von „With A Little Help From My Friends' in die Luft springt, woraufhin die Kamera nach draußen schwenkt. Joe: „Das sah ganz gut aus in den Nachrichten – als sei ich an der Mauer hochgesprungen!"

Joe war nur für ein paar Stunden in Berlin und flog dann direkt weiter nach Dänemark. Seine Show wurde live im Radio bei SFB2 übertragen.

Sogar Joes Vater, mittlerweile 80, aber noch rüstig und immer noch wohnhaft in der Tasker Road 38 in Sheffield, sah die Berichterstattung stolz im Fernsehen.

Manchmal empfand der allerdings die angereisten Fans seines Sohnes als etwas störend und ihr Erscheinen als nicht immer nachvollziehbar. Seine Mutter bot den Fans sogar Kaffee und Kuchen an. „Die Leute, die mich anrufen und denen ich sage, dass ich schon so und so lange nichts mehr von ihm gehört habe, glauben mir oft nicht. Er ruft mich gelegentlich an – aus Australien oder Deutschland oder aus irgendeinem anderen Land, und irgendwann steht er plötzlich vor der Tür. Aber ich höre nicht oft von ihm, weil er weder vom Schreiben noch vom Telefonieren viel hält. Wie ich schon immer gesagt habe, im Fall unseres Sohnes John sind *keine* Nachrichten immer ein gutes Zeichen! Deshalb mache ich mir keine unnötigen Sorgen, wenn ich länger nichts von ihm höre", erzählte Harold Cocker lokalen Zeitungen. Er war es schließlich, der Joe nicht Künstler, sondern Klempner werden lassen wollte. Und er war der Meinung, Rock'n'Roll sei keine sehr erstrebenswerte Beschäftigung: „Ich war mir immer ziemlich sicher, dass sich darauf keine Zukunft aufbauen lässt und dass er es als Gasinstallateur besser gehabt hätte … Ich habe einige seiner Werkzeuge noch lange aufgehoben – unser John hat immer gelacht, wenn er uns besucht hat: ‚Nicht zu fassen, dass ihr glaubt, ich könnte wieder als Klempner arbeiten!' Ich kann mich nicht erinnern, dass ich jemals meine Meinung geändert hätte. Ich glaube immer noch, dass er es als normaler Arbeitnehmer besser gehabt hätte – obwohl, wenn man sich umsieht, wie sich die Dinge entwickeln … überall Arbeitslosigkeit …"

Die 90er-Jahre
Jahre der Konsolidierung

+++ Breaking News +++ Breaking News +++ Breaking News +++

Joe, der Fireworker (1990) – Ein Jahr ohne Europa (1990) / Nach 20 Jahren das zweite offizielle Live-Album nach „Mad Dogs & Englishmen": „Joe Cocker Live" (1990) / Goodbye, Woodstock I, Goodbye, Michael Lang (1991) / Album Nr. 13: „Night Calls" (1991) / Opfer des Erfolgs (1992) / In Diensten Eric Claptons (1993) / Dr. Joe Cocker – Ehrendoktorwürde der Sheffield Hallam University in England (1994) / Die längste Tour seiner Karriere (1994) / Album Nr. 14: „Have A Little Faith" (1994) / Welcome, Woodstock II (1994) / Album Nr. 15: „The Long Voyage Home" (1995) / Album Nr. 16: „Organic" (1996) / Ohne Filter Extra (1996) / Mit der Kelly-Family im irischen Pub (1996) / Album Nr. 17: „Across From Midnight" (1997) / Im Duett mit Eros Ramazotti (1998) / Mit Pavarotti & Friends in Modena (1999) / Album Nr. 18: „No Ordinary World" (1999)

+++ Breaking News +++ Breaking News +++ Breaking News +++

Wenn die 80er Jahre Cockers Jahrzehnt des Comebacks waren und somit die Jahre, in denen er begann, sich vom viel zu schnellen Erfolg und den Blessuren und Niederlagen der 70er zu erholen, sind die 90er-Jahre die Zeit, in der er erstmals seinen Erfolg zu halten und sogar zu steigern wusste. Dank des Geschicks seines neuen Managers Roger Davies nahm er ab dem Jahr 1991 die richtigen Songs und Alben auf, traf die richtigen Leute, nahm bei den (für ihn wichtigsten) Mega-Events teil und ging unaufhörlich auf Tournee. Er nahm bei geschichts- und medienträchtigen Festivals wie der Wiederauflage des „Woodstock II"-Festivals 1994 am Originalschauplatz teil, nicht aber bei Events, wo er sich z. B. nicht so zugehörig fühlte, wie etwa dem Tribute To Freddie Mercury Concert 1991. Er machte es ähnlich wie in den 80ern, wo er nicht bei Live Aid 1985, dafür aber beim „Nelson Mandela"-Erinnerungskonzert oder beim Berliner Konzert anlässlich der Maueröffnung 1989 zugegen war. Roger Davies, der auch Tina Turners Comeback und Sades Karriere erfolgreich plante, wusste Joe Cocker medien- und eventträchtig zu platzieren. Einmal waren es Geld und Gage, ein anderes Mal war es die Möglichkeit, ein großes Publikum erreichen zu können, um Ruhm, Bekanntheitsgrad und Medienwirkung zu erhöhen.

Zunächst aber begann das Jahr 1990 mit verdienter Entspannung in seinem Haus in Santa Barbara, Kalifornien. „Ich liebe es, mit Freunden, die nichts mit dem Rockbusiness zu tun haben, zu fischen und zu lesen. Ich liebe Bücher über Expeditionen, z. B. in die Arktis oder in die Antarktis. Die Leute fragen höchstens Mal, hey Joe, wie war's auf Tournee? Ich sage dann, es war ok, und schon wird mehr über völlig alltägliche und nebensächliche Dinge gesprochen. Das alles entspannt mich. Ich mag die Leute rund um Santa Barbara." Doch an das Frühjahr 1990 denkt Joe Cocker mit Entsetzen zurück. „Ich war gerade in Philadelphia, als ich im Fernsehen sah, wie Feuerwehrleute versuchten, schreckliche Waldbrände zu löschen, die sogar bis an unser Haus in der damaligen Painted Cave Road heranreichten."

Pam, die ihren Mann in den USA oft bei Tourneen begleitete, und Joe sahen erst bei ihrer Rückkehr, wie nahe das Feuer an ihr Haus gekommen war. Aus lauter Dankbarkeit für die Löscharbeiten bedankten sie sich bei den örtlichen Feuerwehrleuten persönlich und luden sie zu sich zu einer kleinen Feier ein. Später organisierten sie sogar ein Konzert in der Santa Barbara County Bowl vor 6.000 Zuschauern. Die dabei gewonnenen 100.000 Dollar spendeten Joe und Pam an den Fonds, der für die 600 Familien, die ihr Obdach verloren hatten, eingerichtet worden war.

Das Jahr 1990 war im Übrigen recht ruhig im Vergleich zu den Vorjahren und den dann folgenden Jahren. Joe verbrachte viel Zeit in seinem Haus und ging erstmals zu Beginn dieses neuen Jahrzehntes nicht in Europa auf Tournee. Dafür erschien im Mai das erste Live-Album „Joe

Cocker Live" nach zwanzig Jahren und das zweite offizielle nach „Mad Dogs & Englishmen" von 1970 überhaupt.

Das Album beginnt mit der Einspielung eines Ansagers, der „the one and only Mr. Joe Cocker" am 5. Oktober 1989 im Memorial Auditorium in Lowell, Massachusetts, ankündigt. Dieser klingt jedoch müder als der, den er ankündigt, denn Joe fühlte sich fit wie nie. „Schon in ‚Hitchcock Railway' kommt ihm der berüchtigte Urschrei über die Lippen", urteilte AUDIO.

Und in der Tat: Der Zeitpunkt für das Live-Album ist geschickt gewählt: „Stand Cocker in den vergangenen Jahren noch etwas im Schatten seiner exzellenten Begleitband, die ihn mitzuziehen schien, so war er bei den 89er-Tournee eindeutig Herr der Bühne. Hier stimmt einfach alles", schrieben die Musikexperten. „Mit jeder Nummer beweist Cocker seine Ausnahmestellung als archaischer und gefühlvoller Interpret von Fremdkompositionen." Ebenso passend auch, dass das Live-Album, das besser als Doppelalbum erschienen wäre, mit „What Are You Doing With A Fool Like Me" und „Living In The Promised Land" zwei neue Studioaufnahmen enthielt. So lieferte die Songauswahl von „Joe Cocker Live" einen interessanten Streifzug durch Joe Cockers bisherige Karriere mit dem Schwerpunkt auf den frühen Platten und seinen stärksten Hits aus den 80ern.

Im Mai 1990 reiste Joe dann auf Einladung von John Lennons Witwe Yoko Ono nach Liverpool. Dort produzierte sie eine John-Lennon-Tribute-TV-Sendung, in der Cocker mit den Lennon-Songs „Come Together" und „Isolation" auftrat. „Viele Leute sind der Meinung, ich sei mit den Beatles ganz dicke gewesen, doch das ist falsch", bekennt Joe, angesprochen auf dieses TV-Engagement. „Mit John Lennon habe ich nie gesprochen. Aber mit Paul McCartney und George hatte ich Kontakt, als ich damals in den 60er bei ihnen in London vorbeiging, um zu fragen, ob ich ‚Something In The Way She Moves' singen darf. Mit John hatte ich nur ein einziges Mal Kontakt, als er mir beim Isle Of Wight-Festival 1969 von weitem ‚Hello, Joe Cocker' zurief. Ich gehe mal davon aus, dass er mich kannte."

Danach ging Joe mit dem texanischen Bluesgott Stevie Ray Vaughan in den Staaten auf Tournee. Beide verstanden sich auf Anhieb und begegneten sich mit großem Respekt vor dem jeweiligen Talent des anderen. Obwohl sie eine gemeinsame Tournee veranstalteten, schafften sie jedoch zwei Dinge nicht: „Take Me To The River" gemeinsam auf der Bühne zu spielen und nach der Tournee in Alaska Lachs zu fischen. Am 27. August 1990 kam Stevie Ray Vaughan um 0:40 Uhr bei einem Hubschrauberabsturz mit einer Bell 206 auf dem Weg nach Chicago ums Leben.

Das Jahr 1990 verging dann tatsächlich ohne einen konzertalen Abstecher nach Europa. Cocker genoss seine wiedergewonnene Reputation als „Living Legend", die ihn in Amerika 5.000 bis 6.000 Zuschauer fassende Hallen füllen ließ.

1991 entschloss sich Joe dazu, in Ländern zu touren, in denen er noch nie oder lange nicht mehr war, wie z. B. in südamerikanischen Staaten wie Uruguay oder Argentinien. 1977 war er dort zum letzten Mal aufgetreten. Gegen Ende der Tour, auf der auch Billy Idol im Paket mit auftrat, gab's das Finale beim legendären „Rock in Rio II"-Festival. „Ich empfand das ganze Drumherum in Rio als extrem unangenehm. Du konntest keinen Schritt ohne Bodyguard machen. Manchmal brauchten wir sogar mehrere davon, besonders an dem Abend vor unserem Auftritt." Joe verließ so gut wie nicht mehr die Hotelbar. Am nächsten Tag trat er vor 150.000 Besuchern im Americana Stadion auf und absolvierte wohl seinen besten Gig des Jahres.

Im Sommer tourte er anschließend wieder durch Europa und trat z. B. in Wembley mit Rod Stewart und Status Quo auf. Backstage wurde er von seinem ersten Idol besucht, der sich seine Show auch live ansah: Lonnie Donegan, der in England als „The King Of Skiffle" galt. Danach tourte er mit den alten Haudegen aus den 60er-Jahren, Jack Bruce und Ginger Baker, durch Israel. An diese Konzertreise erinnert sich Joe mit einem süffisanten Lächeln auf den Lippen: „Der alte Ginger war in Begleitung einer wirklichen heißen Schönheit, und ich besuchte ihn Backstage und sagte, schön, dass du deine Tochter mit dabei hast. Und Ginger fluchte nur: ‚Das ist meine Ehefrau, du verdammter Bastard.'"

Im Oktober nahm Cocker bei dem als „Guitar Legends"-Festival im spanischen Sevilla in Serie gegangenen Event teil. Bob Dylan, der Künstler, der von Cocker bis zu seinem 70. Geburtstag mit acht Cover-Songs bedacht werden sollte, war auch mit dabei. „Wir sahen Dylan, aber er war nicht sehr gesprächig und versteckte sich geradezu unter seinem viel zu großen Hut. Ein paar Jahre später liefen wir uns bei einem ganz anderen Konzert noch einmal über den Weg, und er kam mir wie ein anderer Mensch vor. Geradezu gesprächig und ungewöhnlich freundlich, und er sah sich sogar unsere Show an."

Den Rest des Jahres verbrachte Joe mit Studio-Aufnahmen für sein am 7. Oktober 1991 in Deutschland erscheinendes Album „Night Calls", das erste von fünf im letzten Jahrzehnt des alten Millenniums. Erst ein dreiviertel Jahr später, am 6. Juli 1992, erschien es auch in den USA. Dort allerdings in einer etwas anderen Ausführung mit geringfügiger Änderung der Songauswahl. Der MUSIKEXPRESS/SOUNDS adelte das Album mit fünf von fünf Sternen und schrieb: „Die musikalische Architektur ist bewährt: traditionelle Bauweise, moderne Klangtechnologie, solides Bluesrock-Fundament. Darauf ein Mehrzweckgebäude, erbaut mit unterschiedlichsten Materialien. Mal ein unruhiger Funk-Daumen, mal wimmernde Country-Gitarren, dann wieder entfesselte Gospelchöre oder schmusiger Slow-Pop. Mittendrin ... der gute, alte Joe mit seiner verwüsteten, raspeligen, das Innerste nach außen kehrenden Stimme." „Night Calls", das 17. Album hatte es also geschafft. Der ME bezeichnete es sogar als „einwandfreie Präsentation, sorgfältige Produktion" und als „ein Masterpiece" wie seinerzeit „Sheffield Steel" aus dem Jahr 1982. Das Rezept war einfach: „Man versammelte eine hochkarätige Produzenten- und Musikerequipe (unter anderem Chris Stainton, Danny Kortchmar, Jim Keltner, Jeff Lynne und Mike Campbell) um den Interpreten Cocker. Und man entschied sich, egal ob Coverversion oder Maßanfertigung, für hochwertiges Songmaterial – „Five Women" (Prince), „Don't Let The Sun Go Down On Me" (Elton John/Bernie Taupin), „You've Got To Hide Your Love Away" (Lennon/McCartney), den Free-Hit „Little Bit Of Love" oder den Blind-Faith-Klassiker „Can't Find My Way Home".

„Material für eine neue Platte zusammenzustellen, ist immer ein ungeheuer schmerzhafter Prozess", sagte Cocker dem MUSIKEXPRESS und fügte hinzu: „Prince hat mir diesmal ein Stück geschickt. Von Bob Dylan und Mark Knopfler habe ich leider nichts gehört. Viele Autoren meinen, ihre Songs wären ihre ‚Babies'; sie haben Angst, dass jemand wie Janet Jackson einen Dancehit draus macht."

Cocker „tut, was er am besten kann – sich die geschundene Seele aus dem Leib singen." Dieser Meinung waren viele Journalisten, die für einen Promotion-Tag ins Kölner Hyatt Hotel geladen wurden. Dort hielt Cocker am 18. Oktober eines seiner geliebten Roundtable-Gespräche ab. Face-To-Face-Interviews gab er immer weniger. „Die Journalisten fragen eh immer nur nach dem berühmten ‚Cocker'schen Bermuda-Dreieck': Woodstock, Drogen und Coverversionen. Kurzum, Cocker hat Drogen überlebt, Alkohol-Exzesse überstanden, eine Karriere voller Hochs und Tiefs und eine phänomenale Präsenz in den 90ern. Das funktioniert bei einem Künstler, der so lange im Geschäft ist und Geschichten zu erzählen hat, immer."

Im Kölner Hyatt erzählte er natürlich auch einmal mehr etwas über die berühmten Coverversionen: „Covern sehe ich nicht als Covern an, sondern mehr als eine neue Interpretation der Originale".

„Und werden die Künstler gefragt, was sie von den Ergebnissen halten", wurde dann sogleich nachgehakt?

„Steve Winwood meinte zu dem Lied ‚Can't Find My Way Home', das ich für das Album ‚Night Calls' aufgenommen hatte: ‚Das klingt gut, das mag ich.' Nichts Dramatisches also. Von den Beatles erhielt ich jedoch einmal ein Glückwunschtelegramm für ‚With A Little Help From My Friends'. Aber diese Zeiten sind vorbei."

„Und was stand in dem Telegramm?"

„Tut mir leid, aber ich kann mich nicht mehr daran erinnern."

„Und wenn Sie einen Song hören, werden Sie dann eher von der musikalischen Seite oder vom Text angesprochen?"

„Meistens ist es die Lyrik, die mich zuerst anspricht."

„Macht es Sie nicht manchmal krank, immer wieder ‚With A Little Help From My Friends' zu singen?"

„Ich habe das Lied bestimmt schon 3.000 Mal gesungen. Aber gerade weil es so ein schwieriges Lied ist, entwickelt es sich immer wieder anders. In Italien haben wir uns vor ein paar Jahren einmal geweigert, den Song zu spielen. Daraufhin haben die Fans die Bühne gestürmt. Da ist es doch besser, wenn ich den Song weiterhin singe …"

„Denken Sie an eine bestimmte Person oder an Freunde, wenn Sie dieses Lied singen?" „Nein, es hängt in erster Linie von der Atmosphäre und der Stimmung ab – wie man einen Song vorstellt. Luther Vandross hat einmal gesagt, wenn er jedes Mal den ganzen Schmerz in einem melancholischen Song noch einmal durchmachen würde, dann wäre er schon längst gestorben. Das sehe ich auch so. Da ist schon ein bisschen Schauspielerei dabei."

„Gab es in den 70er-Jahren einmal einen Punkt in Ihrer Karriere, an dem Sie am liebsten aufgehört hätten?"

„Im Jahr 1976 war ich mit allem ziemlich fertig. Schwer zu sagen, was mir den Lebenswillen wiedergab. Es ist für einen Künstler schlimm, wenn er die Motivation verliert. Deshalb war ich dem deutschen Publikum auch immer dankbar, weil es auch noch 1977 und 1978 in meine Konzerte kam, als mich sonst niemand sehen wollte. Dieser Aspekt half mir über diese schwere Phase hinweg. Es war jedoch ein langsamer Prozess, bis ich am Ende des Tunnels wieder ein Licht sah."

Nach etwa 20 Minuten sind solche Roundtable-Gespräche dann meist zu Ende, jeder Journalist hat dann etwa zwei bis fünf Fragen geäußert und der O-Ton des Künstlers gehört dann allen …

Zeitgleich zur Promotion des „Night Calls"-Albums und der anstehenden Tournee 1991/1992 erfuhr die Beziehung zwischen Joe Cocker und seinem langjährigen Manager Michael Lang eine seltsame Wandlung. Michael Lang, Initiator von Woodstock 1969 und drei Jahre später auch von Woodstock II 1994 war, wie gesagt, eher per Zufall Mitte der 70er-Jahre Cockers Manager geworden. Vielleicht aus Verbundenheit, Verlegenheit oder weil keiner den Job sonst machen wollte. Kurzum, die beiden blieben etwa 15 Jahre, ohne jemals einen Vertrag geschlossen zu haben, in diesem eher freundschaftlich geführten Künstler-Manager-

Verhältnis zusammen. Die Basis lag irgendwo zwischen der branchenüblichen „30 zu 70"-, „40 zu 60 Prozent"-Verteilung auf alle Einnahmen des Künstlers. Cocker konnte mit diesem Deal nach all den schlechten Erfahrungen bis Mitte der 70er-Jahre ganz gut leben. Zudem hatte er in Michael einen Mann, der ihn lange kannte, vor allem seine menschlichen Schwächen, ihn aber geschäftlich nicht schädigte und künstlerisch respektierte und förderte. Eigentlich eine ideale Voraussetzung für eine Künstler-Manager-Beziehung. Aber Joe fühlte sich Anfang der 90er an einem Punkt in seiner Karriere angekommen, wo er nach mehr strebte, durchstarten und Altlasten abwerfen wollte. Es tat ihm leid, dass ihm Michael Lang dabei nicht folgen konnte oder wollte und damit ebenfalls zur Belastung wurde. 1991, noch während der Aufnahmen zu „Night Calls" ging man deshalb ohne Reue, aber mit Wehmut auseinander.

Joe suchte dann sogar das Gespräch mit Amerikas größtem Musikmanager seiner Zeit, Bill Graham. Seit den 60er-Jahren veranstaltete Graham in den USA erfolgreich Konzerte und Tourneen im Bereich der populären Musik. Als Konzertveranstalter betrieb er später das Fillmore West und das Winterland, beide in San Francisco, sowie das Fillmore East in New York. Das Gespräch zwischen Joe und Bill war indes ein sehr kurzes. Joe hatte das Gefühl, dass ihm Bill zu „old fashioned" war für das, was er aus seiner Karriere ab den 90ern machen wollte.

Stattdessen lief ihm nun des Öfteren Roger Davies über den Weg. Davies, geboren 1952 in Australien, war in der Musikszene schon seit den frühen 70ern bekannt. Er arbeitete zunächst als Roadie und lernte damit das moderne Musik-, Medien- und Event-Management von der Pieke auf kennen. Davies verdingte sich dann als Musikproduzent. Er arbeitete zunächst für Leo Kramer, der wiederum für Oliva Newton-John tätig war. Durch Leo lernte Davies auch Tina Turner kennen, deren Management er schon 1979 übernahm. Später kamen noch Cher, Janet Jackson, Tony Joe White sowie Sade und Pink hinzu.

Da Joe Cocker und Tina Turner bei derselben Plattenfirma in Deutschland waren, der EMI, kam es, dass sich Joe und Roger immer wieder einmal auf Festivals über den Weg liefen und einige Worte wechselten. Zudem spielten zwei Musiker von Tina Turners Band, nämlich Deric

Dyer und John Miles, auch in der Joe-Cocker-Band. Berührungspunkte gab es also genügend. „Ich wurde von Deric und John Anfang der 90er zu einem Cocker-Konzert ins Greek Theatre in Los Angeles eingeladen. Ich war überrascht. Das letzte Mal sah ich ihn zig Jahre zuvor, und er war damals in einem desaströsen Zustand. Zehn Jahre später aber, knapp 50, genauer gesagt 47, dann, wenn andere einen Gang zurückschalten, sah ich Joe Cocker Gas geben. Ich war beeindruckt", erinnert sich Roger Davies. „Wir sprachen ein wenig backstage nach dem Konzert, und er lud mich einige Wochen später zu sich nach Santa Barbara ein. Ich erzählte ihm, dass ich weder seinen früheren Manager Michael Lang kannte noch davon wusste, dass er sich von ihm trennen wollte."

Einige Wochen später fragte Cocker, ob Roger Davies ihn managen wolle. „Der sagte nur: Eigentlich kann ich nur dann erfolgreich arbeiten, wenn ich in alles, was ein Künstler tut, involviert bin." Joe erwiderte daraufhin nur: „Ok, ‚Night Calls' ist nun fertig, beim nächsten Mal bist du dann mit involviert." Und so trennte er sich endgültig von Michael Lang und arbeitete ab 1991/1992 mit Roger Davies als Manager, eine Verbindung, die bis heute anhält.

„Night Calls" belegte in Deutschland Platz 6, in Italien Platz 9. Aber Roger war der Meinung, dass das Album kein Single-Potenzial für den britischen und englischen Markt hat. Also nahm man noch einige Bonus-Songs für die britische Version des Albums und einige für die amerikanische auf. In England z. B. war es „Feels Like Forever" von Bryan Adams/Diane Warren und „Now that The Magic Has Gone" von John Miles. Nachdem die Aufnahmen Ende 1991 fertig waren, ging man im Januar 1992 auf Tournee.

Joe Cocker buchte sich also eine Woche für Rehearsals im Londoner Hammersmith Odeon ein. Danach folgte ein kleines, nicht öffentliches Privat-Konzert, und dann fiel der Startschuss für seine Englandtournee.

„Beinahe hätte ich von Bryan Adams seinen Mega-Seller ‚Everything I Do' für das ‚Night Calls'-Album bekommen, aber den behielt er dann doch lieber für sich selbst und verwendete ihn als Soundtrack für den ‚Robin Hood'-Soundtrack", erinnert sich Joe. „Meine Version des Adams-

Songs ‚Feels Like Forever' landete aber immerhin auf dem Soundtrack von ‚The Cutting Edge' und erreichte Platz 20 in den Single-Charts in England."

Zwischen den Rehearsals und dem Tourstart kaufte Joe zusammen mit Pam Land in Colorado. „Wir wollten dort, wo wir schon oft wandern und fischen waren, etwas Eigenes haben." Sie kauften etwa 160 Morgen Land in Crawford.

Danach starte die über zweimonatige Tournee mit 58 Konzerten in Joes Heimatstadt Sheffield. Mit 44 Leuten als Begleitcrew erinnerte das Unterfangen ein wenig an die „Mad Dogs"-Tour 22 Jahre zuvor, nur ging es bei weitem nicht so chaotisch zu – und Roger Davies sorgte dafür, dass Joe auch genügend Geld zum Kauf für sein Land haben würde. Sheffield wurde dann nicht nur zum Beginn eines Siegeszuges durch das Vereinigte Königreich, in dem kaum ein Medium nicht von dem brillanten Comeback berichtete. Darüber hinaus wurde der Sheffield-Gig auch zur Familienfeier. 20 Familienangehörige und Freunde erschienen. Darunter auch seine Schwiegermutter, die auf Pams Wunsch aus den USA eingeflogen wurde.

Die 1992er-Hallen-Shows umfassten zumeist 21 Songs, starteten mit „Cry Me A River" und endeten mit der Zugabe „Sorry Seems To Be The Hardest Word". Auf dem Kontinent spielte man in bis zu 20.000 Zuschauern fassenden Venues, im Vereinigten Königreich vor maximal 2.000 nicht minder begeisterten Zuschauern und Medienleuten. Der englische OBSERVER brachte alles mit den Worten: „Cocker is still up where he belongs" auf den Punkt.

Der Erfolg in England ließ Joe im Verlaufe des Jahres weitere Konzerte geben, ein weiteres Mal tourte er durch Deutschland, ging dann erneut nach England, danach nach Amerika und im Sommer wieder zurück nach Europa. Insgesamt befand sich Cocker 1992, Pausen mitgerechnet, acht Monate auf Tournee. 1992 galt als sein erfolgreichstes Jahr bis dato.

Im Juni war er erneut in England, um in Tom Jones' „Central Television Show The Right Years" aufzutreten. „Ich war schon einmal Anfang der 70er-Jahre in einer ähnlichen TV-Show, und ich dachte mir, es sei eine gute Idee, so etwas 20 Jahre später noch mal zu machen. Bei einem gemeinsamen Konzert in Detroit fragte ich ihn, und er war sofort interessiert, über sich, seine Karriere und seinen All-Time-Hero Ray Charles zu sprechen. Als ich fragte, was ihn an Ray so fasziniere, sagte Joe nur: ‚Hast du ihn jemals getroffen?'"

Ein Höhepunkt im Sommer war nach 1987 Joes zweite Teilnahme am Montreux-Jazz-Festival am Genfer See. Das Konzertformat in Montreux weicht stets etwas vom Üblichen ab und bestand am 2. Juli 1992 aus folgenden Songs: 01 The Letter / 02 The Moon Is A Harsh Mistress / 03 When the Night Comes / 04 Feels Like Forever / 05 You Are So Beautiful / 06 I Believe To My Soul / 07 Unchain My Heart / 08 Sail Away / 09 Can't Find My Way Home / 10 Sorry Seems To Be the Hardest Word / 11 Something / 12 Feelin' Alright. Eine Live-Veröffentlichung gab es nicht, aber eine auszugsweise Sendung im Schweizerischen Radio.

Was viele nicht wussten: Der Auftritt in Montreux sollte im Rahmen der „MTV Unplugged"-Serie aufgezeichnet werden. Dies geschah auch, doch rechtliche Gründe, die mit den Interessen der vom Jazz-Festival-Veranstalter veröffentlichten Serie „Live At Montreux" kollidierten, hinderten MTV daran, ein „Joe Cocker MTV Unplugged" herauszugeben.

Bis zum Jahresende machte er dann nicht mehr viel anderes, als in Santa Barbara zu relaxen. Und selbst in der ersten Hälfte des Jahres 1993 war von Joe Cocker nicht viel zu hören. Obwohl Pam und Joe ihr Haus in Santa Barbara noch hatten, verbrachten sie jetzt die meiste Zeit in einem Bungalow in Crawford und bauten tagsüber die „Mad Dogs" genannte Ranch mit einem mondänen Haupthaus auf. Joe und Pam züchteten exotische Schweine, eine Herde von sogenannten „Watusi"-Stieren und einige Pferde. „Sechs Jahre haben wir die Schweine jetzt schon. Doch nun werden sie alt. Die Hufe gehen auseinander, die Tiere können nicht mehr lange stehen. Hätte man mir früher von einem solchen Leben erzählt, hätte ich mir nicht vorstellen können, jemals so leben zu können. Jetzt aber genieße ich es."

Nun, 1993 sollte man also wirklich nicht sehr viel von Joe Cocker sehen und hören. Die meiste Zeit verbrachte er in Colorado. Er unternahm lange Wanderungen in den Rocky Mountains, ging fischen und manchmal sogar auf die Jagd. Ein ganz neues Hobby wurde das Reiten.

Etwas, das er sich früher niemals hätte vorstellen können, und wozu ihn seine Frau brachte. „Würden mich die Jungs aus Sheffield auf einem Pferd sitzen sehen, würden sie sich den Bauch vor Lachen halten, so unvorstellbar ist die Kombination von Pferd und Joe Cocker", witzelte er. Nur für wenige Aktivitäten und einige Festivalauftritte in Europa verließ er in diesem Jahr die Ranch.

Im Oktober folgte Joe einer Einladung Eric Claptons nach England, um an einer Charity-Anti-Drogen-Veranstaltung teilzunehmen. Obwohl die beiden Engländer schon seit Anfang der 60er-Jahre in der englischen Musikszene tätig waren, liefen sie sich zum ersten Mal erst 1969 über den Weg. „Das war, als Eric bei Leon Russell in seinem Haus in Los Angeles vorbeischaute, während wir in dessen Garage ‚Delta Lady' aufnahmen. Später traf ich Eric noch mal in Miami in den Criterion Studios, wo wir 1976 das Album ‚Stingray' aufnahmen. Eric steuerte bei der Gelegenheit ein Gitarrensolo zum Song ‚Worrier' bei", erinnert sich Joe.

Das nächste Mal, als sich Joe Cocker und Eric Clapton trafen, war 1983 anlässlich der sogenannten ARMS-Tour. The ARMS Charity Concerts waren eine Serie von Konzerten, deren Erlöse für die Erforschung und Bekämpfung der Multiplen Sklerose verwendet wurden. Die Auftaktveranstaltung fand am 20. September 1983 in der Londoner Royal Albert Hall statt. Initiator war Ronnie Lane, Ex-Bassist der Small Faces und selbst Opfer von Multipler Sklerose. Mit dabei waren Jimmy Page, Eric Clapton, Jeff Beck, Steve Winwood, John Paul Jones, Andy Fairweather-Low, Bill Wyman, Kenney Jones und Charlie Watts. Joe war nur für die amerikanische Version dieser Konzertreihe vorgesehen und sang schließlich bei neun Konzerten sein „With A Little Help From My Friends".

1993 gewann Eric Clapton dann, wie erwähnt, Joe Cocker für ein Charity-Projekt. Am 3. Oktober 1993 versuchte Clapton mit Musiker-Kollegen Geld für die Drug Charity SHARP-Organisation einzuspielen. Normalerweise liebte es Joe nicht, bei solchen Aktivitäten mitzumachen. „Ich komme mir dabei ein wenig vor wie einer, der im Glashaus sitzt und mit Steinen wirft. Ich habe selbst zu viele Probleme mit Drogen gehabt, als dass ich mich jetzt da hinstellen könnte … ich glaube, ich bin der Letzte, der den Zeigefinger erheben sollte. Und so viel ich weiß, hatte

Eric ähnliche Probleme. Er begann mit Heroin und wurde später zum Alkoholiker, und jetzt organisiert er eben Antidrogenkonzerte, und ich war dabei mit", sagte Joe Cocker lächelnd und errötet ein wenig dabei. Joe wurde bei den Konzerten als Specials Guest von Eric Clapton vorgestellt. Begleitet wurden die beiden von Eric Claptons Band.

THE BIRMGINGHAM EVENING MAIL gab sich von dem neuen „Dreamteam" Eric und Joe begeistert. Die Presse attestierte Joe, dass es ihm mit seinem Gesang gelungen sei, wieder Leben in Erics Kunst nicht zu hauchen, sondern zu schreien.

Joe war letztendlich sehr glücklich bei den drei Konzerten dabei gewesen zu sein, zum einen fanden die Gigs in seiner heimatlichen Umgebung statt, und zum anderen wurden viele Spendengelder eingespielt. Über Eric Clapton sagte Joe in Birmingham: „Eric ist ein völlig anderer Mensch nach dem Entzug geworden. Er ist ein Produkt der Anonymen Alkoholiker. Für mich wäre das nichts. Ich gehe anders mit dem Problem, über das ich mir durchaus bewusst bin, um. Ich habe mir angewöhnt, das Problem nicht abzustreiten. Meine Therapie ist es seit Jahren, auch mit Journalisten über die Sucht und die Drogen zu sprechen, das ist billiger als jede teure Therapie. Ich kann über meine Sucht reden, ich verstecke mich nicht. Andererseits weiß ich auch, dass ich ihr nicht ganz entkommen kann. Ganz ohne Alkohol kann ich nicht. Ich denke nicht, dass ich das Trinken jemals ganz aufgeben kann."

Ausgerechnet 1994, im Jahr von Joes 50. Geburtstag am 20. Mai, passierte dann so viel Neues. Ausgerechnet, als er das halbe Jahrhundert vollmachte, in einem Alter, in dem andere schon ans Aufhören denken, startete Joe neuerlich durch.

Im Frühjahr entstand dank Initiative von Roger Davies eine vielbeachtete TV-Dokumentation unter dem Titel „Have A Little Faith". Angereichert mit einigen weiteren Aufnahmen aus Joes Kindheit und Jugend sowie mit Interviews erschien diese TV-Dokumentation später u. a. auch in Deutschland.

Auf DVD ist sie leider nicht mehr erhältlich, wäre aber auch nicht mehr ganz aktuell. Gleich zu Beginn hört man das Lied, das zur Signatur von

Joe Cockers Leben wurde: „With A Little Help From My Friends" in einer neueren Version aus dem Jahre 1994. Es folgen dann u. a. – besonders interessant – Live-Zitate von Cocker und ein Statement seines Vorbildes und auch Mentors Mr. Ray Charles, der da, am Klavier sitzend, Folgendes über Joe sagt: „Er hat diesen Klang eines Schreis, der unverkennbar ist. Und er ist total echt, während andere Künstler sich oft anders gegeben haben, wie sie in Wirklichkeit sind. Joe Cocker versteht den Soul, und ich habe nie wirklich verstanden, was der Song ‚With A Little Help From My Friends' zu bedeuten hatte, bis ihn Joe Cocker gesungen hatte." Danach spricht Rita Cooldige über ihre Erinnerungen an Joe während der Mad-Dogs-Tournee 1970. Um das Portrait Joe Cockers abzuschließen, wird auch noch die Parodie von John Belushi aus dem Jahre 1975 gezeigt, die er in einer US-Talk Show zum Besten gab und die noch heute auf YouTube ein oft angeklicktes Video ist. Danach sagt Tom Jones über Joe Cocker: „Es gibt nichts Ehrlicheres als einen Joe Cocker. Du bekommst das, was du siehst und hörst." Und auch Eric Clapton ist voll des Lobes …

Die von Roger Davies als Executive Producer produzierte und im Stil der englischen BBC gedreht TV-Doku dauerte – anfangs ausschließlich fürs englische Fernsehen produziert – 45 bzw. 60 Minuten. Die historischen Aufnahmen wurden mit einigen zusätzlichen Live-Aufnahmen ergänzt, woraus später Roger Davies eine 80-minütige VHS-Kauf-Kassette machte. Der Deal war: Ich gebe euch Material für eine Sendung, und ihr mir dafür das Material für ein weiteres Joe-Cocker-Produkt. Das war dann ab 1994 im Handel. Als DVD oder Blue-Ray erschien sie nie. Sie war eine Art Statement zum Status Quo des Künstlers Joe Cocker zu seinem 50. Geburtstag. Weggefährten wie Rita Coolidge und Musikerkollegen wie Tony Joe White kamen ebenso zu Wort wie auch sein Bruder Vic und sein Vater Harold Cocker. Anekdoten und Zeitungsausschnitte aus den 50er- und 60er-Jahren, Filmausschnitte des „Woodstock"-Films, „Mad Dogs & Englishmen" sowie Archiv-Aufnahmen von der BBC mit Interviews und Liveauftritten aus „Top Of The Pops" bilden das Rahmengerüst für die Lebensgeschichte Joe Cockers, die mit dem Song „With A Little Help From My Friends" beginnt und endet. Live-Aufnahmen der

Tournee 1994 und vom Woodstock II-Auftritt 1994 runden das Portrait Joe Cockers ab. Sehenswert auch die Originalaufnahmen vom heutigen Sheffied und von Joes Elternhaus in der Tasker Road Nr. 10, die sogar Einblicke ins elterliche Wohnzimmer gewähren.

Die letzten Einstellungen der Dokumentation lassen noch einmal seinen Manager und Joe Cocker selbst zu Wort kommen: Roger Davies sagt am Ende nur: „Es ist seine unglaublich starke Stimme, die ihn als Künstler ausmacht. Er ist einfach brillant." / Schnitt / Joe fährt auf einem Pferdeschlitten mit / Schnitt/ Sein Blick streift über die schneebedeckten Berge von Crawford, Colorado / Schnitt/ Joe erinnert sich, wie er hier seinen ersten Bären in freier Wildbahn gesehen hat / Schnitt/ Dann sitzt er wieder in seinem Sessel im Landhaus seiner Ranch und sinniert: „Life is experience – Leben ist Erfahrung. Bob Dylan fragte mich einmal: ‚Joe, bist du happy?' Und ich überlegte, was ich darauf sagen sollte, und ob er dasselbe damit meint wie ich. Life is experience. Das Leben hat seine Tiefen. Das hält dich in Bewegung / Schnitt / Es folgt eine moderne Version von „With A Little Help from My Friends", die mehr die letzte Strophe in den Vordergrund stellt ...

Im Sommer trat Joe bei Woodstock II auf, und im Herbst erschien schließlich das neue Album „Have A Little Faith". Dazu kamen Studioaufnahmen und die Planungen und Vorbereitungen für eine kommende Welttournee. Alles Etappen, die ihn auf seinem Karriereweg weiter nach oben brachten. Woodstock II aber war speziell für Joe zunächst einmal ein Schritt „zurück in die Zukunft".

Der Schauplatz des „neuen Woodstock" war Saugerties, New York. Woodstock 94 stand unter dem Motto „Two more days" und sollte ein Riesenerfolg werden. Die Rede war von 800 Shuttle-Bussen, die die Gäste an das Festivalgelände heranfuhren. Für dieses Event wurden neue Straßen gebaut, 40.000 Meter Wasserleitungen verlegt, und insgesamt vier Millionen Liter Wasser herangeschafft. Woodstock 94 sollte ein Happening werden ganz im Geiste des alten Woodstock.

So zumindest das Motto, dem sich die Veranstalter verschrieben haben. Joe Cocker sollte den Auftakt machen, ebenso wie er es 1969 schon einmal getan hatte. Damals war es der Sonntagnachmittag, diesmal ist es der Samstagnachmittag.

Joe Cocker erinnert sich gerne an Woodstock: „Es waren die Sechziger, wir haben Mauern niedergerissen", erzählt er. „Michael (Lang) wollte schon 20 Jahre nach Woodstock ein ähnliches Festival an der Berliner Mauer machen und fragte mich, ob ich mitmachen wolle. Er wollte 20 Jahre später noch einmal Woodstock mit den Originalkünstlern in Berlin wiederholen. Vor dem Brandenburger Tor. Aber er bekam dafür keine Genehmigung."

Woodstock 94 sollte dann die die Fortsetzung des Originals werden: Hipster-Bands wie zum Beispiel die Spin Doctors oder die Red Hot Chili Peppers, aber auch Rockhelden wie Aerosmith oder Peter Gabriel, dazu Woodstocklegenden wie Crosby, Stills & Nash, Carlos Santana und Joe Cocker waren dabei.

Am Samstag, den 13. August 1994, war es schließlich so weit, die langersehnte Neuauflage von Woodstock II wurde mit Joe Cockers Auftritt auf der Nordbühne um 14 Uhr eröffnet. Die Ansage war kurz und knapp, aber wirkungsvoll. Das Publikum jubelte, und die Spannung auf das, was da kommen sollte, löste sich in entspannter Begeisterung auf, als der Conferencier ans Mikrofon schritt und „Would you please welcome, live on stage, the one, the only, Mister Joe Coooooooockerrrrrrrrrrrr!" in Richtung der (wie manche Medien schrieben) 350.000 Zuschauer schrie. „The one, the only" nahm es gelassen und schlenderte souverän und weitaus weniger nervös als einst in die Mitte der Bühne. Die Bühne war schlicht und einfach. Das Bühnenbild erinnerte mit seinem bunten Regenbogen-Vorhang an die Designs der Flower-Power-Zeit. Zudem säumten die Verstärkerwände jeweils links und rechts der Bühne das berühmte Woodstock-Emblem mit dem Gitarrenhals und nunmehr zwei daraufsitzenden Tauben.

Cockers Keyboarder lieferte ihm den Klangteppich für „Feelin' Alright", und der mit einigen Wolken bedeckte Himmel ließ plötzlich Sonnenstrahlen durch und die Hoffnung keimen, dass es nicht regnen würde.

Das, was ihm nach seinem Woodstock-Auftritt 1969 oft als „spastische Körperbewegung" ausgelegt wurde, war 25 Jahre später längst zum Markenzeichen geworden. Das imaginäre Anschlagen von Pianotasten und Cockers brillanter Einsatz der quasi von ihm erfundenen Luftgitarre zelebriert er 1994 zwar noch immer, aber nicht mehr ganz so extrovertiert. Viele Parallelen zum Auftritt Cockers von 1969 gab es 1994 nicht mehr wirklich. Auch wenn der Mensch noch derselbe war, hatte sich einiges an ihm, und nicht nur an seinem Äußeren, geändert. Vor allem an seiner Performance. Cocker stand 1969 trotz seiner Ausnahmestimme nicht immer im Mittelpunkt, eine gewisse Unsicherheit drängte ihn nicht selten an den Rand der ihn damals begleitenden Band. 1994 ist das anders. Seine '94er-Tourband richtet alles auf den Mann am Bühnenrand aus, der wie ein swingender und rockender Fels dasteht.

Was hat sich noch verändert? Cocker ist zur Personifikation von Hits geworden. Nach seinem Opener spielt er „Hitchcock Railway", „You Can Leave Your Hat On" und „When The Night Comes". Nach „You Can Leave Your Hat On" springt er mit hochgerecktem Zeigefinger in die Höhe, als wolle er mit diesem Sprung ein Zeichen setzen, selbst wenn es nur der Hinweis wäre: „Seht her, ich bin zwar Joe Cocker, heute aber ein anderer als damals, und es wäre schlimm, wenn dem nicht so wäre." Nach dem fünften Song, „The Simple Things", wurde im Rahmen der Live-TV-Berichterstattung natürlich noch einmal Joe Cockers „With A Little Help From My Friends" aus dem 1994 erschienenen Directors Cut von Michael Wadleigh gezeigt und danach auf die Südbühne geschaltet, wo die Cranberries als zweite Band des Tages auftraten. Durch das Hin- und Herschalten zwischen den Bühnen kam es dazu, dass nicht immer das gesamte Set eines Künstlers übertragen wurde.

Was Joe bei seinem Auftritt allerdings völlig aus dem Konzept brachte, war die junge nackte Frau, die während seines Gigs, kurz vor dem einsetzenden Regen, stagediving-mäßig von der Masse auf Händen getragen und vor der Bühne von links nach rechts gereicht wurde. „Ein himmlisches Bild", sagte Joe im Nachhinein, „das ich so auch noch nie gesehen hatte, selbst 1969 nicht."

Bei den 1969 gespielten Songs scheiden sich die Geister, weil verschiedene kommunizierte Setlists teils auch jene Songs mit zu Cockers Setlist zählen, bei denen die Band bereits spielte, Cocker aber noch nicht auf der Bühne war. Sein Einstieg war erst bei „Dear Landloard", während die Band zuvor noch zwei Covers von Traffic intonierten, ohne Joe am Mikro. Und auch der erst 2009 erschienene, als „komplett" angepriesene Live-Mitschnitt „Live At Woodstock" enthält die ersten zwei Songs nicht, dafür aber alle elf von Joe gesungenen Songs:

Who Knows What Tomorrow May Bring
(Traffic-Cover) (Die Grease Band ohne Joe Cocker)
40,000 Headmen
(Traffic-Cover) (Grease Band ohne Joe Cocker)
Dear Landlord
Something's Coming On
Do I Still Figure In Your Life?
Feelin' Alright
Just Like A Woman
Let's Go Get Stoned
I Don't Need A Doctor
I Shall Be Released
Hitchcock Railway
Something To Say
With A Little Help From My Friends.

Bis auf „Feelin Alright" und „With A Little Help From My Friends" hat es kein Song aus dem 69er- in das 94er-Konzertformat geschafft. Cocker hatte sich erfolgreich relauncht, ohne auf die Wurzeln zu verzichten, ohne auf allzu viel Altes zurückgreifen zu müssen. Genauso wirkte dann auch die Schlussbilanz des oft als „Commercial Woodstock" oder auch als „Mudstock" bezeichneten Festivals. Woodstock 1994 wies Parallelen, Reminiszenzen, aber auch Innovationen auf. Zunächst als „2 More Days of Peace and Music"-Zwei-Tages-Festival angekündigt, kam mit dem Freitagabend, dem 12. August, kurzfristig noch ein dritter Festival-Tag hinzu. Wieder eine Parallele. Und erneut schaffte man es nicht, das Ganze auf dem Ursprungsgelände stattfinden zu lassen. Aber was ist schon das „Ursprungsgelände"? Das, wo es ursprünglich stattfinden sollte, oder das, wo es ursprünglich wirklich stattfand. Der Namensgebung tat das damals schon keinen Abbruch.

Dieses Mal jedenfalls war es nicht Yasgur's Farm, sondern Snyder's Farm, von Kenny und Debbie Synder, in Saugerties, New York, ungefähr 160 Kilometer nördlich von New York City gelegen und etwa 16 Kilometer vom Ort Woodstock, New York, entfernt. Dieses Mal kamen auch etwas mehr Menschen (350.000) als erwartet (250.000). Und dieses Mal gab es ähnliches Wetter; nach Cockers Auftritt setzte wie 1969 Regen (wenn auch kein Sturm) ein, und die Leute versanken irgendwann im Schlamm. Ein wenig zynisch klang Cockers Verabschiedung bei Woodstock '94. Er winkte ins Publikum und rief: „See You in 2019", also nochmals 25 Jahre später. Als er daraufhin auf ein womöglich 2014 stattfindendes Festival dieser Art angesprochen wurde, meinte er bloß: „Ich habe nur etwas herumgewitzelt. Wahrscheinlich ist das nichts mehr für mich, weil das letzte Tribute-Festival 1999 so seine Probleme hatte, schließlich gab es gewalttätige Ausschreitungen und eine Vergewaltigung. Außerdem steht ja jetzt eine Art Konzerthaus auf dem Originalgelände. Aber ich könnte wohl nicht widerstehen, wenn man mich fragt."

Auch wenn alles recht kommerziell und durchorganisiert war und musikalisch im Gegensatz zu ähnlichen Mega-Events nichts Dramatisches bei „Woodstock II" passierte, gab es dennoch eine kleine Sensation: Bob Dylan, der schon lange nicht mehr in Woodstock lebte, trat am frühen Sonntagabend auf. Und der Conférencier zollte diesem Auftritt mit der Ankündigung: „We waited twenty-five years to hear this. Ladies and gentlemen, Mr. Bob Dylan" Tribut.

Natürlich waren nicht alle Musiker aus dem Jahr 1969 wieder dabei. Die berühmtesten, Janis Joplin und Jimi Hendrix, waren schon lange tot. Aber The Band, Santana, Joe Cocker, Country Joe McDonald, John Sebastian und Crosby, Stills & Nash waren auch 1994 noch mal dabei. Außerdem Jorma Kaukonen und Jack Casady von Jefferson Airplane und Bob Weir von The Grateful Dead.

Als Joe nach seinem Auftritt von der Bühne ging, wurde er im Backstage-Bereich gefragt, was ihn besonders fasziniert habe? „Eigentlich hatte ich Backstage völliges Chaos in Erinnerung und auch irgendwie erwartet. Aber es war alles völlig steril, sauber, aufgeräumt und im Gegensatz zu 1969 völlig durchkommerzialisiert. Damals gab es keine Werbeplakate, kein Coca-Cola, nichts. Damals war es eine Frage der Ehre, da mitmachen zu dürfen. Heute ist es ein Auftritt wie jeder andere auch", resümierte Cocker nüchtern.

Kurz bevor er auf die Bühne ging, hatte man ihn gefragt, was er von seinem Auftritt erwarte? „Ich glaube, ich bin der übriggebliebene ‚Grateful Dead', der drei Generationen von 15-Jährigen später diese immer noch unterhält. Ich schaffe das zwar noch immer, aber früher wusste ich, wo deren Reise hingehen sollte, heute ist mir noch nicht mal die Richtung bekannt."

Am Vorabend von Woodstock II, am Freitag, dem 12. August, als das Festival schon vorgezogen begann, war Joe zu Gast in David Lettermans Talkshow und plauderte über den Vergleich von Woodstock 1969 und 1994: „Ich erinnere mich gar nicht mehr so viel und genau an 1969, aber ich erinnere mich noch gut daran, dass ich damals ausnahmsweise der Einzige war, der an diesem Tag nicht mit LSD vollgepumpt war, und unser Bassist nach dem Auftritt ins Publikum gekotzt hat …"

1994 war für Joe Cocker insgesamt ein ganz besonderes Jahr. Nicht nur, dass er im Mai seinen 50. Geburtstag feiern konnte – kerngesund und auf der Höhe seines Schaffens –, er hatte auch noch ein paar andere Jubiläen zu vermelden. 30 Jahre zuvor nahm er seine erste Single auf: „I'll Cry Instead" von den Beatles. Fünf Jahre später folgte sein Auftritt beim Woodstock-Festival. Erneut war es ein Beatles-Song, der im Mittelpunkt stand. Mit „With A Little Help From My Friends" wurde Joe Cocker zur Rocklegende. Ein weiteres Jubiläum: Joe Cocker stand seit zehn Jahren unter Vertrag bei seiner Plattenfirma EMI/Capitol. Nach seinem Comeback mit dem Grammy-Gewinner „Up Where We Belong" 1983 blieb er ganz oben und eilte seitdem von einem Erfolg zum nächsten. Allein in Deutschland wurden alle Longplayer der letzten zehn Jahre vergoldet, einige von ihnen sogar mit Platin veredelt, wie z. B. „Civilized Man" und „Night Calls". In Deutschland wurde er geradezu zum Publikumsliebling, dessen Konzerttourneen stets ausverkauft waren.

„Have A Little Faith" sollte sein Jubiläumsjahr dann mit einem weiteren Glanzlicht schmücken. Für Joe Cocker selbst „ist es einfach eines der besten Alben, das ich in den letzten Jahren aufgenommen habe". Und er hat recht. Schon die Single „Summer In The City" – ein glänzendes Remake des Sixties-Klassikers von Lovin' Spoonful – präsentiert einen gutgelaunten und hochmotivierten Cocker. Die Single mit dem sonnigen Reggae-Touch setzte sich denn auch auf Anhieb an die Spitze der deutschen Airplay-Charts. Weitere zwölf hochkarätige Songs nahm Joe Cocker zwischen Januar und Mai des Jahres in Los Angeles auf. Produziert wurden sie von seinem Manager Roger Davies und Chris Lord-Alge, der auch für Aufnahme und Abmischung verantwortlich zeichnete.

Den Opener „Let The Healing Begin" schrieb der Musiker Tony Joe White, der in den letzten Jahren einige Male das Vorprogramm für Joe Cocker bestritt. Hier, wie auch in dem von John Hiatt verfassten Titelsong „Have A Little Faith", kommt der Spirit des Albums am besten rüber. Hier ist er wieder der lebenserfahrene Fährmann, der mit eisernem Willen alle Untiefen meistert. Mit Tony Joe White schrieb Joe Cocker auch den Song „Angeline". Zu den weiteren bekannten Autoren, die ihre Songs Joe Cocker für „Have A Little Faith" zur Verfügung stellten, zählten diesmal Robbie Robertson („Out Of The Blue"), J. D. Souther („The Great Divide") und Frankie Miller („Soul Time"). John Miles, der mit „Now That The Magie Has Gone" bereits einen Hit für Cocker geschrieben hatte, zückte noch einmal seine Feder: „Hell & Highwater" ist ein dynamischer Soul-Stomper, dem Cocker Volumen und Temperament verleiht.

Auch als Großmeister von Balladen, die im weiten Feld des Rhythm & Blues angesiedelt sind, begibt sich Joe Cocker erneut in ein geliebtes musikalisches Element. Mit welch einfühlsamen Timbre Cocker intonieren kann, demonstriert er mit der Akustik-Ballade „Highway, Highway", einem Song aus der Feder von Stephen Allen Davis. Ein anderes Beispiel ist „Take Me Home", ein Duett mit Bekka Bramlett, der 25-jährigen Tochter von Bonnie Bramlett von Delaney & Bonnie (mit denen Cocker in den 70ern tourte).

Genial, wie Joe Cocker selbst aus einem eher geradlinig strukturierten Popsong wie „Simple Things" das Beste herausholt, ein Song, den er übrigens schon bei Woodstock II live getestet hatte. Aber genau darin besteht auch seine Kunst: Songveredelung durch seine an Reife und Klasse noch immer hinzugewinnende Stimme. Für sein Publikum ist und bleibt er der ehrlichste und direkteste Sänger, der immer wieder aufs neue fasziniert und mit „Have A Little Faith" einen nicht geringen Teil dazu beitrug, den Musikfans die Liebe zur Rockmusik zu erhalten.

Der Rezensent des MUSIKEXPRESS bringt es kurz und knapp auf den Punkt, wenn er – wie viele Presseleute – Joe Cockers „Have a Little Faith" als das bis dato beste Album anpreist und „immerhin" vier von fünf Punkten vergibt: „Stimmt's, du hast die schlimmsten Zeiten deiner Karriere – mit Depressionen, Frustrationen und Verzweiflung – jetzt endgültig verdaut?", fragt er und gibt sich selbst die Antwort: „Denn was wir zu hören kriegen, das ist Cocker light. Du preist Lovin' Spoonful's ‚Summer In The City', weißt ‚Simple Things' wie Liebe und Glück zu schätzen und gibst dich überhaupt relax, zufrieden und optimistisch. Ja, du hast die Leichtigkeit des Seins entdeckt, und wir an dir ein paar neue Seiten."

Im Netz wurde das Album auch noch Jahre nach der Veröffentlichung hochgelobt: „John Hiatts ‚Have a Little Faith In Me" ist eine sagenhafte R&B-Ballade, aber der Komponist hat einfach nicht die Röhre, um ihr gerecht zu werden. Joe Cockers Röhre ist stark genug für zwei, und der britische Veteran macht den Hiatt-Song zum Glanzstück dieses Albums. Chris Stainton, der alte Kumpel des Sängers aus den ‚Mad Dogs & Englishmen'-Tagen, haut dazu hypnotische Gospel-Piano-Akkorde raus, und Cockers ‚Tour de Force'-Interpretation treibt die romantische Hymne von einem müden, flüsternden Flehen zu einem krächzenden, verzweifelten Klagen. In einer Zeit, in der Singer/Songwriter meist nur eins von beidem, aber nicht beides gleichzeitig sind, ist ‚Have a Little Faith' ein willkommenes Vermächtnis an den Berufsstand der interpretierenden Sänger" schreibt Geoffrey Himes und hat damit vollkommen recht.

Auch wenn Cockers neue Band natürlich höchst professionell spielte, und das Album etwas gefälliger und nicht mehr ganz so rockig wie z. B.

„One Night Of Sin" klang, wissen Gefälligkeit und „Rock-Credibility" sich die Waage zu halten. Erstmals zeichnete sich die Handschrift von Cockers neuem Arrangeur ab, C. J. Vanston, der für den Großteil der Keyboards und die Bläserarrangements verantwortlich war und es sich nicht verkneifen konnte, ein paar Bläsersätze am Keyboard zu simulieren. Auf den Maxi-CDs „The Simple Things (1994) und später „My Father's Son (2000) erschien noch das Duett „My Strongest Weakness" mit Bonnie Raitt. Ebenfalls auf letztgenannter Maxi gab's mit „Ain't No Sunshine" ein weiteres Outtake.

Bis Joe seine Welttournee beendet hatte, jettete er fast um die ganze Welt. Nach Woodstock, New York, flog er nach Südafrika und von dort nach England, um die Rehearsals für die anstehende Europatournee zu beginnen. In Südafrika war Joe zuvor noch nie gewesen. In den 80ern hatte er zwar schon einmal damit geliebäugelt, in Sun City aufzutreten, verwarf aber den Gedanken wieder, weil er nicht vor einem weißem Publikum spielen wollte, das Schwarzen nicht erlaubte, seinen Konzerten beizuwohnen oder gar die Rassentrennung im Konzert anwandte. Selbst der Gedanke, dass er in einem Land auftreten würde, wo vielleicht Schwarze, die die Basis und der Ursprung seiner Musik waren, nicht genug Geld besaßen, um sich ein Ticket zu kaufen, irritierte ihn sehr lange.

Im November, noch während seiner Deutschlandtournee, flog er dann zu einem besonderen Anlass nach Sheffield. Die Sheffield Hallam University, die seit 1993 Universitätsstatus besaß und seitdem auch Ehrendoktorwürden verlieh, machte Joe zum Dr. Cocker.
„Für mich kam dieser Ehrendoktor völlig überraschend. Ich hätte niemals mit so etwas gerechnet. Noch dazu verließ ich im Gegensatz zu meinem Bruder sehr früh die Schule und begann schon mit 16 Jahren zu arbeiten. Ich habe nie meine Hausaufgaben gemacht, ich malte kleine Bildchen meiner Rock´n´Roll-Helden in meine Schulhefte und wollte immer nur Sänger werden." Vor 2.000 Studenten erhielt Joe schließlich die Ehrendoktorwürde. Im Publikum als Ehrengast: sein Vater, der somit auch zum ersten Mal bei einem Auftritt von Joe in Sheffield zugegen war.

Die „Have A Little Faith"-Tour 1994/1995 führte ihn von August an 15 Monate lang durch die Welt. Joe bereiste dabei 26 verschiedene Länder und darunter so manches, das seinerzeit noch noch wenig vom Rock'n'Roll mitbekommen hatte und in dem er auch zuvor noch nie gewesen war. Die Öffnung des Eisernen Vorhangs, die eine Neuordnung Osteuropas nach sich gezogen hatte, führte ihn etwa nach Polen und Russland.

Zunächst waren 75 Konzerte in Europa geplant, dann kamen noch einmal 45 in Nordamerika hinzu. Und danach er bereiste Australien und Neuseeland. 1995 war also weitgehend mit seiner bis dahin größten und längsten Welttournee ausgefüllt, die ihn im Sommer auch wieder nach Deutschland brachte.

Das Jahr wollte Joe dann eigentlich gemächlich ausklingen lassen, das Jahr 1996 langsam angehen und zunächst eine lange Pause machen. Aber nach einiger Zeit, wenn Joe Cocker zu sehr relaxt hat, bekommt er Langeweile und befürchtet, die Leute könnten ihn vergessen. Also dachten er und sein Manager schon über nächste Aktivitäten und Aufnahmen nach, die den Hype um ihn noch steigern könnten. Joe ging also mit Buddy Guy in den Staaten auf Tournee, bevor er dann wirklich erst mal eine längere Zeit pausieren wollte.

„Es war EMI Germany, meine deutsche Plattenfirma, die mir eine Nachricht hinterließ: ‚Wir wissen, Joe, dass du vor März 1997 nicht mehr ins Studio gehen möchtest, aber dann würden fast drei Jahre vergehen, bevor nach dem immensen Erfolg von ‚Have A Little Faith On Me' das nächste Album erscheinen würde. Das wäre ob der Erfolgswelle, auf der du derzeit schwimmst, zu lange. Was denkst du?", erzählt Cocker die Vorgeschichte des dann doch schneller entstehenden Albums „Organic".
„Aber da wäre ich nur mit halbem Herzen dabei gewesen, wenn ich mich hätte pushen lassen. Und auch Don Was, der schon Bob Dylan und Leonard Cohen produzierte, die Stones und Iggy Pop, konnte mich nicht überzeugen, als es darum ging, dass er das nächste Album produzieren sollte. Aber mit der Idee, dass er mit mir alles live einspielt und es alte Songideen von mir waren, kriegten sie mich dann doch."

Im Juli 1996 nahm Joe in den Oceanway Studios in Hollywood „Organic" auf. Das Album erschien am 29. Oktober 1996. 14 Songs waren darauf enthalten. 13 davon wurden auch auf der knapp 60 Minuten dauernden DVD, die die Studioaufnahmen dokumentiert und einige mit Statements schmückt, veröffentlicht.

Seine Plattenfirma lobte das Album als „Zeugnis seiner Stimme als Naturgewalt" und attestierte ihm, dass er „den Blues so erschütternd wie ein Erdbeben singt und durch die Höhen und Tiefen der Gefühlswelt wie ein Hurrikan fegt". Joe neues Studioalbum „Organic" strahlt aber auch eine ungeheure Ruhe aus. Selten nur hat sich der erfolgreichste weiße Bluessänger aller Zeiten seinen Songinterpretationen mit so viel Bedacht genähert und zugleich die drei Dekaden seines Schaffens handstreichgleich auf den Punkt gebracht. Auch die Zusammenarbeit mit Don Was, einem der begehrtesten und renommiertesten Produzenten der vorangegangenen Jahre, machte diesen Longplayer zu einem besonderen Ereignis.

Aufgenommen wurden die Songs in nur fünf Tagen. Eine Session wie aus einem Guss. Nicht als reines Akustik-Set, aber auch nicht als Hit-um-jeden-Preis-Produktion. Eher ein „Halfplugged"-Projekt, bei dem Joe Cocker seine Freiräume genießen konnte. „Das Schöne an diesem Album ist, dass ich wirklich viel Platz zum Atmen hatte. Natürlich ist es klasse, sich von Bläsern und einer Big Band begleiten zu lassen, aber manchmal kommt man sich ganz schön verloren vor. Jetzt war ich während der gesamten Session sehr entspannt." Don Was zeigte sich schließlich so beeindruckt, dass er „von einer der außergewöhnlichsten Erfahrungen seines Lebens" schwärmte und betonte, diese Platte demonstriere geradezu „wie zeitgemäß ein Künstler wie Joe Cocker sein kann."

Dabei beginnt „Organic" genau dort, wo für Joe Cocker eigentlich alles begann. Noch einmal interpretiert er mit „Don't Let Me Be Misunderstood" und „Bye Bye Blackbird" zwei Songs, die er bereits 1969 für sein Album „With A Little Help From My Friends" aufgenommen hatte. Dies war auch das Jahr seines legendären Auftritts beim Woodstock Festival, der Grundsteinlegung einer Weltkarriere. Die Stimme von Joe Cocker war in der Zwischenzeit noch reifer geworden – wie ein erlesener

Wein. Und eine gute Auslese strebte Joe Cocker natürlich auch für die Songauswahl von „Organic" an.

Van Morrisons „Into The Mystic", Bob Dylans „Dignity" und Stevie Wonders „You And I" sind hier zum ersten Mal von Joe Cocker interpretiert worden. Neu veredelt werden altbekannte Titel aus dem Cocker-Fundus wie die von Randy Newman geschriebenen Balladen „Sail Away" und „You Can Leave Your Hat On", bei denen der geniale amerikanische Komponist und Pianist persönlich Joe Cocker begleitete. „Darlin' Be Home Soon" von den Lovin' Spoonful, „Delta Lady" von Leon Russell, „Many Rivers To Cross" von Jimmy Cliff und „You Are So Beautiful" von Billy Pretton, der auf dem Album einen seiner selten gewordenen Gastauftritte hat, zählen zu den weiteren Perlen, die jeder Fan von Joe Cocker in einer so noch nie gehörten Version erleben kann. Selbst Stevie Winwoods „Can't Find My Way Home", erst 1992 für sein Album „Night Calls" aufgenommen, widerfährt eine radikal introspektive Überarbeitung.

Die Idee zu diesem Album kam Joe Cocker „aus heiterem Himmel", wie er selbst sagt. Nachdem er nach der Veröffentlichung seines Studioalbums „Have A Little Faith", das mit enormen Charterfolg seine dreißig Jahre währende Karriere krönte, für über ein Jahr auf Tournee gegangen war, die dem 52-jährigen Bühnenberserker alles abverlangte, zog sich Joe Cocker für eine Weile mit seiner Familie auf seine Farm zurück. „Ich habe mich sieben Monate lang ausgeruht."

Schon längere Zeit wollte Joe indes mit Don Was gemeinsam ein Album aufnehmen. „Wie jeder andere auch wollte ich mit ihm zusammenarbeiten. Als er dann 1989 mit Bonnie Raitts ‚Nick Of Time' einen riesigen Hit landete, war mir klar, dass es nun eine Warteliste geben würde!" Don Was' Antwort auf die Anfrage verdeutlichte jedoch die gegenseitige Sympathie und den Respekt, den beide füreinander empfinden: „Ich hätte bereits beim geringsten Handreichen mit ihm gearbeitet. Es gibt halt Menschen, da schaffst du dir die Zeit für. Immerhin habe ich mich für diesen Kerl schon als Kid in die Schlange gestellt, um ihn zu sehen."

Cocker und Was waren sich schnell einig, wie „Organic" klingen sollte. Cocker: „Es haben sich viele Bands an dieser ‚Unplugged'-Methode versucht, aber ich habe mir gedacht, es wäre zu restriktiv, auf jegliche elektrische Mittel zu verzichten. Wir haben viel mit der Hammond gearbeitet. Und da ich wusste, dass Don Was mit von der Partie war, bekam das Album eh eine eigene Dynamik."

Für die „Organic"-Sessions trafen sich Gaststars wie Billy Preston („ein Nationaldenkmal, das die Rock'n'Roll-Orgel erfunden hat"), Randy Newman und Tony Joe White. Weitere Spitzenmusiker wie Jim Keltner, Dean Parks, Kenny Aronoff, Darryl Jones und Cockers langjähriger Gitarrist Chris Stainton waren ebenfalls mit dabei.

Der MUSIKEXPRESS bezeichnete die Sessions dann auch als „eine immens organische Angelegenheit, eine Jam-Session auf höchstem Niveau, eine so lässige wie konzentrierte Sache unter Freunden. Und mittendrin der alte Joe, ein feistes Grinsen über den Bartstoppeln, die monströse Wampe stolz in die Welt gestreckt – und im richtigen Moment den Mund geöffnet und der Menschheit einmal mehr gezeigt, was richtiger, ehrlicher und damit überzeugender Blues ist. Das hat Klasse!".

Die entschlackten 96er-Versionen vieler Songs wirken griffiger und pointierter, haben also durchaus ihre Daseinsberechtigung. Und auch die älteren Beiträge wie Van Morrisons „Into The Mystic", präsentieren einen regelrecht verjüngten Cocker.

Im Oktober promotete Joe das Album mit einer kleinen Europatournee, die ihn noch einmal nach Baden-Baden zum SWF führte. Ende 1983 startete der SWF in Baden-Baden die Fernsehreihe „Ohne Filter", die sich sehr schnell zu einem der beliebtesten deutschen Musikprogramme entwickelte. Bis zum Millenniumswechsel strahlte man in diesem Rahmen über 300 Specials zu einzelnen Künstlern bzw. Bands aus. Das Konzept war dabei so schlicht wie erfolgreich: Unter dem Motto „Musik pur" wurden Konzerte internationaler Stars hautnah eingefangen und anschließend ohne jegliche kosmetische Klangkorrektur über den Sender geschickt.

Zu den Höhepunkten in der langen Geschichte von „Ohne Filter" zählt ohne Frage der Gig, den Joe Cocker im Jahre 1996 ablieferte. Voller ansteckender Spielfreude trug er mehrere Titel des kurz zuvor veröffentlichten Albums „Organic" vor. Auf dem Programm standen vornehmlich alte Hitsongs aus der Vergangenheit, die in erfinderischen Neufassungen dargeboten wurden. Unterstützt wurde der Vokalist von namhaften Instrumentalisten, die alle in anderen Zusammenhängen schon ihre Klasse bewiesen haben. „Mit Hilfe dieser Spitzenleute spielte Cocker einen sparsamen, aber gefühlsgeladenen Half-Plugged-Sound", schrieb damals Harald Kepler und bezeichnete die im selben Jahr noch erscheinende DVD als „ein unvergessliches Konzerterlebnis!"

Das Album selbst verkaufte sich enorm gut. Unterschiedliche Quellen sprechen von knapp 300.000 bis über 500.000 verkauften Alben. Joe war gut drauf und in guter Verfassung. Zwei Jahre zuvor hatte er das Rauchen aufgegeben.

Nach einem TV-Auftritt am 9. November 1996 beim BBC-TV-Format „Later With Jools Holland" nahm er dann auch noch einige Auftritte bei der „Night Of The Proms"-Tour an. Dann empfahl ihm selbst Roger Davis eine längere Ruhepause zum Relaxen. „Aber das mit dem Relaxen ist so wie mit Filmschauspielern, die auch Theaterbühnenauftritte suchen. Du brauchst den Kontakt zum Publikum."

1997 überrasche Joe Cocker mit einer von Beck's gesponserten Tournee. Im Februar hielt Joe Cocker im Berliner Hilton-Hotel dazu eine Pressekonferenz mit anschließenden Interviews und Roundtables ab. „Es war das erste Mal in meinem Leben, dass ich eine Welttournee ankündigte, ohne ein Album eingespielt zu haben."

Das angekündigte neue Album erschien dann im August 1997. Ende August bis Dezember ging er damit auf Deutschlandtournee. Am 8. November war er zu Gast bei Thomas Gottschalk in Leipzig.

„Seine Stimme klingt immer noch wie zu Beginn seiner Karriere", erklärte seine Plattenfirma und beschrieb sie als „urgewaltig und mitreißend". Doch wer Joe Cocker kennt, weiß genau, dass ihm während der vergangenen drei Jahrzehnte selbst das Beste nie gut genug war. Mit ein wenig Hilfe von Freunden wie Eros Ramazotti, Tony Joe White und Graham Lyle überraschte der 53-Jährige denn auf seinem neuen Album „Across From Midnight" mit erstaunlichen und ungewohnten Facetten seiner Stimmgewalt. Zu hören beispielsweise auf der ersten Singleauskopplung, dem Bob-Marley-Klassiker „Could You Be Loved." Oder live auf der anschließenden Tournee, die allein 40 Konzerte in Deutschland umfasste und ihn bis in den Libanon führte.

„Ich habe im Verlauf meiner Karriere so viele Musikstile gesungen: Rock, Pop, Rhythm and Blues und Soul", erzählt Joe Cocker über „Across From Midnight". „Und auch wenn mancher Fan wünschte, dass ich einer Stilistik treu bliebe, bemühe ich mich immer noch, auf jedem Album ein breites musikalisches Spektrum zu präsentieren." Manchmal klingt das Erfolgsgeheimnis eben verblüffend einfach, wenn es aus dem Munde eines jungen Altmeisters kommt ...

Cockers Streben nach Vielfalt, nach Entwicklung erklärt seine fortwährende Relevanz für jede nachwachsende Generation von Musikliebhabern. Zeichen der verdienten Anerkennung: bald eine Million verkaufte Exemplare des „Organic"-Albums allein in Deutschland, zwei Millionen weltweit von dessen Vorgänger „Have A Little Faith". Nachdem ihm seine Heimatstadt Sheffield aufgrund seiner Verdienste um die Musik bereits die Ehrendoktorwürde der dortigen Universität verlieh, erfuhr Joe in Frankreich die höchsten kulturellen Weihen mit der Auszeichnung „Chevalier De L'Ordre Des Arts et Des Lettres".

Joe Cocker ist jedoch niemand, der sich auf seinen Lorbeeren ausruht. In Los Angeles entstanden unter Regie der Top-Produzenten Chris Lord-Alge und Roger Davies sechs der zwölf Songs von „Across From Midnight". Darunter die beschwingte Interpretation des Reggae-Evergreens „Could You Be Loved", in seiner Leichtigkeit der perfekte Soundtrack zum „Summer In The City". Oder das französische „N'Oubliez Jamais" – „ein ebenso sonder- wie wunderbarer Song", sucht Cocker händeringend nach einer treffenden Beschreibung, „schwer zu erklären, aber mit einer faszinierenden, sehr eindringlichen Atmosphäre, die man bis zum letzten Gauloises-Zug auf sich wirken lassen muss. Ein Text voller Hoffnung und einer meiner absoluten Lieblingssongs."

Und ein Song, in dem die stimmliche Reife des scheinbar ewig jungen Joe Cocker sehr schön zur Geltung kommt, möchte man hinzufügen.

Weitere Nummern aus der „L.A.-Zeit" des Albums sind das schönschlichte, ausschließlich mit akustischem Piano und Streichern instrumentierte „That's The Way Her Love Is", „Tonight" und „What Do I Tell My Heart".

Mit Pete Smith als Produzenten erarbeiteten Cocker & Friends das zweite halbe Dutzend Songs im Londoner Power Station Studio. Unter anderem nahmen sie dort auf: „Loving You Tonight", eine Komposition mit intensiven Lyrics des von vielen als Lennon/McCartney-Pendant beurteilten Songwriter-Duos Difford/Tillbrook alias Squeeze – „sie schreiben Lyrics, die ich immer wieder gerne in den Winternächten meiner Wahlheimat Colorado hören kann" –, „Wayward Soul", ein herrlich unkomplizierter und trotzdem packender Song, geschrieben von Soul-Queen Brenda Russell, deren „So Good, So Right" Cocker bereits 1982 für „Sheffield Steel" coverte, sowie „That's All I Need To Know", geschrieben von Eros Ramazotti. „Eros kenne und bewundere ich seit Jahren. Es schmeichelt mir, dass er mir ein Tape mit der Melodie schickte, zu der er italienisch sang – Gott sei es gedankt, dass Graham (Lyle) mit diesen Lyrics zurechtkam … Vielleicht ist es das speziellste Stück auf der Platte." Später revanchierte sich Joe mit einem Duett für Eros' Live-Platte.

Mit Songs wie diesen und Musikern vom Kaliber eines Chris Stainton am Piano und eines Tim Renwick an der Gitarre haben Joe Cocker und seine Freunde insgesamt ein Album eingespielt, das größer ist als die Summe einzelner Songs. Was „Across From Midnight" adelt, ist und bleibt aber Cockers einzigartige Stimme. Es war immer noch dieselbe Stimme von Woodstock (und Woodstock II), und es war immer noch diejenige Stimme, mit der wohl jeder umgehend den Lennon/McCartney-Song „With A Little Help From My Friends" assoziiert.

Auch die letzten zwei Jahre des 20. Jahrhunderts – und damit die letzten zwei Jahre von Joe Cockers aktivstem wie erfolgreichstem Jahrzehnt – wurden mit weiteren Höhepunkten seiner Karriere angereichert. Nachdem Joe mit der „Across From Midnight"-Tour auch wieder Länder bereiste, in denen er zuvor noch nie war, wie z. B. den Libanon, besuchte er nach Weihnachten zum zehnten Mal Australien. Bis auf seine eher schlechte Erfahrung mit der 1972er-Tournee, bei der er wegen Drogen verhaftet und des Landes verwiesen wurde und dann Down Under auch fünf Jahre nicht mehr auftauchte, hatte ihn das australische Publikum stets sehr gefeiert. Die Australier mögen ihn wegen seiner Bodenständigkeit und sehen in ihm einen Steh-Auf-Working-Man, dem man eigentlich nur Respekt zollen kann.

Im Sommer spielte er dann wieder wie gewohnt auf Festivals. U. a. auch beim Sternenzelt-Festival in Bad Reichenhall. Nur in Frankreich, das er eigentlich sehr liebt und das nach Deutschland das Land in Europa ist, in dem er von Anfang an am erfolgreichsten war, trat er, seitdem er den Song „N'Oubliez Jamais" im Programm hatte, nicht mehr so gerne auf, bemerkt er selbstironisch: „Da fordert das Publikum immer, dass ich den Song mit einem französischen Barett singen soll. Sing mal ein Lied mit einem schief sitzenden Hut auf dem Kopf", witzelt Joe.

Am 20. Oktober 1998 erschien die Single „That's All I Need To Know (Difenderò)", ein Duett mit dem italienischen Star Eros Ramazzotti, welches auch auf dem Doppel-Live-Album „Eros Worldwide Tour ´98" enthalten ist, das am 2. November erschien. Joe hatte wie auch Tina Turner einen Gastauftritt bei der Ramazotti-Tour. Die beiden Gastauftritte sind aber eher als kollegiale Besuche anzusehen: Eros schmachtet mit Reibeisen Joe Cocker um die Wette und ergänzt sich mit Tina Turner zu einem überzeugenden Soft-Rock-Duett bei „Cose Della Vita/Can´t Stop Thinking Of You".

Joe zog sich dann wieder nach Colorado zurück, ließ das Jahr ausklingen und bereitete nach drei Monaten Pause ein neues Album vor.

Bevor es jedoch Ende Oktober wieder auf Deutschlandtournee ging, erfüllte sich Joe noch einen Wunsch, nämlich zusammen mit dem Star-Tenor Luciano Pavarotti bei einem von dessen Projekten mitzuwirken. Cocker sang sein „You Can Leave Your Hat On" in der Mitte des Konzerts nach Auftritten von Künstlern wie z. B. Mariah Carey, B. B. King oder Lionel Richie. „You Can Leave Your Hat On" bestritt Joe solo und „You Are So Beautiful" sangen Joe und Luciano zusammen mit Alex

Britti. Cocker kam sich in Anwesenheit des Gesangshelden seines Vaters geradezu klein vor. Sie stammten aus verschiedenen Welten und trafen sich auf der Bühne in Modena. „Ich erinnere mich noch gut daran, als wir auf ihn für die Proben warteten. Der Raum war bis unter die Decke voll mit Süßigkeiten, über die er sich auch gleich hermachte, als er eintrat. Und dabei dachte ich, ich hätte schon eine Schwäche für Süßes …" Bei „We Are The World", dem finalen Song aller Mitwirkender, stand er neben dem „nicht nur stimmgewaltigen" Startenor und war dann mehr als beeindruckt. „Wir probten vorher nur ganz kurz im Hotel, aber er ließ erst sein gesamtes Stimmvolumen aus seiner mächtigen Brust raus, als wir zusammen auf der Bühne standen", erzählt Joe Cocker immer noch beeindruckt. „Ich dachte immer, ich könnte laut singen, aber gegen Pavarotti bin ich nichts. Wenn ich ehrlich bin, reisten wir extra ein paar Tage vorher an, weil ich noch meine Stimme behandeln lassen musste. Was mich aber sehr gefreut hat, war, dass uns Pavarotti zusammen mit Ray (Neapolitan) und unseren Frauen zu sich in sein Restaurant zum Essen einlud und uns so behandelte, als seien wir schon seit ewigen Zeiten Freunde."

Mitte/Ende der 90er-Jahre begaben sich einige Künstler noch lange vor dem Weg in die Social-Media-Plattformen des Web 2.0 als Poppioniere in die Welt des Web 1.0-Multimedia-Bereichs. Bob Dylan veröffentlichte 1995 eine der ersten interaktiven CD-Roms, auf der Fans interaktiv Musik und Leben ihrer Künstler folgen konnten. Nach Dylans „Highway 61 Revisited – Interactive CD-Rom" folgte Peter Gabriel mit „Eve – The Music & Art Adventure" 1996 in die Multimedia-Welt und erlaubte seinen Fans sogar, seine Songs umzuarrangieren und somit die Entwicklung eines Songs nachzuvollziehen. 1999 war es Joe Cocker, der ebenso ein interaktives Multimedia-Produkt herausbrachte. Die CD-ROM-Biographie über sein Leben und seine Karriere offerierte mehr als 60 Minuten Musik, über 50 Minuten Video-Material und 10 exklusive, nicht veröffentlichte Interviews. Damit ist „Climbing the Mountain" eine Art multimediale Welt-Tournee rund um die Stationen im Leben des Sängers Joe Cocker. Die CD-ROM enthält mehr als 40 Song-Clips, inklusive Kompositionen aus Cockers früher musikalischer Karriere, sowie teilweise unveröffentlichtes Video-Material und exklusive Interviews. „Wir wollten damit dem Lauf der Zeit entsprechen, wobei ich selbst nicht sehr viel Zeit am PC verbringe." Auf der „song tour" erhält man ausführliche Informationen rund um die größten musikalischen Erfolge von Joe Cocker, von der Entstehungsgeschichte über unterschiedliche Versionen und Veröffentlichungsdaten bis hin zu Text- und Songausschnitten. Die „character tour" beschreibt die Person Joe Cocker, den „besten weißen Blues-Sänger". Trotz seiner großen musikalischen Erfolge hat Cocker seine „Natürlichkeit ohne jede Arroganz" nicht verloren; er lebt für seine Musik. Dieser Abschnitt der CD-ROM-Biographie dokumentiert seine Beziehung zur Musik und zum Leben innerhalb des Musikbusiness. Mit der „career tour" erfährt man alles über Joe Cockers Kindheit und sein Leben in der Heimatstadt Sheffield. Dieser Abschnitt schildert den Aufstieg mit dem Titel „With A Little Help From My Friends", seinen ersten „Nummer 1-Hit" in den englischen Charts und seinen Erfolg in Woodstock im August 1969. Man bekommt ausführliche Informationen über die weltweiten Tourneen, über seine Eroberung Amerikas im Jahre 1970 sowie seine Erfolge in den 80er- und 90er-Jahren.

Mit dem 1999er „No Ordinary World"-Album, bewies Joe dann ein weiteres Mal, dass er, egal ob Balladen, Soul-Stomper, Blues-Urgesteine oder geradlinig strukturierte Popsongs, Lieder anderer Interpreten in neue Dimensionen zu heben vermochte, was ihn zur dauerhaft strahlenden Lichtgestalt im Rockzirkus machte. Mit „No Ordinary World", das sein zeitloses Talent auf sehr zeitgemäße Art offenbarte, bestätigte Joe Cocker, dass er immer noch so unvergleichlich und umwerfend war wie drei Dekaden zuvor.

  Joe Cockers neue Song-Kollektion, für die der durch seine Arbeit mit Robbie Williams bekannte Produzent Steve Power hauptsächlich verantwortlich zeichnete, verwöhnte mit einem eigenwilligen, modernen, radiofreundlichen Sound. Power und seine Kollegen Peter Vetesse, Pete Smith und Jean-Jacques Goldman hatten eine abwechslungsreiche Produktion auf die Beine gestellt, die verblüffend zeitgemäß klang und doch gleichzeitig voll und ganz auf Joe Cockers einzigartiges Kapital, seine Stimme und die Art und Weise, wie er sie einsetzte, zugeschnitten war. Der Sänger selbst lässt keinen Zweifel daran, dass er mit dem Ergebnis überaus zufrieden ist: „Im Grunde bin ich ein R&B-Sänger. Aber ab und zu bewege ich mich gerne auch auf anderen musikalischen Pfaden. Bei ‚No Ordinary World' wollte ich meine stilistische Bandbreite vergrößern. Dafür musste ich aber erst das richtige Songmaterial finden, was für mich immer einer großen Schlacht gleichkommt."

Auch bei diesem Kampf ging er aber mal wieder als Sieger hervor. Die zwölf für Joe-Cocker-Verhältnisse ungewöhnlich langen Songs von „No Ordinary World" sind ohne Ausnahme potenzielle Klassiker. Die Titelzusammenstellung folgt dem auf allen früheren Alben bewährten Rezept einer spannenden Mischung aus vorzüglichen neuen Songs und einigen erlesenen Coverversionen. Wie in der Vergangenheit standen auch diesmal wieder hochprofilierte Songwriter Schlange, als bekannt wurde, dass Joe Cocker ein neues Album vorbereite. Zu den letztendlich auserwählten Komponisten und Co-Autoren gehören Bryan Adams, Michael McDonald, Tony Joe White, Paul Brady, Graham Gouldman und der begnadete Billy Steinberg, auf dessen Konto einige von Madonnas größten Hits gehen. Die den Hörern möglicherweise bereits vertrauten Titel, bei denen sich Joe Cocker einmal mehr als Meister der Songveredelung erweist, sind die Steve Winwood/Will Jennings-Komposition „When You See A Chance", Leonard Cohens scharfzüngige Abrechnung mit der Modeindustrie „First We Take Manhattan" und „My Father's Son" von Connor Reeves. „Bevor ich mich dazu entschließe, eine Coverversion aufzunehmen, muss ich überzeugt sein, dass ich dem Song etwas hinzufügen kann, das ihn zu meinem eigenen macht", erklärt Joe. „Ich bin sehr glücklich, mit dem, was wir aus den Coverversionen herausgeholt haben."

Aufgenommen Anfang 1999 in London, Los Angeles und Paris mit Unterstützung einer ganzen Reihe hochtalentierter Musiker, darunter das angesehene Londoner Symphonie-Orchester, markierte „No Ordinary World" den bislang letzten Meilenstein einer beispiellosen musikalischen Reise, die in den frühen 60er-Jahren in Sheffield ihren Anfang nahm.

Angesichts der anstehenden großen Tournee, die in Hamburg am 29. Oktober begann, drehten sich Joe Cockers Gedanken zwischenzeitlich aber bald längst mehr um die Konzerte als um die Aufnahmen des neuen Albums. Joe Cockers Stimme, die seine Fans von Oktober bis ins neue Jahr hinein begleiten würde, war in bestechender Form. „Vor sechs Jahren habe ich mit dem Rauchen aufgehört, nachdem ich feststellte, dass ich die hohen Töne nicht mehr schaffte", erzählte der damals 55-Jährige. „An normalen Tagen brachte ich es auf zwei Päckchen. Nach einem Gig rauchte ich dann Kette bis tief in die Nacht. Mit Hilfe von Nikotinpflastern habe ich die schlimmste Phase überstanden, unterstützt vom Leben auf dem Land in Colorado. Jetzt, nachdem einige Zeit vergangen ist, denke ich, habe ich sogar noch ein bisschen mehr an Timbre und Stimmvolumen zugelegt. Zumindest hoffe ich das. Zusammen mit der großen Lebenserfahrung, die ich jetzt in einen Song hineinlegen kann, gleiche ich das manische Element meiner Jugend nun mehr als nur aus."

Die Tournee 1999 sollte schon wieder die vorangegangenen toppen. „Jedes Mal, wenn wir mit einem Album im Rücken auf Tour gehen, schaut man quasi auf 18 Monate seines Lebens. Ich bin jetzt 55, und der einzige Weg, wie man das so lange überstehen kann, ist, ein wenig kürzer zu treten. Als ich früher getourt bin, ging ich gewöhnlich wie ein Windhund auf die Rennstrecke. Und als dann die Tournee zu Ende war, war ich völlig erschöpft. Ich versuche heute noch immer alles zu geben, aber heutzutage übertreibe ich es nicht mehr. Diesmal werden wir im Oktober und November bis kurz vor Weihnachten in Deutschland sein. Im Januar nehmen wir uns frei und werden dann die Tour im Jahre 2000 wieder in Europa aufnehmen. Wenn man das in solchen Blöcken macht, kann ich das zwölf Wochen lang machen. Aber wenn es länger wäre, kann es die Sache nur verderben."

Dass ihn die Leute immer wieder auf die „Woodstock-Performance" ansprechen, störe ihn übrigens nicht sonderlich. „Daran habe ich mich gewöhnt. Es gehört zu mir dazu. Und es stört mich auch nicht, immer wieder ‚With A Little Help From My Friends' zu singen. Das habe ich irgendwie aufgegeben, es nicht zu singen. Ich habe mich früher in solche frenetischen Performances gepuscht und mich am Ende für ‚Little Help' so völlig verausgabt, dass ich beinahe die Kontrolle verlor. Ich muss zugeben, dass ich das nicht mehr mache. Natürlich bin ich jedes Mal aufgeregt, und ich liebe es bei einem Set, in einer Show ein Crescendo aufzubauen. Ich verausgabe mich auch, aber nicht bis zum Letzten, das ist eher ein Teil der Jugend, wenn man sich wirklich gehen lässt. In vielerlei Hinsicht singe ich dafür aber viel besser, als ich das früher getan habe."

Joe Cocker ist eben einfach niemand, der sich auf seinen Lorbeeren ausruht. Sein Streben nach Entwicklung, verbunden mit einer grenzenlosen Liebe zur Musik und seine unerschütterliche Integrität in einem Business, das Image oft höher bewertet als Talent, zeichnen auch „No Ordinary World" aus. Über die Arbeit mit vier Produzenten bei dem Album sagt er: „Es war eine ganz neue Erfahrung für mich, besonders die Arbeit mit Steve Power, der Alben völlig anders zusammenstellt, als ich es gewohnt bin. Auch Peter Vetesse war eine große Hilfe. Ich arbeitete mit ihm in diesem klitzekleinen Studio, das ihm gehört. Und er hat versucht, mich zu dirigieren und zu überzeugen, dass ich bestimmte Songs in meinem ganz eigenen Stil aufnehmen könnte. Und als dann auch noch ein Song mit JJ Goldman hinzukam, hatten wir wieder einmal vier Produzenten zusammen. Ich habe von den letzten sieben Alben schon einmal eins mit vier Produzenten aufgenommen – mit der Idee, dass man die Qualität und den Standard der Songs verbessern könnte. Auch diesmal haben alle – auch Pete Smith – jeder für sich einen wirklich guten Job geleistet."

Und über „First We Take Manhattan" von Leonard Cohen sagte er, dass er sich immer freue, einen Leonard-Cohen-Song zu singen, das war schon bei seinem ersten Cohen-Song „Like A Bird On A Wire" in den 70er so. „Man kann wirklich sagen, dass uns die Version von Jennifer Warnes inspiriert hat. Aber es war schon seltsam, weil ich mir dann noch die Aufnahme von Leonard besorgt habe, die wie ein Klagegesang ist. Roger Davies hatte gemeint, dass dieser Song gut wiederbelebt werden könnte. Ich habe ihn immer sehr gemocht, aber ich war mir über die Tiefe der Lyrics nicht im Klaren, bis ich ihn selbst gesungen habe. Ich hatte immer gedacht, es sei ein guter Rocker, und als ich mit dem Produzenten zusammensaß, wurde mir klar, was für eine Abrechnung mit der Fashion-Industrie das ist."

Vor der Gegenwart oder gar der Zukunft hatte Joe Cocker damals keine Angst: „Man fragt mich immer wieder, ob ich nicht Duette aufnehmen will, mit wem ich gerne singen würde. Projekte mit Aretha Franklin, um ein Beispiel zu nennen, sind noch nicht zustande gekommen. Aber ich lechze jetzt auch nicht danach und sage: ‚Mein ein Gott, das musst du ja auch noch machen.' Ich bin schon glücklich, wenn ich on the road bin. Ich glaube, wenn ich erst einmal sechzig bin, werde ich vielleicht wirklich aufhören und mir denken, wo soll das noch alles hinführen. Man fragt mich immer wieder, wie lange ich das alles noch machen will. Dabei war 40 schon eine große Zahl, 50 war wirklich hart, und ich weiß wirklich nicht, in welchem mentalen Zustand ich mit 60 sein werde", sinnierte der Künstler am Ende seines erfolgreichsten Jahrzehntes.

Und über junge Musiker und ihr Verhältnis zu Joe Cocker wusste er auch einige Anekdoten zu erzählen, wie z. B. folgende: „Da war einer dieser jungen Typen, ich habe seinen Namen vergessen, als wir eine gemeinsame Show mit Boyzone hatten. Er klopfte an meine Garderobentür, trat ein und sagte: ‚Joe, ich habe das Gefühl, dich gut zu kennen.' Ich habe ihm viel Glück gewünscht, denn ich denke, irgendwann enden diese Burschen doch alle bei einer Solokarriere, oder? Nein, es ist wirklich nett zu wissen, dass es noch immer großen Respekt vor uns alten Kerlen gibt", freute sich Joe auch über das Glück, immer noch dabei zu sein. „Ich habe gerade einen Freund verloren, einen Roadie namens Rod Libby. Als sie seinen Tod in der Zeitung erwähnten, schrieben sie, er habe 14 Welttourneen mit mir gemacht. Es sind insgesamt um die zwanzig Tourneen, die ich rund um die Welt gemacht habe, Und ich bin höchst dankbar, dass es noch immer ein Publikum gibt, das mich singen hören möchte, wenn ich losziehe. Ich konnte immer arbeiten, eine Band mit guten Musikern zusammenstellen. Das ist der Zigeuner in meiner Seele. Ich denke, ich werde vielleicht immer on the road sein, das ist einfach in meinem Blut", meinte er Ende 1999 – und ist in der Tat noch heute dabei …

Der ROLLING STONE gab damals dem Album allerdings nur einen Stern von fünf und begründete das mit der „vertanen Chance, Respekt und Reputation zurückzugewinnen … Cocker bewohnt seit vielen Jahren ein Universum, wo Gewohnheit herrscht und das Gewöhnliche gut beleumundet ist, wo das Feuilleton ungelesen im Papierkorb landet und sich bei der Lektüre des Sportteils still die Münder bewegen. Nebenan wohnen Phil Collins und Chris DeBurgh, gegenüber Tina Turner und die Straße runter Roger Whittaker. No ordinary world, indeed. Hier ist nicht viel zu spüren vom permanenten Auf und Ab des Musikgeschäfts, Angebot und Nachfrage sind stets im Lot, Karrieren werden verwaltet wie Vermögen. Er hat sie durchlebt, die hochnotpeinlichen Betrügereien und Zerwürfnisse, doch heute schwankt Joe Cockers berufliches Schicksal nur noch wie ein Perpetuum Mobile in einem Raum ohne Schwerkraft. Es sei ihm gegönnt. ‚No Ordinary World' ist, wie nicht anders erwartet, extrem ordinär. Cocker mag schlechtere Platten gemacht haben, selten aber eine so mediokre, so ereignislose."

Was der ROLLING STONE indes zusammenfassend als Mangel an Kreativität kritisierte, wussten die Fans besser zu goutieren. Das Album verkauft sich ca. 600.000 Mal, Downloads nicht mitgerechnet.

Wenn man sich die Kritiken im Netz durchliest, sind sie unterschiedlicher als bei vielen anderen Alben zuvor. Von der höchsten bis zur niedrigsten Bewertung war alles dabei. Einer lobt den alte Cohen-Song „First We Take Manhattan", der andere verreißt Jean-Jacques Goldmans/ Michael Jones „On Way Home". Manche beschimpfen „No Ordinary World" geradezu als „verarrangiert" oder „überarrangiert". Dennoch gehört das Album als unverzichtbarer Bestandteil zu Cockers Gesamtwerk und liefert für Aficionados wieder einige wahre Perlen, aller Kommerzialität zum Trotz.

„No Ordinary World" erschien im Oktober/November 1999 in Europa und im August 2000 in den USA. Am 29. Oktober begann passend dazu in Hamburg Joes Deutschlandtournee, die am 19. Dezember in Stuttgart endete. Zweimal verweilte er in dieser Zeit in Saarbrücken. Das erste Mal unterbrach er für die Aufzeichnung einer ARD-Sendung am 14. November seine Konzertreise zwischen Freiburg und Mannheim, jeweils ein Tag zuvor und danach. Joe erhielt in der Saarlandhalle, wo er neun Tage später am 23. November live in concert auftreten würde, „Die Goldene Europa", den ältesten deutschen Fernsehpreis. Sie wurde von 1968 bis 2003 jährlich vom Saarländischen Rundfunk (SR) verliehen. Nur in den Jahren 1989 und 2001 gab es keine Verleihungen. Seit 1981 wurde die Gala auch als Aufzeichnung im Fernsehen übertragen. Bis auf einige Ausnahmen wurde der Preis stets in Saarbrücken vergeben. Die Auszeichnung, die auf eine persönliche Idee von Intendant Franz Mai zurückgeht, wurde ursprünglich mit der Zielsetzung ins Leben gerufen, deutsche Künstler und Produzenten mit ihrer Musik gegen die Konkurrenz aus den USA und England zu unterstützen. Daher wurden in den Anfangsjahren nur deutschsprachige Schlager und ihre Interpreten ausgezeichnet. Der Moderator Dieter Thomas Heck trug einen wesentlichen Teil zur Gründung des Fernsehpreises bei. Als 1979 die Führung des Saarländischen Rundfunks entschied, auch ausländische Künstler mit der Goldenen Europa auszuzeichnen, kehrte Heck dem Projekt den Rücken und hob die Goldene Stimmgabel aus der Taufe. In späteren Jahren wurde die Goldene Europa auch in anderen Bereichen wie Comedy, Unterhaltung, Politik, Sport oder Schauspiel vergeben. Joe Cocker erhielt die „Goldene Europa" 1999 für sein Lebenswerk.

„Die Jubiläumsgala von 1998 mit weit über fünf Millionen Fernsehzuschauern ist natürlich nur schwer zu toppen. Aber wir denken, dass auch der 1999er-Jahrgang mit seinen vielen hochkarätigen Künstlern wie z. B. Joe Cocker das Publikum in der Halle und an den Bildschirmen begeistern kann", sagte SR-Fernseh-Unterhaltungschef Michael Beckert damals.

Über 3.000 Besucher waren am 14. November denn auch in der Saarlandhalle bei der TV-Aufzeichnung dieser ARD-Gala-Sendung mit dabei. Tagesschau-Moderator Jan Hofer vergab die „Goldene Europa" an die Künstler, und diese bedankten sich für den Preis mit einem Live-Auftritt. Allen voran Joe Cocker, die Rock- und Blues-Legende. „Natürlich spielen wir live", erzählte Joe Backstage. „Ich habe schon immer Probleme mit Playback gehabt. Ich konnte meinen Mund noch nie auf und zu machen, ohne dabei zu singen. Nein, wir spielen im Fernsehen immer live."

Die Laudatio war kurz und bündig und wurde von Judit Hildebrandt verlesen: „Seit Woodstock 1968 gehört er zu den Großen der Rock-Szene.

Seine Stimme ist so unverwechselbar wie kaum eine andere. Und seinen Songs merkt man an, dass er nicht nur die Höhen des Ruhms, sondern auch die Tiefen einer künstlerischen und menschlichen Krise durchwandert und überwunden hat. ‚With A Little Help From My Friends' hieß sein erster großer Erfolg, dem inzwischen zahllose weitere Welt-Hits gefolgt sind: ‚Unchain My Heart', ‚You Are So Beautiful', ‚Up Where We Belong', ‚You Can Leave Your Hat On' und und und … Joe Cocker, eine Legende schon zu Lebzeiten."

Am 23. November des Jahres war er in derselben Halle und auf derselben Bühne noch einmal. Live in concert während der „No Ordinary World"-Tour in Saarbrücken. Mit dabei ein 90minütiges Standardrepertoire plus ein kurzer Zugabeblock sowie zwei riesige Projektionsschirme und eine farbenfroh flackernde Lichtchoreographie, was Joe sehr edel in seinen Mittfünfzigern wirken ließ. Gleich beim ersten Song joggte er geradezu wie ein etwas in die Jahre gekommener Showmaster zur Bühnenmitte, als gäbe es hier den Stargast des Abends anzukündigen, der da schlichtweg nur „Joe Cocker" heißen konnte. Sein Jackett zog er nach der zweiten Nummer aus, während der dritten, Leonard Cohens „First We Take Manhattan", krempelte er die Hemdsärmel hoch. Das Konzert war für Cocker Arbeit, nicht Show: „Während seine Band gelegentlich drahtlos umherspaziert, hat er seinen festen Platz hinter dem Mikrophonständer, riskiert zum Songende einen kleinen Hüpfer oder greift, wenn er gerade mal nicht singt, imaginäre Gitarrenakkorde in der Luft", beschreibt etwa DIE RHEINPFALZ Joes Performance.

Typisch Cocker: der stoische Blick und das Ringen der Arme live auf der Bühne (Fotos: Christof Graf).

Joe Cocker beim Fischen in Colorado.

Joe Cocker zusammen mit seiner Ehefrau Pam.

Joe Cocker beim Tomatenzüchten auf seiner Mad Dogs-Farm (Quelle: SONY MUSIC).

Joe Cocker ab Mitte der 90er nur mit Wasser im Glas wie z. B. in Berlin 1997 (Foto: Christof Graf).

Joe Cocker 2013 zusammen mit seinem Konzertveranstalter Dragan Nikitovic im französischen Châlons-sur-Marne (Foto: Nikitovic).

Tourneepässe, Fotoausweise und Eintrittskarten aus den 90ern.

Joe Cocker um 2004: The Work in Progress oder besser : „Cry Me A River" (Fotos: Christof Graf).

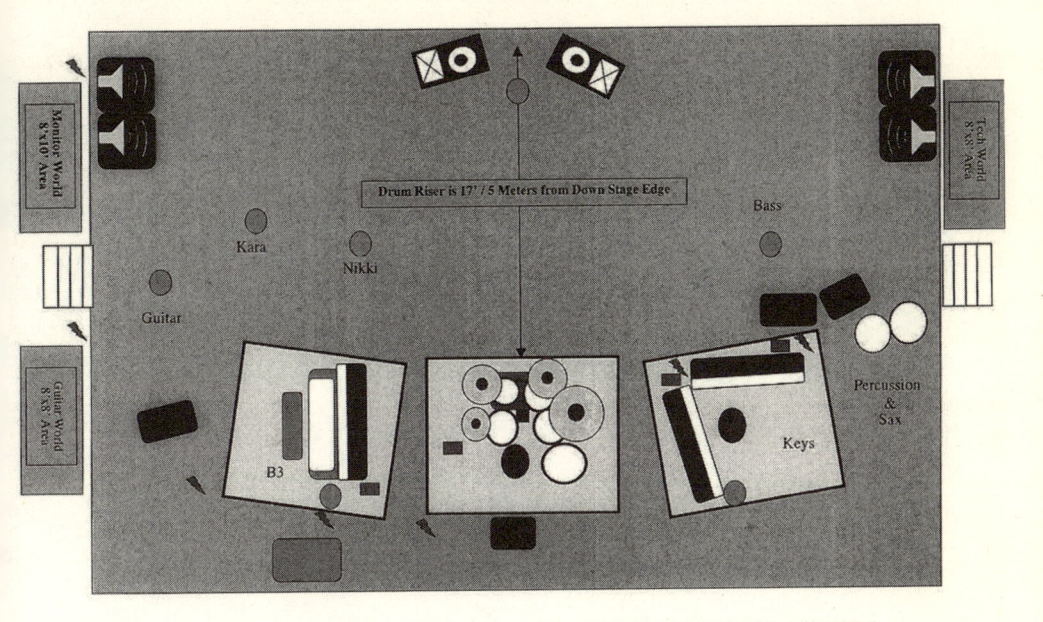

Bühnenplan für die Tournee 2012.

Joe Cocker in seinem 70. Lebensjahr live 2013 (Foto: Christof Graf).

Die Kunst der Bewegung war nie sein großes Ding, aber die des Gesangs: live in Saarbrücken 2010 (Foto: Christof Graf).

Teils wurde ihm sogar Epilepsie nachgesagt, was jedoch nicht stimmt, sondern nur das Nachahmen eines nie gelernten Instrumentenspiels ist: Cocker mit fuchtelnden und rudernden Armbewegungen 2010 (Fotos: Christof Graf).

Live im französischen Châlons-sur-Marne 2013. Cockers vorletztes Konzert seiner Welttournee (Quelle: Archiv Christof Graf/Fotos: Dragan Nikitovic).

Die 2000er-Jahre
Jahre des anhaltenden Erfolgs

+++ Breaking News +++ Breaking News +++ Breaking News +++

Kein Duett mit Tina Turner (2000) / Der letzte Drink in Colorado (2001) / Der Tod des Vaters (2001) / Gesang für die Königin und eine Party im Buckingham-Palast (2002) / Album Nr. 19: „Respect Yourself" (2002) / Nokia Night Of The Proms (2004) / Album Nr. 20: „Heart And Soul" (2004) / Ein Leben mit Pam Cocker, Home Tours & Yard Sales – Joe Cockers Kid's Foundation (2004 bis heute) / Album Nr. 21: „Hymn For My Soul" (2007) / Schlaganfall im Auge (2007) / Cocker wird in London zum Ritter geschlagen (2007)

+++ Breaking News +++ Breaking News +++ Breaking News +++

Die ersten Jahre des neuen Millenniums genoss Joe Cocker als der, zu dem er sich durch harte Arbeit, sprich gute Alben, gute Hits und gute Konzerttourneen machte: als Rocklegende, oder wie er es viel lieber interpretiert sieht – „als Überlebender". Die konstant guten Kritiken seiner Konzerte ließen ihn wie einen „Elder statesman des Rock", eine „living legend" wirken. Zu Zeiten der „Mad Dogs & Englishmen"-Tournee genau 30 Jahre zuvor war Cocker noch ein ebenso unbekümmerter wie ungepflegter Rockstar auf dem Weg nach oben, ohne zu wissen, wie schwer es würde, sich oben zu halten. 30 Jahre später war er nun schon 10 Jahre ganz oben und versuchte auch in den 2000er-Jahren, diesen Standard aufrechtzuerhalten. Zugute kam Joe hierbei einfach die Tatsache, dass er bereits in den frühen 90ern das Rauchen aufgegeben hatte. „Ich habe einfach eingesehen, dass mir das Rauchen nicht guttat. Also gab ich es von heute auf morgen auf." Seine mitunter wechselnden Musiker bestätigten einen seltsamen Wandel seiner Stimme. Denn das Seltsame war, dass seine Stimme bei zunehmendem Gebrauch von Konzert zu Konzert immer besser wurde und er sie nicht verschließ, so wie es bei vielen anderen Künstlern zu beobachten ist. Schon im Sommer 2000 tourte Cocker und begann so ein Jahrzehnt, dass ihn von einer Konzertreise zur nächsten trieb. Und es sollte das erste Jahrzehnt werden, in dem Cocker nur drei Alben aufnahm. Doch bevor es 2001 an die Aufnahmen von „Respekt Yourself" ging, tourte er erst einmal durch Europa und Nordamerika, wie gewohnt für etwa 50 Konzerte.

Roger Davies, sein Manager, wurde oft gefragt, warum Cocker nicht zusammen mit seinem anderen Schützling Tina Turner auftrete oder sogar einmal ein Duett in Planung sei. Anlass waren die wieder einmal als „Farewell-Tournee"-Tournee deklarierten Abschiedskonzerte der Pop-Diva. Zudem waren die beiden schon oft auf Festivals oder in TV-Shows aufgetreten.

Davies erklärte zu den Erwartungen: „Daran wurde schon oft gedacht, und die beiden hätten bestimmt auch Freude daran, schließlich passen auch die Stimmen, doch es hat sich einfach noch nicht ergeben. Aber vielleicht fehlt auch nur der richtige Song für eine solch außergewöhnliche Kollaboration."

Während Tina Turner die größten Stadien füllte, beackerte Cocker die Wald- und Wiesen-Festivals und gab jedem allein durch seinen Namen einen Hauch von Woodstock, wie etwa Mitte August 2000 beim „Rock im Wald"-Festival in Pirmasens, zu dem knapp 6.000 Zuschauer kamen.

Damals hieß es zu Cockers Auftritt: „Wenn sich heute Joe Cockers Stimme dem expressiven Zenit eines Songs nähert, sich Cockers Rückgrat weit zurückbeugt, er seine Arme rudern lässt, so als würde er Halt vor irgendetwas suchen, ist das keine theatralische Geste, sondern Ausdruck eines Stücks (seiner) Rockgeschichte."

Nein, Pirmasens war nicht Woodstock, aber Cocker wird immer wieder darauf angesprochen. „Woodstock, Alkohol und was mit meiner Gestikulierung los sei", ist das, was ich immer in Interviews gefragt werde", sagte er damals Backstage und wollte eigentlich gar nicht interviewt werden. „Viele Leute fragen mich nach Woodstock, was es für mich bedeutet", ergänzte er dann doch und erinnerte sich im Folgenden nur noch an die infernalische Interpretation der US-Hymne, die damals Jimi Hendrix als apokalyptischer Vorreiter gen Himmel schickte. „,Star Spangled Banner' war wie ein Abschiedssignal – werft eure Blumen weg, es ist vorbei", interpretierte Cocker Hendrix. „Die Leute haben eingesehen, dass sie das System nicht von außen bekämpfen können, dass man Teil des Systems werden muss, um es von innen heraus zu verändern. Ich nehme an, dass die Leute genau das in den letzten 30 Jahren getan haben. Ich treffe dauernd Leute, die in Woodstock waren. Die Typen haben kaum noch Haare, tragen Anzüge und arbeiten als Ärzte und Anwälte, ich dagegen habe immer nur Musik gemacht."

Joe Cocker lächelte, als er dem hinzufügte: „Und das für all die, für die Popmusik ein Ventil für das gesellschaftliche Ungleichgewicht war." Vielmehr war Cocker bei dem Blitzauftritt nicht zu entlocken.

Im März 2001 überraschte Joe mit seinem Entschluss, nun, nach fast 40 Jahren Alkoholgenuss keinen Tropfen mehr anzurühren und von nun an abstinent zu leben, was Zigaretten und Alkohol anging. „Wir alle konnten das nicht wirklich glauben", so Deric Dyer, sein Saxophonspieler, „und vor allem deswegen nicht, weil er es im Stillen, ohne großes Aufhebens tat. Er kündigte es nicht an, er tat es einfach. Er sprach nicht darüber, er blieb einfach trocken."

Cocker: „Das Schlimmste war für mich, als wir in Osteuropa und Russland auftraten und mir dauernd Wodka angeboten wurde. Das Schlimmste für einen Alkoholiker ist die ständige Versuchung. Die Versuchung ist schlimmer zu ertragen als die Abstinenz. Und auf Tournee ist die Versuchung am größten. Allein auf dem Zimmer, Backstage vor oder nach dem Auftritt, abends in der Hotelbar."

Selbst seine Frau war von Cockers Selbst-Entzug überrascht. „Er hat nie darüber geredet, dass er es tun möchte oder wann er damit beginnen möchte". Und nur ein einziges Mal sprach er es an: am Tag seines einjährigen Trockenseins. „Heute ist es ein Jahr her, seitdem ich trocken bin", erklärte er ihr völlig unvermittelt und stolz.

Was ihn beunruhigte war vielmehr die Tatsache, wie es wohl sein würde, völlig trocken die Bühne zu betreten, wie es wohl sein würde, ohne einen Schluck Bier ein Konzert durchzustehen und wie lange er es aushalten würde.

Die Feuerprobe begann mit dem Auftakt zur US- und Kanadatournee, zusammen mit „The Guess Who", in Vancouver am 7. August 2001 und endete am 4. November in Seattle. Es war eine Art Doppeltournee, was in Nordamerika üblicher ist als in Europa. Während es in Europa sogenannte Support-Acts oder Special-Guests vor den Hauptacts gibt, spielen die kollaborierenden Künstler in Nordamerika auch zeitlich gleichberechtigt und von Tourneeort zu Tourneeort sogar in abwechselnder Reihenfolge. Nacht für Nacht jubelten ihm bei ca. 50 Konzerten 15.000 bis 20.000 Leute zu und wunderten sich über einen Mann, der anscheinend von Song zu Song besser wurde und sich das Herz aus der Seele schrie.

Nachdem die Tour Anfang November zu Ende gegangen war, reiste er wie schon so oft nach Tourneen in der Vergangenheit zurück nach England, in seine Heimatstadt Sheffield. Doch dieses Mal war es nicht seine Sehnsucht nach dem Zuhause, nicht der Wunsch nach Rückzug und Besinnung, dieses Mal besuchte er Sheffield, um Abschied zu nehmen von seinem verstobenen Vater, der mit 94 Jahren das Zeitliche segnete.

Das Verhältnis zu seinem Vater war bekanntlich nicht das Beste gewesen. Harold Cocker, Vater von Joes älterem Bruder Vic und ihm, war eher ein ruhiger Mann, der über Joe oft sagte, dass es eher Vic wäre, der mehr auf ihn herausgekommen sei, und Joe eher nach seiner Mutter, die wesentlich extrovertierter war, komme. „Joe war nie ein Mensch, der sich aus der Ruhe bringen ließ, auch wenn es sich um wirkliche Abstürze handelte. Er versuchte aus allem noch etwas Gutes herauszuholen."

Joe schickte seinem Vater jedes seines Albums schon vorab. Der hörte es stets auch aufmerksam an, aber zu Konzerten ging er nie, selbst dann nicht, wenn sie in Sheffield stattfanden. Joes Vater hörte lieber Klassik und war von den drei Tenören Carreras, Domingo und Pavarotti begeistert, nicht aber von Joes eher leichterer Musik. Das einzige Mal, als Joes Vater seinen Sohn auf einer Bühne sah, war bei der Verleihung der Ehrendoktorwürde. Ansonsten hatte Harold Cocker nicht so viel übrig für den Lifestyle seines Sohnes, war aber dennoch stolz auf ihn. Doch mit dem Tod seines Vaters, 17 Jahre nach dem Tod seiner Mutter

Madge Cocker im Jahre 1984, zerbrach die letzte familiäre Bindung zu Sheffield, einer Stadt, die er immer wieder einmal im Rahmen von Überraschungsbesuchen aufgesucht hatte.

Den Anfang des kommenden Jahres verbrachte er mit Studioarbeiten an seinem am 16. Juli 2002 erscheinenden neuen Album „Respect Yourself", das nach vielen Hit-Alben der 90er Jahre nun von der Presse eher mit gemischten Gefühlen aufgenommen wurde. Noch vor Abschluss der Produktion stand dann aber ein Mega-Event an:

„Party at the Palace" war das Motto und der Titel eines Pop- und Rock-Konzerts, das am 3. Juni 2002 anlässlich des goldenen Thronjubiläums (Golden Jubilee) Elisabeth II. stattfand. Der Garten des Buckingham Palace in London war der Veranstaltungsort. Das Konzert bildete den Abschluss zum „Golden Jubilee Weekend", den Hauptfeierlichkeiten des Jubiläums. Die „Party at the Palace" wurde in den Medien als größtes Konzert in Großbritannien seit „Live Aid" im Jahre 1985 angepriesen. Die 12.000 Eintrittskarten waren in einer Lotterie verlost worden, an der sich mehrere Millionen Interessierte beteiligt hatten. Auf „The Mall" und rund um das „Victoria Memorial" schauten eine Million Besucher dem Konzert auf Großleinwänden zu. Außerdem kamen rund 200 Millionen Fernsehzuschauer in aller Welt hinzu. Der erste Teil des Konzerts war der Popmusik vorbehalten, der zweite der Rockmusik.

Das Konzert begann mit einem Auftritt des Queen-Gitarristen Brian May, der auf dem Dach des Buckingham Palace stehend auf seiner Red Special-Gitarre die Nationalhymne „God Save the Queen" als Gitarrensolo spielte. Die Queen hatte gerufen und alle, alle waren gekommen. Die Gästeliste las sich wie ein Who's Who der Pop- und Rockgeschichte: Elton John, Phil Collins, Cliff Richard, Steve Winwood, Ray Davies, Eric Clapton, Rod Stewart und andere. Und mittendrin natürlich auch Joe Cocker, dessen Performance von „With A Little Help From My Friends" mit zu dem Höhepunkt des Konzertereignisses wurde.

„Joe war so aufgeregt wie ein kleiner Junge", sagte Pam Cocker, die ihren Mann zusammen mit Ray Neapolitan und Manager Roger Davies zum Palace-Event begleitete. „Ich glaube nicht, dass es etwas Vergleichbares in Joes Karriere gab." Und auch Roger Davies pflichtet dem bei: „Für mich war es das Herausragendste, was ich in den letzten zehn Jahren erlebte. Vor allem freute es mich aber für Joe, dass er an diesem außergewöhnlichen Ort mit so außergewöhnlichen Leuten musizierte, die wie Paul McCartney oder Steve Winwood seit Anbeginn seiner Karriere dabei waren."

Für Joe, der schon an den Proben am Tag zuvor teilnahm, war das ganze Spektakel ein Riesen-Ding, und er wollte unbedingt der Queen die Hand geben. Doch an diesem Tag, an dem Joe gleich drei Mal hintereinander sein „With A Little Help From My Friends" probte und eine Version besser als die andere klang, wie ihm Paul McCartney bestätigte, gab es plötzlich ein Feuer. Der ganze Palast wurde evakuiert, und alle Musiker versammelten sich in einer Sicherheitszone auf dem Tennisplatz, bis nach knapp zwei Stunden der Alarm wieder aufgehoben wurde. „Wir dachten zunächst alle an einen Terroranschlag, aber es war wohl wirklich nur ein Brandausbruch, der schnell unter Kontrolle war, dennoch waren alle sehr nervös. Einige machten Witze darüber, dass es wohl Brian May gewesen wäre, der mit seinem Gitarrensolo auf dem Dach das Feuer entfacht hätte."

„Für mich war Joes Version von ‚With A Little Help From My Friends' die beste Nummer des Abends und die beste Version, die er je davon abgeliefert hat", urteilte McCartney im Nachhinein. Joe freute das fast mehr als die Tatsache, dass er tatsächlich beinahe der Queen die Hand gereicht hätte. „Aber Tom Jones kam mir dazwischen, irgendwie verdrängte er mich in die zweite Reihe während des Finales, als die Queen die Bühne betrat. Aber wenigstens lächelte sie mir aus der kurzen Distanz zu, als ob sie mir meinen Wunsch von den Augen abgelesen hätte …"

England war zwar Joes Heimatland, aber so richtig gut war es nie zu ihm. Er fühlte sich ein wenig, „wie der Prophet, der im eigenen Land nichts zählt", sinnierte er 2002. „Vielleicht bin ich den Engländern zu urban, was den Blues angeht, England ist da vielleicht doch zu poporientiert." Und fürwahr, auch die britische Presse meinte es nie wirklich gut mit ihm. Als er 1969 aus Woodstock zurückkam und beim britischen Isle Of Wight-Festival auftrat, bei dem auch Bob Dylan zu Gast war, stänkerte der MELODY MAKER mit den Worten: „Er sang gut, aber sein Soul scheint ein wenig aus der Mode zu sein".

Dennoch startete er seine „Respect Yourself"-World-Tour 2002 in der City Hall von Sheffield. Danach ging es nach London in den Shepherd's Bush. Der englische STAR schrieb, dass seiner „Rückkehr" mit Respekt zu begegnen sei. Viele waren geradezu überrascht, dass er trotz des Todes seines Vaters im Vorjahr wieder nach Sheffield zurückkehrte. Alle glaubten, er würde die Stadt nunmehr meiden wollen.

Auch wenn das erste Album seit Jahren geradezu sehnsüchtig von Fans und Öffentlichkeit erwartet wurde, entsprach es nicht allen Erwartungen. „Nur" rund 200.000 Alben wurden verkauft, die höchsten Chartplatzierungen waren in Deutschland Platz 3 und in England nur Platz 51. Auch die sich immer weiter entwickelnde und größer werdende Fangemeinde, die ihr Idol liebte, diskutierte das Album zwiespältig.

„Respect Yourself, das wollte man Joe Cocker in den letzten, sagen wir, 15 Jahren immer mal zurufen. Alben wie ‚Organic' und ‚Across From Midnight' drohten den in die Jahre gekommenen Barden langsam, aber sicher zu seiner eigenen Karikatur verkommen zu lassen – die Hits entweder repetitiv oder unpassend, die Stimme brüchig, der obligate Schrei vorm Schlussrefrain eine bloße Peinlichkeit, man mochte gar nicht hinhören. Dazu Cocker selbst, der sich, so jedenfalls stellte es sich dem fernen Beobachter dar, gänzlich von jedem kreativen Interesse verabschiedet hatte und bloß noch zum Singen ins Studio kam", schrieb der MUSIKEXPRESS, gab gerade einmal zwei von fünf Punkten und lästerte sehr schnell weiter: „Keine Sorge: Vom großen Erwachen werden wir angesichts des neuen Albums des alten Mannes aus Sheffield nicht sprechen."

Aber einen relativ guten Moment bei der Produktion von „Respect Yourself" wird man Cocker und seinem Produzenten John Shanks auch ohne übertriebenes Wohlwollen attestieren können. Von einem illuster besetzten Ensemble in recht kurzer Zeit erarbeitet und mit dem erfrischenden Elan einer tatsächlich zusammenspielenden Band auf Band gebracht, befreit sich Cocker ein gutes Stück weit aus der resignativen

Belanglosigkeit der letzten Jahre. Das hoffnungsfrohe „This Is Your Life", das hektisch pulsierende „Leave A Light On", schließlich das richtiggehend emphatische, von himmelwärts gerichteten Slide-Gitarren gekrönte „It's Only Love" sprechen für sich...

Wenn es so etwas wie ein Déjà-vu-Erlebnis fürs Gehör gäbe, dann könnte man damit den Eindruck umschreiben, denn das neue Joe Cocker Album „Respect Yourself" beim ersten Anhören hinterlässt. Die meisten Songs klingen irgendwie vertraut. Das mag einerseits daran liegen, dass der Meister der rauchig-souligen Stimme die Ohren seines Publikums inzwischen seit 30 Jahren mit seinem unverkennbaren Stil verwöhnt. Andererseits finden sich auf seinem neuen Studioalbum auch einige Coverversionen, die Cocker durch seine Interpretation zu dem werden lässt, was man zweifellos in der Kategorie „Zeitlose Klassiker" einordnen kann – falls sie dieser nicht sowieso schon angehören. Zu diesen „zeitlosen Klassikern" kann man unter anderem die gefühlvolle Ballade „Every Time It Rains" sowie den eher rockig anmutenden Song „Never Tear Us Apart" zählen. Das Original zu „Every Time It Rains" stammt einmal mehr von Ocsar-Preisträger Randy Newman. Der Musikproduzent und Sänger hatte das Stück ursprünglich für Michael Jackson geschrieben, es dann jedoch 1999 für sein eigenes Album „Bad Love" eingespielt. Ähnlich verhält es sich mit dem Lied „Never Tear Us Apart", das vermutlich alte INXS-Fans aufhorchen lassen dürfte, denn es wurde seinerzeit von Michael Hutchence & Co. zum Besten gegeben. Zwar ist bei Cockers Version anfangs statt der rockigen Gitarren ein Streicherensemble zu hören, doch die kurze Passage, in der die E-Gitarre dominiert, lässt den Geist von Hutchence für wenige Sekunden wiederaufleben – oder zumindest die Erinnerung an ihn und seine Band.

Allerdings entsteht beim Hören nie der Eindruck, dass die CD nichts Neues zu bieten hat. Joe Cocker setzt bei „Respect Yourself" auf eine gute Mischung aus alten und neuen Stücken, die sich bereits bei seinen früheren Alben bewährt hat. Für den frischen Wind auf diesem jüngsten Album sorgte Produzent John Shanks, der schon mit Musikgrößen wie Rod Stewart, Sheryl Crow, Stevie Nicks und Michelle Branch zusammengearbeitet hatte. Aus seiner Feder stammt, neben fünf weiteren Titeln, auch die erste Single „You Can't Have My Heart", in der Cocker eine zerbrochene Beziehung besingt.

Nach dem Tourstart in England und weiteren Konzerten in Europa trat Cocker in Ländern der ehemaligen Sowjetunion, Australien, Neuseeland und schließlich noch sechs Wochen in Nordamerika auf. Um das Frankfurter Konzert 2002 herum fanden wieder einmal Pressegespräche statt, wo Joe über „Respect Yourself" Auskunft gab. „Sechs der insgesamt elf Songs sind vom Produzenten John Shanks geschrieben, was schon fast zu viele Songs von einem Songwriter auf einem Album sind", resümierte Cocker auf die kritische Frage, warum das Album etwas eintönig klinge. „Ich hätte lieber mehr Songs wie den von Randy Newman, „Of Everytime It Rains", auf dem Album gehabt. Seine Songs haben für mich so etwas, in das ich mich leicht hineingleiten lassen kann", sagte er über den Singer/Songwriter Newman, den er schon seit seinen A & M-Jahren kannte. „Dazu mag ich auch seine lustige Art. Als er bei den Organic-Arbeiten ins Studio kam, sagte er nur: ‚Hätte ich meinen Song ‚You Can Leave Your Hat On' mehr wie du gesungen, Joe, wäre das auch ein größerer Hit geworden.'"

Richtig dankbar war Joe nach eigener Auskunft, als sein Manager am Ende der Aufnahmen mit dem Vorschlag ankam, den 1988er-INXS-Hit „Never Tears Us Apart" aufzunehmen. Der Song, der nach dem Tod des charismatischen INXS-Leadsängers Michael Hutchence nie wieder so authentisch gesungen worden war, erlebte durch Joes Interpretation eine musikalische Wiedergeburt. „Für mich war der Song eine Art Hommage an Australien."

Ansonsten wurde der Tourneekalender 2002 und 2003 um Locations angereichert, an denen Cocker zuvor nie oder selten auftrat. Er wollte nach Samara und noch mal nach Moskau, wo er zuvor erst zweimal den Kreml bespielte. „Moskau ist immer sehr speziell", erzählt Cocker. Die PRAWDA schrieb dort über ihn, dass er „der internationale Rockstar sei, der seit 45 Jahren singt und kaum Skandale hat." Wenn man einmal die ersten 20 Jahre davon abzieht, die aus unserer Perspektive vor dem Eisernen Vorhang stattfanden, könnte die PRAWDA recht haben, da sie die ersten 20 Jahre ja nicht wirklich viel von westlicher Rockmusik mitbekam. Als Cocker in Moskau sein Charity-Konzert absolvierte, wurde er ständig von Paparazzi verfolgt, aber der ihn bloßstellende Schuss blieb ihnen verwehrt. Lustig war eher das Bild, das Cocker selbst abgab, als er zwar ständig Kaviar vom Feinsten und den auch noch tonnenweise aufgetischt bekam, aber ablehnte und nach einer Spezialität der englischen Küche verlangte: Shepherd's Pie.

„Ja, es war ein lustiges Bild, all die Russen, die auf Kaviar standen, und ich, der ich mir vom Chefkoch Shepherd's Pie kommen ließ."

Zur Vorstellung des „Respect Yourself"-Albums lud Joes Plattenfirma am 30. April 2002, dem Nationalfeiertag der Holländer, nach Amsterdam ins Hotel Blake, wo sich Joe nicht sonderlich redselig gab. Der STERN-Reporter kommentierte denn auch entsprechend: „Wie das blühende Leben sieht der nunmehr Lasterfreie nicht unbedingt aus. Im Grunde ist er wie eh und je. Ein bisschen hypermotorisch, etwas ungelenk, umflort von dieser Eins-von-den-sechzehn-Bierchen-gestern-war-wohl-schlecht-Aura."

Für Cocker selbst ist „Respect Yourself" so etwas wie „Vintage Cocker". Und der STERN-Autor brachte es dann auch auf den Punkt: „Gereifter Jahrgang aus dem Songkeller. Cocker macht keinen Hehl daraus, dass er Modernisierungsversuche am Produkt J. C., wie sie auf der letzten CD zu vernehmen waren, für Produzenten-Unfug hält. Für ein Anbiedern an Zielgruppen, die es so nicht gibt. Denn auch jüngere Cocker-Fans wollen, genau wie ihre Eltern, einfach Good Ol' Joe hören, das Maschinengewehr des Blues, die Stimmwunderwaffe gegen Zeitgeistschwurbel, Computerklangschrott und Notenklone. In einer wild gewordenen Musikwelt ist Cocker der große Entschleuniger."

Im selben Zeitraum der Veröffentlichung von „Respect Yourself" am 16. Juli 2002 war Joe dann einer der Headliner bei der 36. Ausgabe des Jazz Festivals Montreux, welches mit zahlreichen Neuerungen aufwartete: An der Uferpromenade wurden die Büsten von B. B. King und Joes Idol Ray Charles feierlich enthüllt. Das Montreux Jazz Festival, bei dem Joe nach 1987 und 1992 nunmehr 2002 zum dritten Mal auftrat, stand ganz im Zeichen von David Bowie, der als Anwohner des Genfer Sees schon lange ein nachbarschaftliches Verhältnis zum Festival pflegte.

Nach weiteren Festivalauftritten im Sommer 2002 endete das Cocker'sche Jahr mit seinem letzten Gig am 2. Dezember in Tulsa, Oklahoma, und damit mit einer besonderen kleinen Kuriosität. Im Vorprogramm spielte sein einstiger Weggefährte der Mad Dogs & Englishmen-Tour 1970: Leon Russell.

2003 war in Cockers Kalender wiederum ein eher unspektakuläres Jahr. 2004 dagegen mutete wesentlich spektakulärer an. Joe arbeitete an einem neuen Album, feierte am 20. Mai seinen 60. Geburtstag, spielte wie gewohnt auf europäischen Festivals und tourte sogar völlig überraschend zum dritten Mal nach 1992 und 1996 bei den „Nokia Night Of The Proms 2004" mit, was nicht nur für Joe Cocker ein besonderes Engagement darstellte, der diesmal der unbestrittene Star war. „Das ist keine normale Tour. Das ist hier eher entspannt. Man muss sich nicht um alles selbst kümmern, sondern ist Teil eines Ganzen und kann das auch besser genießen. Bei einer Solo-Tour steht man mehr im Fokus und damit auch mehr unter Druck", so Cocker über das „Nokia Night Of The Proms"-Konzept: Populäre Klassik trifft klassischen Pop.

„Heart & Soul", Cockers 2004er-Album, das zunächst in Deutschland im September, dann im Oktober in England und im Januar 2005 in den USA erschien, war ein reines Cover-Album mit zwölf neuen Interpretationen. Seine damalige Plattenfirma bewarb das „Heart & Soul"-Album mit den Worten: „Seine internationale Karriere begann 1968 mit einer der ungewöhnlichsten und zugleich überzeugendsten Coverversionen aller Zeiten. Joe Cockers Interpretation des Beatles-Hits ‚With A Little Help From My Friends' ging ein Jahr später durch seine erdbebengleiche Live-Performance beim Woodstock-Festival rund um die Welt und verewigte sich im kollektiven Gedächtnis. Seitdem hat der Sänger aus Sheffield, der im Mai dieses Jahres seinen 60. Geburtstag feierte, immer wieder vertraute Songs der Pop- und Rockgeschichte adaptiert, und das ebenso einfühlsam wie selbstsicher, wenn nicht sogar gebieterisch."

Zweifellos zählen gerade diese Interpretationen zu den Highlights der Studioalben und unzähliger Konzerte seiner bis dahin vier Dekaden umspannenden Laufbahn. Nun hatte Joe Cocker sich entschieden, ein Album aufzunehmen, das ausschließlich aus Coverversionen bestehen sollte, allesamt Beispiele für seinen erlesenen Geschmack, aber vor allem für seine einzigartige Kunst, sich fremde Songs zu eigen zu machen. „Heart & Soul" wurde entsprechend als ein weiterer Meilenstein in der Karriere Joe Cockers angepriesen und erntete auch bessere Kritiken als „Respect Yourself" zwei Jahre zuvor.

„In all den Jahren haben sich Fans an mich gewandt in der Hoffnung, dass ich einen Track eines anderen Künstlers, den sie ebenso verehren wie ich selbst, neu interpretiere", so Joe Cocker dazu. „Fast jedes Album, das ich veröffentlicht habe, hat einen, wenn nicht zwei solcher Songs beinhaltet. Das hat vielleicht unvermeidlich zu der Annahme geführt, dass ich schließlich ein Album veröffentliche, das sich komplett aus Coverversionen zusammensetzt. Nun, hier ist es. Meine erste Idee war zwar, dass das Album ausschließlich aus Songs aus den Sechzigern bestehen sollte, in der mein Geschmack und meine Einflüsse wirklich Form annahmen, aber in der Planungsphase hat es sich durch die Jahre vorgearbeitet, sodass es am Ende auch Songs aus den Siebzigern, Achtzigern und Neunzigern enthält." Zweifellos ist jeder Song ein moderner Klassiker, aber jeder einzelne profitiert von Joe Cockers sehr persönlicher Lesart. Sowohl die Bandbreite als auch die exzellente Auswahl demonstrieren Cockers untadeligen Musikgeschmack. Es dürfte kaum überraschen, dass die ältesten Originale aus dem weiten Feld von Soul und Rhythm 'n' Blues stammen. So nimmt er beliebte Evergreens dieser Genres in Angriff: von Aretha Franklin ("Chain Of Fools"), Ben E. King ("I Who Have Nothing"), Chuck Jackson ("I Keep Forgetting"), Nina Simone ("I Put A Spell On You"), Marvin Gaye ("What's Going On") und Rose Royce ("Love Don't Live Here Anymore"). Jedes Mal gelingt es ihm, dem jeweiligen Song etwas Neues und Einzigartiges hinzuzufügen. Seine Bewunderung für exzellente Songwriter und Ikonen der Rockmusik bringt er mit den Coverversionen einiger seiner Lieblingssongs nicht minder hervorragend zum Ausdruck: „Don't Let Me Be Lonely" von James

Taylor, „Jealous Guy" von John Lennon, „Maybe I'm Amazed" von Paul McCartney/Wings, „Every Kind Of People" von Robert Palmer, „One" von U2 und „Everybody Hurts" von R.E.M. zählten von nun an nicht nur zu den besten zeitgenössischen Rocksongs, sondern auch zum Kanon der Cocker-Klassiker.

„Wenn du so alt bist wie ich, hat sich dein Gesangsstil ziemlich gefestigt und du kannst nichts tun, um daran etwas zu ändern", sinnierte Joe Cocker und erläuterte dann seine Herangehensweise an das Material. „Offensichtlich ist jeder Song bereits vom Originalkünstler definitiv interpretiert worden, aber war zugleich häufig Gegenstand zahlreicher alternativer Versionen. Indes habe ich mich nie der Arbeit eines Künstlers genähert, wenn ich nicht das Gefühl hatte, dass ich diesem etwas Anderes und Persönliches hinzufügen konnte – und ich sage das ganz ohne Arroganz. Eher kann man dem Song eine andere Art von Integrität verschaffen, voller Respekt und als Ergänzung zum Original. Warum sollte ich mich sonst an ‚What's Going On' versuchen, das Marvin so perfekt und wunderschön hinbekommen hat? Es geht nicht darum, etwas verbessern zu wollen. Es gilt zu versuchen, dem Song eine eigene kleine Geschmacksnote zu verpassen."

„Heart & Soul" wurde in Hollywood aufgenommen, und zwar im Studio seines langjährigen Weggefährten CJ Vanston, der als enger Mitarbeiter, Keyboarder, Produzent und Arrangeur Joe Cockers Sound der vergangenen Jahre mitgeprägt hatte. „Ich sollte hinzufügen, dass man sich kein riesiges Studio vorstellen darf, eher einen kleinen Raum, der nicht viel größer ist als ein durchschnittliches britisches Wohnzimmer, und darin noch ein Mischpult und eine Gesangskabine gequetscht. Das verbreitet eine unglaublich intime und private Atmosphäre, die es mir leichtgemacht hat, in meine kleine Welt zu entfliehen und in jedem Song vollkommen aufzugehen."

Einmal mehr wurden die Sessions von ungewöhnlichen Umständen begleitet. „Wenn ich in L.A. aufnehme, sind die Chancen groß, dass irgendetwas Ungewöhnliches passiert. So habe ich in der Vergangenheit schon Aufnahmen gemacht, als es dort das große Erdbeben gab. Diesmal wüteten während der ersten Sessions Waldbrände rund um die Stadt.

Überall fiel Asche und nachts, wenn ich mit dem Auto fuhr, loderten die Feuer auf beiden Seiten des Freeways. Das war schon eine merkwürdige Zeit, und als Ergebnis klingt meine Stimme auf einigen Stücken besonders trocken und rauchig. Wir hatten schon mit dem Gedanken gespielt, das Projekt ‚The Fire Sessions' zu nennen." Die an den Aufnahmen beteiligten Musiker machten jedenfalls mächtig Dampf und dabei gaben sich auch einige Gitarristen von Rang und Namen die Ehre, den einen oder anderen Song zu veredeln, darunter die Altmeister Jeff Beck und Eric Clapton sowie Steve Lukather und Mike Landau. Für die von Cocker als „exzellent" bewertete Abmischung sorgte der versierte Bob Clearmountain.

Bei vielen Gesprächen bezüglich seiner Neuveröffentlichungen oder Live-Auftritte wird deutlich, wie sehr Joe Cocker trotz seines weltweit anerkannten Gesangstalents stets sein größter Kritiker geblieben ist. So gesteht er, dass er auch diesmal seine Songauswahl gelegentlich als anmaßend empfunden habe. Glücklicherweise kam die Bestätigung, dass seine Wahl alles andere als dreist war, aus berufener Quelle. „Ich sah zufällig eine Fernsehshow, in der Bono ‚That's Life' sang. Vorher hatte ich mich noch mit dem einen oder anderen Stück inklusive des Songs von U2 schwergetan. Aber als ich sah und hörte, wie er etwas sang, was so eng mit dem großen Frank verbunden ist, dachte ich mir, nun gut, wenn er bereit ist, sich so liebevoll Sinatra zu widmen, wird es schon ok. sein, wenn ich mich auch an all das Zeug heranwage." Traurigerweise sind dann aus zwei Songs postume Widmungen geworden für Künstler, die verstorben sind. „Ich hatte schon als Teenager einige Alben von Nina Simone und reagierte immer instinktiv auf ihre faszinierende Art, einen Song rüberzubringen. Mit ihr hat die Musik eine ganz Große verloren. Und was Robert Palmer betrifft ... wir waren zwei Typen aus Yorkshire mit gar nicht mal so unterschiedlichem Background, die sich schon vor langer Zeit trafen", erinnert sich Cocker an jene Zeit vor etlichen Jahren, als Robert Palmer bei den Aufnahmen des Albums „Sheffield Steel" als Backgroundsänger aushalf. „Es war ein Schock, der eine tiefe Trauer auslöste, ihn so unerwartet und in so relativ jungem Alter zu verlieren. Er war ein sehr, sehr begabter Mensch." Aber genau das ist eigentlich die

Essenz von „Heart & Soul", eine sehr persönliche, höchst liebevolle und zutiefst dankbare Verbeugung vor den vielen Künstlern, deren Schaffen den Geschmack und die künstlerische Ausrichtung des Mannes geprägt haben, der selbst verehrt und bewundert wird wie nur wenige Briten, wenn nicht wie wenige Künstler auf der ganzen Welt.

Joe Cocker, stets bescheiden geblieben, quittiert indes solche Einschätzungen nur mit einem Lächeln und bringt sein neues Album achselzuckend mit ein paar schlichten Worten auf den Punkt: „Im Laufe der Jahre scheint man es richtig liebgewonnen zu haben, wenn ich Hits von anderen in Angriff nehme. Diesmal habe ich das im großen Stil gemacht und, wenn ich ehrlich bin, denke ich, wir haben unseren Job ziemlich gut erledigt." Haben sie. Denn es klingt alles sehr erdig und gelungen, alles handgemacht, Joes Stimme wirkt erstaunlich kräftig.

Noch vor der Nokia-Tour stand Joe in Begleitung seines Managers bei einer Pressekonferenz in Berlin der medialen Öffentlichkeit Rede und Antwort: Den „Vorwurf", dieses Mal fast schon zu neue Songs wie z. B. eben „One" zu interpretieren, entkräftete er schnell: „Ich habe tatsächlich gezögert, aber je länger ich nachdachte, desto reizvoller fand ich es. Entscheidend ist letztlich immer, ob ich sie gut singen kann." Wie etwa alles von Lennon/McCartney? „Ja", bestätigte Cocker und erklärte: „‚With A Little Help From My Friends' bis ‚Maybe I'm Amazed' auf der neuen CD – ich habe immer wieder gern Pauls Songs aufgenommen." Cocker habe doch schon oft „große Namen" auf eine Kooperation und Mitwirkung bei seinen Alben angesprochen, warum nicht auch Paul McCartney, folgte als Frage. „McCartney sollte als Gast dabei sein ... er hat jedoch auf die Anfrage leider nicht reagiert. Aber Eric Clapton und Jeff Beck haben Soli beigesteuert. Und die sind großartig, obwohl sie bei der Produktion in Los Angeles gar nicht anwesend waren: Dank moderner Technologien nahmen sie ihre Parts in England auf und schickten sie per Internet ..." Ein technischer Umstand, den Cocker nicht unbedingt begrüßte, aber er hat mit ihm zu leben gelernt: „Die Arbeitsweise hat sich eben drastisch verändert. Es gibt so viele Sachzwänge heutzutage. Bei meinem Debütalbum haben 1969 alle Musiker noch wirklich zusammengespielt – eine großartige Atmosphäre und sehr unkompliziert." Ganz

Hippie-like? „Die ‚Mad Dogs & Englishmen' waren anfangs beseelt vom Gedanken an Liebe, Frieden und Glückseligkeit! Andererseits verschlang die Tour mit großer Besetzung und Chorsängerinnen riesige Summen!" Wessen Summen weiß man heute, Joe hatte am wenigsten daran verdient.

Joe Cocker wirkte in sich ruhend bei diesem Gespräch, er war angekommen. „Nach einem Entzug sieht man die Welt mit anderen Augen. Ich bin zwar kein Kirchgänger geworden, aber ich erlebe eine Art spirituelle Kraft in der Musik und in der Natur." Diese Art von Spiritualität und Kraft begann Joe zusammen mit seiner Frau irgendwann auch wieder zurückzugeben. „Vieles hat mit meiner Frau Pam zu tun. Sie hat mir Kraft für alles gegeben und war immer da", erzählte Joe mit respektvoller, liebevoller und auch dankbarer Stimme. „Sie sind da, wenn ich von einer Tournee zurückkomme und ermöglicht mir den Übergang zum Landleben mit Bergwandern, Fischengehen und Tomatenanpflanzen und das zurückgezogene Leben auf meiner ‚Mad Dogs'-Ranch."

Pam Cocker war lange Anwaltin für unterprivilegierte Kinder und arbeitete für viele Kinderorganisationen. 15 Jahre führte sie in Santa Barbara, Kalifornien, ein „performing arts camp", wo Kinder unterschiedlicher Herkunft jeweils für zwei Wochen zusammenkamen, um sich künstlerisch zu betätigen, zu tanzen, zu fotografieren und zu schauspielern. Seitdem Joe und Pam, die in den 80ern geheiratet hatten, 1992 dann nach Colorado zogen, arbeitete sie an der Gründung der sogenannten „The Cocker Kids' Foundation" auf der 325 Morgen großen Ranch, die den den beiden eine Herzensangelegenheit geworden ist. Gemeinsame Kinder mit Joe hat Pam nicht. Lediglich eine Tochter aus einer früheren Beziehung, woraus die Enkelkinder Eva und Simon stammen. Zu beiden, zur Tochter von Pam und zu den Enkeln haben Joe und Pam regelmäßigen und liebevollen Kontakt …

Die „Mad Dogs"-Ranch liegt in Crawford, im Delta-County Colorados. „Das Familieneinkommen dort liegt bei etwa 16.000 US Dollar im Jahr. Das Delta County ist eine der ärmsten Gegenden Colorados", erläutert Pam Cocker. „Wir versuchen Aktionen und Spenden zu organisieren, um etwa Equipment für Sport- und Freizeitaktivitäten von finanziell schlechtgestellten Kindern zu beschaffen." Joe spricht auch auf Pressekonferenzen darüber: „Wir versuchen den Kindern kleine Träume zu erfüllen, zum Beispiel auch den Traum, ein Musikinstrument kaufen und erlernen zu können. Das Projekt wurde immer größer, als wir schließlich 1995 unser Haus bezogen. Die Leute in der Umgebung nahmen uns alle sehr herzlich auf", weiß Joe zu berichten. „Das Haus, eine Art Mischung aus Landhaus und Villa auf einem knapp 6.000 Quadratmeter großen Anwesen öffneten wir 1996 für die Öffentlichkeit, um Geld für den North Fork Valley Children's Christmas Party Fund zu sammeln. Als Gegenwert erhielten die Leute Essen, Trinken und eine Führung durchs Haus. Wir bekamen 60.000 Dollar in nur zwei Tagen zusammen. Es war ein überwältigender Erfolg. Seit 1998 ist unser Anliegen, Kindern aus finanziell und gesellschaftlich benachteiligten Familien zu helfen mit The Cocker Kids' Foundation, die in den ersten fünf Jahren knapp eine Million Dollar generieren konnte."

Anfangs sprach Cocker über seine Aktivitäten dieser Art nicht. Aber es machte schnell die Runde, dass da einer regelmäßig immer wieder mal ein Benefiz-Konzert gab, auf seiner eigenen Ranch, Autogrammstunden organisierte oder Second-Hand-Märkte. Begüterte, die das ganze unterstützten, erhielten ihre gewohnte VIP-Behandlung.

Die letzte große Auktion zugunsten von Kindern, die durch die Cocker Kids' Foundation unterstützt werden, fand übrigens am 5. Oktober 2013 statt. Sie brachte 41.000 Dollar ein. 2008 fand das erste „At Home"-Konzert statt, mit dem er 170.000 Dollar erlöste. Die „At Home"-Gigs erscheinen übrigens auf keiner Tournee- und Konzertliste und werden nur über die Cocker Kids' Foundation-Website und die lokalen Zeitungen kommuniziert. Mund-zu-Mund-Propaganda schafft es dann, dass auch Cocker-Fans aus anderen Bundesstaaten in Crawford anreisen. Ca. 45 Dollar kosten die Tickets. Und alle fühlen sich dabei sehr wohl, floss doch das meiste Geld davon nicht in die Entourage einer Tourneeorganisation, sondern kam direkt den Kindern zugute.

Ende 2006 begannen dann die Studioaufnahmen für Cockers drittes Album im neuen Millennium, das im März 2007 erschien. „Ich hatte letztes Jahr eine Auszeit genommen. Meine Plattenfirma hat mir in der

Zeit ein paar Ideen zugeschickt, und eine davon war, das Album mit Ethan Johns, einem jungen Produzenten, zu machen. Ich kannte ihn schon, da ich vor Jahren mit seinem Vater bei ‚Mad Dogs & Englishmen' zusammengearbeitet hatte. Das war noch in den Siebzigern. Wir trafen uns, und Ethan hatte eine glänzende Idee, er sagte, Joe, du könntest ein Album nach dem Vorbild der Sechziger machen. Er arbeitet gerne mit Tonband, ohne das digitale Zeug. Ich fragte ihn, welche Richtung wir einschlagen sollten – also, im Grunde begannen wir mit ein paar Skizzen. Ich hatte nur ‚One Word (Peace)' fix im Kopf, die restlichen Songs suchten wir gemeinsam aus. Wir dachten dabei nicht an Singles, wir wollten ein Album machen. Eine komplette Platte, ein Blues- und Gospel-Album."

Das besondere an dem Gespann Cocker/Johns war die Kombination zweier spezieller Charaktere: „Das Aufeinandertreffen von Joe Cocker und Ethan Johns auf dem Album ‚Hymn For My Soul' kommt einem Geniestreich gleich", verlautbarte Joes Plattenfirma. „Es war eine bereichernde Erfahrung für beide", bestätigten Cocker und Johns. Und beschreiben die Kooperation als „Beginn einer lebenslangen Freundschaft voll tiefer gegenseitiger Anerkennung." Was machte diese Kooperation aber so besonders? Auf der einen Seite ist da eine der unverkennbarsten Stimmen der Welt, eine Ikone von Sänger, eine lebende Legende, die seit mehr als vierzig Jahren aus jedem Song noch das Letzte rausholt. Auf der anderen Seite steht dann dieser junge Produzent (und ausgezeichnete Musiker), der sein Können und sein geniales Händchen unter anderem auf Alben von Rufus Wainwright, Emmylou Harris, Ryan Adams, Razorlight und den Kings of Leon zur Entfaltung gebracht hat. Eine Kollision der Kulturen? Mitnichten. Das Resultat ist denn auch eine der vollkommensten Arbeiten in der langen und illustren Karriere des Sängers, und zudem ein Werk, das von einer famosen Band eingespielt wurde. Stellt sich die Frage, wer von den beiden eventuell den anderen übertroffen hat. Vielleicht Johns Cocker. Der junge Produzent, nicht einmal halb so alt wie Joe, war schlichtweg von der Möglichkeit überwältigt, das neue Werk eines Musikers zu produzieren, für den schon sein eigener Vater, der berühmte Rockproduzent Glyn Johns (Eagles, Rolling Stones, The

Who), als Toningenieur gearbeitet hatte, und zwar auf Cockers frühem Meisterwerk „Mad Dogs And Englishmen" aus dem Jahr 1970. Dazu merkt Cocker an: „Als er seinem Vater am Telefon erzählte: ‚Ich werde mit Joe an einem Projekt arbeiten', wurde es offensichtlich am anderen Ende plötzlich ganz still." Dazu muss man wissen, dass es immer ein großer Wunsch von Johns senior gewesen war, ein Album für Cocker auch zu produzieren, dass sich aber aus verschiedenen Gründen nie die Gelegenheit geboten hatte. Als nun Johns junior diese Chance hatte, packte er sie auch gleich beim Schopfe. „Natürlich habe ich sofort gesagt: ‚Ja, ich will mit ihm arbeiten.' Da gab es kein langes Überlegen. Auch wenn ich Joe als Kind nie begegnet bin, als mein Vater mit all den berühmten Musikern nach Hause kam, hatte ich nur Gutes von ihm gehört. Ich wusste, dass er nicht nur ein legendärer Sänger ist, sondern auch eine Seele von Mensch."

Joe Cocker und Ethan Johns arrangierten ein erstes Treffen in Los Angeles, um sich kennenzulernen. Für diesen Kaffeeplausch wählten sie die Polo Lounge im Beverley Hills Hotel, die auch von der Hollywoodprominenz gerne frequentiert wird. „Gleich nachdem sich Joe hingesetzt hatte und mir in die Augen schaute, wusste ich, hier ist jemand, mit dem ich auf sehr direkte Art und Weise kommunizieren kann", erinnert sich Johns. „Und das ist etwas, was ich an ihm liebe. Da gibt es keine Mätzchen, kein Getue." Für Joe Cocker war die Sympathie nicht minder unvermittelt. „Ein Mitarbeiter von der Plattenfirma in London hatte mir gesagt, wie gerne er mich mit Ethan zusammenbringen würde, und besorgte mir dann dessen Arbeiten mit Ryan Adams und Ray LaMontagne. In beiden Fällen beeindruckte mich besonders der klare Sound, den er aus diesen Typen herausgeholt hat. Folglich haben wir uns dann getroffen, und ich hatte sofort ein wirklich gutes Gefühl. Er ist ein wahrlich positiv beseelter Mensch, der in Anbetracht der Möglichkeit, dass wir zusammenarbeiten, ganz aufgeregt zu sein schien."

Und Joe Cocker weiter: „Wie das so ist, wenn es sich herumspricht, dass ich eine neue Platte aufnehme, sind wir mit Balladen geradezu überschwemmt worden. Aber ich wollte mich nicht wiederholen und, ehrlich gesagt, war ich ein wenig ratlos, wie ich vorgehen sollte. Dann stellt sich plötzlich dieser junge Kerl hin und sagt: ‚Was ich gerne machen würde, wäre, den altmodischen Weg eines wirklich zusammenhängenden Albums einzuschlagen, statt nur eine Reihe zusammenhangloser Stücke zu nehmen. Lass uns deine Stimme ganz nach vorne mischen. Oh, und lass es uns live aufnehmen. Klingt doch großartig, oder?!"

Die Bande zwischen den beiden wurden noch enger, als Cocker gestand, dass andere Produzenten, mit denen er über eine Zusammenarbeit gesprochen habe, seine Songauswahl als zu düster empfanden. „Dylans ‚Ring Them Bells' war das beste Beispiel", so Cocker. „Aber Ethan entgegnete: ‚Wenn man sich den Text genau anhört, ist er doch eigentlich sehr optimistisch.' Was er auch wirklich ist, selbst wenn die meisten Menschen dazu neigen, ihn anders zu interpretieren. Das war typisch für Ethan. Er hat einen strahlenden Blick auf die Welt und diesen guten Spirit, und den hat er auch während des gesamten Aufnahmeprozesses beibehalten. Es hat sich erwiesen, dass ich mit meinem guten Gefühl, was unsere Zusammenarbeit betraf, absolut richtig lag."

Die Aufnahmen fanden in den Sunset Sound Studios in Los Angeles statt, in denen Joe Cocker bereits 1969 sein zweites Album aufgenommen hatte. „Dann sagte Ethan zu mir, dass er sehr eigen wäre, was die Auswahl der Musiker betreffe, also, wenn ich nichts dagegen hätte ... und er nannte eine Reihe von Namen, die er in Betracht zog, und ich meinte nur: ‚Können wir die wirklich bekommen?' Seine Antwort lautete Ja, und deswegen befinden sich auf dem Album auch so viele großartige Musiker."

Zu den mitwirkenden Musikern gehörten die legendären Schlagzeuger Jim Keltner, der als einer der besten Session-Drummer der Welt gilt, und James Gadson (er spielte nicht nur mit allen möglichen Künstlern von Gladys Knight bis Justin Timberlake, sondern produzierte auch einige klassische Soulalben von Bill Withers). Mit von der Partie waren ebenfalls Tom Pettys Pianist Benmont Tench, der ehemalige Jethro-Tull-Keyboarder Dave Palmer und Bassist Bob Babbitt, der schon als Musiker der Motown-Studioband The Funk Brothers in den 60ern und 70ern für Furore sorgte und auch später auf unzähligen Aufnahmen zu hören ist. Komplettiert wird dieses All-Star-Line-up vom Hammondorganisten Mike Finnigan, der bereits mit Jimi Hendrix auf dessen Meilenstein „Electric Ladyland" spielte. Wer hat schon in jüngster Zeit eine geschichtsträchtigere Band hinter sich vereinen können?

Joe Cocker kümmerte sich im Gegenzug darum, die Backgroundsänger(innen) zusammenzustellen. „Vor nicht allzu langer Zeit war ich auf der Beerdigung von Billy Preston eingeladen, und natürlich bat man mich ‚You Are So Beautiful' zu singen (Anm.: Preston hatte diesen Song, den Cocker 1975 zum weltweiten Hit machte, komponiert). Mein Pianist und ich waren die einzigen weißen Gäste vor Ort, aber da waren auch all diese großartigen Mädchen wie Merry Clayton, Julia Walters und Tata Vega." Als Cocker sie dann fragte, ob sie noch einmal zusammenkommen könnten, um auf „Hymn For My Soul" mitzusingen, waren alle drei Sängerinnen sofort Feuer und Flamme. Gemeinsam mit dem Gesangsveteran Jim Giltstrap und Julia Walters' Bruder Oren veredelten sie die Songs mit einem guten Schuss Soul.

Nachdem die Liste der Musiker stand, begann, wie Johns einräumt, der intensivste Teil des gesamten Arbeitsprozesses – sich auf die endgültige Liste der Songs festzulegen. „Was meines Erachtens phänomenal war, ist die Tatsache, dass sich Joe wirklich Zeit für die Entscheidung nahm, welche Songs nun auf dem Album sein sollten und welche nicht. Andere Künstler legen sich meist sofort fest. Aber Joe hat nie etwas barsch von der Hand gewiesen, selbst wenn er anfänglich mit etwas nicht warmgeworden ist. Er hat jeden Vorschlag ernsthaft in Erwägung gezogen." Das Ergebnis war aus Johns' Sicht „eine unglaublich befriedigende Erfahrung. Auch wenn ich mir nicht selbst auf die Schulter klopfen möchte, kann ich allen Ernstes behaupten, dass dies eine der besten Platten ist, an denen ich jemals mitgewirkt habe. Im Endeffekt war ich einfach nur glücklich und dankbar, im selben Raum wie Joe zu sein, zwischen Bob Babbit und James Gadson zu stehen, meine Gitarre zu spielen und ihn singen zu hören. Darüber hinaus hätte das Resultat nicht wertvoller ausfallen können. Ich denke, für Joe ist dies ein wahrer Triumph … Obwohl Joe in all den Jahren mit so vielen großartigen Produzenten gearbeitet hat, war er bereit, die Messlatte wieder höher zu setzen. Sein Engagement bei diesem Projekt war grenzenlos. Seine Energie, sein Drive und seine

Ausdauer waren einfach atemberaubend. Es gab keinerlei Guide Vocals. Er war einfach in der Lage, zwölf Stunden lang, sechs Tage die Woche, mit voller Inbrunst zu singen. Und die Band hat auf Joes Leadgesang brillant reagiert. Gerade weil er stets so präsent war, waren sie es auch, und haben sich darauf eingelassen, sich von seinem Gesang inspirieren und leiten zu lassen. Es war einfach aufregend, an diesem Album teilhaben zu können."

Die endgültige Songauswahl ist so umfassend wie ungewöhnlich. Joe sagt vorweg: „Es ist nicht wirklich ein Unplugged-Album, kommt aber einem Livemitschnitt verdammt nahe. Es gibt keine Synthesizer, keine Studiotricks. Wir haben auch auf Pro Tools verzichtet und jeden Song in ein paar Takes aufs Band gehämmert." Was die Herkunft der Songs betrifft, umspannt das vornehmlich dem Blues und Gospel entstammende Material ganze Dekaden. Hinzu kamen neben dem vorgenannten Dylan-Klassiker bewährte Evergreens von Stevie Wonder („You Haven't Done Nothin'"), Creedence Clearwater Revival („Long As I Can See The Light") und George Harrison („Beware Of Darkness"). „Ich liebe das Lied von George! Wenn ich ins Studio gehe, schicken mir Dutzende Leute ihre Ideen. ‚Beware Of Darkness' lag bei den letzten drei Alben immer wieder auf dem Tisch, aber Produzenten wollen den Song nicht machen, weil sie denken, er sei zu traurig, zu düster. Ethan war da anders, er sagte: ‚Joe, wenn du es singst, würde ich es mit Sicherheit nicht traurig finden!' Er unterstützte mich ganz anders als die übrigen Produzenten. Er war es auch, der Bob Dylans ‚Ring Them Bells' vorschlug – ein Song, mit dem man bei mir nicht unbedingt rechnet. Wir haben zusammen ein wirklich nettes Paket geschnürt."

Es gibt zudem Songs, die man mit Veteranen des Soul in Verbindung bringt, wie Art Neville respektive The Meters („Love Is For Me"), Solomon Burke („Don't Give Up On Me") und Percy Mayfield („Rivers Invitation"). Aus jüngerer Zeit wurden zwei Songs ausgewählt, und zwar von der aus New Orleans stammenden Formation The Subdudes („One Word (Peace)") und von Andy Fairweather-Low („Hymn 4 my Soul"). Mit unnachahmlicher Stimme eingesungen und mit nicht minder großer Perfektion musikalisch begleitet, bilden diese Aufnahmen die beste

Arbeit von Joe Cocker seit Jahren. „Ich bin Ethan ungemein dankbar, dass er mich in diese neue Dimension geführt hat", erklärt Joe Cocker abschließend. „Dies ist das musikalischste Album, das mir seit langer Zeit gelungen ist." Und Johns fügt mit strahlendem Lächeln hinzu: „Ich kann kaum beschreiben, wie gut meiner Meinung nach ‚Hymn For My Soul' ist. Lass es mich so formulieren: Es ist das emotionalste und sogar spirituellste Projekt, an dem ich seit langem beteiligt war. Die beste Musik ist weit mehr als bloßes Entertainment. Sie schafft die Verbindung zu Menschen auf einem tiefgründigeren Level. Das ist hier der Fall. Ich denke, sie ist überwältigend. Wirklich überwältigend."

In Deutschland erschien das Album am 30. März 2007. Cocker war begeistert: „Ich finde es traurig, dass viele Acts heute nicht mehr über das zweite Album hinauskommen. Ich meine, ich hab jetzt an meinem fünfundzwanzigsten gearbeitet! Aber es hätte mir auch so ergehen können: weg vom Fenster und immer, immer, immer weiter runter. In der Tat wäre ich in den Siebzigern ohnehin fast untergegangen! (lacht) Aber die Tatsache, dass ich diese Zeit überlebt habe, spornte mich an, weiterzumachen. Als ich jung war, fühlte ich mich unbesiegbar. Nicht für lange Zeit, aber es war so. Ich weiß nicht, warum es auf einmal so schwierig wurde – vielleicht, weil die Bestie wieder zurückkam, die Maschinerie wieder anlief. Mitte der Sechziger dachten wir, dass wir bei einem Album die gleichen Freiheiten hätten wie beim Liebemachen. Wir dachten, das würde ewig so bleiben. Aber in den Siebzigern kam die Maschinerie zurück, und Geld übernahm die Hauptrolle – was niemals ein gutes Omen für Kunst ist, wenn sie von Geld abhängt. Es killt die Musik. Als Sting und The Police auftauchten, ließen sie uns alle wie Junkies aussehen. Sie waren so ordentlich, so professionell, und wir waren auf einen Schlag zum alten Eisen verkommen. Ich denke, dass Jim Keltner jeden jungen Spunt, der sich momentan hinterm Schlagzeug einer jungen Rockband die Charts hochspielt, in Grund und Boden trommeln kann! Wenn er auf etwas draufschlägt, dann hat das einen Grund und taugt zu mehr, als nur um Geräusche zu erzeugen. Jim ist ein toller Drummer, weil er Gefühl hat. Er bringt jeden Schlag in Form. James Gadson, der zweite Drummer auf dem Album, ist ebenfalls hervorragend. Als ich Keltner erzählte, dass Gadson auch ins Studio kommt, fragte er sofort, ob er nicht Tamburin oder so was spielen könnte. Irgendetwas, Hauptsache er konnte mit ins Studio. Ich wusste nicht, dass Jim Keltner zu irgendjemandem aufsieht, aber bei James Gadson sagte er, das ist mein Mann!"

Ein Song auf „Hymn For My Soul" heißt „Long As I Can See The Light" von John Fogerty. Ist es das, was Cocker mit 63 Jahren tun wollte, so lange singen, bis man tot von der Bühne fällt? „Auf diesen Song hat mich jedenfalls nicht Johns Originalversion gebracht, die ich zuletzt vor Jahren gehört habe. Ein Typ namens Ted Hawkings hat eine Version davon gemacht, und mir gefiel sein Arrangement. Es geht mir aber auch sehr um die Lyrics in diesem Song. Sie passen einfach gut zu meinen alten Knochen (lacht). Wenn ich ‚Long As I Can See The Light' höre, fühle ich, dass es Zeit ist, wieder auf Tour zu gehen. Seit 40 Jahren fühle ich das bei diesem Song. Ich mach das alles, solange ich gesund bleibe. Man fragt sich manchmal schon, warum sich die Leute das antun. Nehmen wir B. B. King, der bei seinen Live-Konzerten kaum einen Song komplett spielt. Zurecht, schließlich ist er 80 Jahre alt! Er spielt ein kleines Solo und übergibt es dann an einen weit jüngeren Gitarristen. Ich weiß nicht, ob ich so weit gehen möchte. Ich denke, wenn ich ‚With A Little Help From My Friends' nicht mehr singen kann – das auch jetzt noch ein ganzes Stück Arbeit bedeutet –, dann ist es Zeit, aufzuhören. Meine Shows haben ein bestimmtes Niveau an Intensität, das ich nicht unterschreiten möchte. Wenn ich dieses Level halbieren müsste, die Songs auf eine tiefere, weniger herausfordernde Tonlage transponieren müsste, hätte ich nicht mehr denselben Kick an der Sache. Andererseits kann dich auch dein Publikum in diese Sphären katapultieren, also kann ich nicht garantieren, dass ich es nicht doch machen würde."

Worüber Joe erst drei Jahre später erzählte war der Schlaganfall, den er im Auge erlitten hatte. „Ich hatte einen Schlaganfall im Auge, als ich an meinem Album arbeitete. Es war hektisch, alles sollte schnell fertig werden. Danach habe ich mir geschworen, mich nie wieder für etwas zu stressen." Und: „Momentan konzentriere ich mich auf die nächsten zwei Jahre. Wir haben das Album, es wird eine Tour geben, und danach werde ich mich wieder ein Jahr ausruhen und die Lage neu bewerten. Ich weiß nicht, ob ich in zehn Jahren noch zur Verfügung stehe …"

Und genau das tat er dann auch. Joe ging mit dem neuen Album wieder auf Tournee, die ihn 2007, 2008 und 2009 erneut in internationale Konzerthallen und auf internationale Festivals brachte. Doch zunächst erhielt Joe 2007 noch den „Officer of the Order of the British Empire"-Orden der englischen Königin, wobei die Ausgezeichneten in den persönlichen, nicht-erblichen Adelsstand erhoben werden und fortan den Titel Sir bzw. Dame tragen. „Das war vielleicht ein Schock. Ich war total überrascht, als ich davon erfuhr", erinnert sich Cocker noch heute daran. „Normalerweise beeindruckt mich nicht mehr, was die Leute so über die Jahre reden. Aber als mein Manager daherkam und meinte: ‚Hey du bekommst den OBE', da reagierte ich nur noch mit einem – oh! Ich meine, ich lebe jetzt schließlich für mehr als 30 Jahre in den USA, und ich dachte, so was wäre für mich ohnehin passé. Ich glaube, Eric Clapton hat auch einen Orden, den British Empire, bekommen vor ein paar Jahre. Ja, es hat mich überwältigt. Ich würde mit meiner Frau in den Buckingham Palast spazieren. Und ich müsste einen Frack tragen samt Fliege. Das wird ein besonderer Tag werden. Ich ging also zum Buckingham Palace und machte meinen kleiner Diener vor Prinz Charles, der auf dieser kleinen Kiste stand und von oben herunter den Orden umhängte. Mein Bruder bekam ja zuvor schon den ‚Commander of the Order of the British Empire'. Aber dass ich einen Orden erhielt, obwohl ich in den Staaten lebe, wunderte mich schon, vielleicht wussten sie das jedoch auch gar nicht", amüsierte sich Joe im Nachhinein. „Sie sagten, es sei ‚for my contribution to music'. Wenn ich daran denke, dass die Verleihung im Fernsehen übertragen wurde und dass einige Leute in den Pubs von Sheffield zusahen, musste denen wohl das Bier im Hals steckengeblieben sein, als sie Worte hörten: ‚Joe Cocker erhält den OBE.'"

Im Oktober ging Joe Cocker anschließend auf eine ausgedehnte, 18 Termine umfassende Deutschlandtour unter dem Motto „Hymn For My Soul". „Ich habe in Deutschland eine ziemlich fundierte Fanbasis, was faszinierend ist. Aber ich denke auch, dass die Fans hier in Deutschland ein gewisses Ohr für Musik haben. Jedes Land in Europa hat so seinen bestimmten Musikgeschmack, aber für mich war es in Deutschland immer besonders."

Nach dieser Tournee absolvierte Joe im Folgejahr seine üblichen Auftritte in den USA, Australien und wieder in Europa. Am 17. Mai trat er etwa wieder im Kreml in Moskau auf.

2009 wurde zur Hälfte mit Tourneen und zur Hälfte mit ersten Arbeiten zum 2010 erschienenen Album „Hard Knocks" verbracht. Ein herausragender Auftritt war der am 24. April 2009 beim New Orleans Jazz & Heritage Festival, wo die Teilnahme eine Art Ritterschlag für US-amerikanische Singer/Songwriter darstellt. Und natürlich gab es auch Auftritte in Deutschland. „Ja, Deutschland ist so was wie meine spirituelle Heimat im Sinne von musikalischer Heimat. Wann immer ich auch toure, haben wir eine gute Gefolgschaft in Frankreich und anderen Ländern in Europa. Aber wenn ich mich zurückerinnere: In den Siebzigern, da war Deutschland immer da für mich. Deshalb liegt mir auch das deutsche Publikum besonders am Herzen. Wenn ich ein neues Album mache und nicht ganz sicher bin, wie es laufen wird, dann kann ich fast mit Sicherheit vorher sagen, dass es die deutschen Fans auf jeden Fall mögen werden. Es ist auch eine Generationensache. Ohne das deutsche Publikum stünde ich heute sicher nicht da, wo ich jetzt eben stehe. Gott segne es … Ich glaube, ich bin im Grunde ein weißer Soulsänger, der ein Gefühl nach dem anderen liefert. Das bin ich, und das ist das, was ich tue. Und das hält mich auch aufrecht. Im Gegensatz zu vielen anderen Sängern kann ich dieses Gefühl übertragen, auch wenn's manchmal etwas schwierig ist. Wenn ich mal traurig oder verärgert bin, dann lasse ich das in der Musik heraus. Und ich glaube, das kann man raushören. In Deutschland hört man bewusster Musik. Von jeher hat man dort Musik geliebt, von Beethoven bis Mozart. Und die Deutschen hören diese Liebe heraus. Vielleicht ist das der Grund, dass ich gerade hier den Nerv der Leute treffe und dass mir nach wie vor zugehört wird."

Die 2010er-Jahre
Jahre der Ehrung

+++ Breaking News +++ Breaking News +++ Breaking News +++

Album Nr. 22: „Hard Knocks" (2010) / Album Nr. 23: „Fire It Up" (2012) / Eine „Goldene Kamera" für das Lebenswerk (2013) / „Fire It Up – Live", das dritte offizielle und das erste Live-Album seit 20 Jahren (2013) / 68 Shows mit 69 Jahren (2013) / Wiedersehen beim Montreux-Jazz-Festival (2013) / Living in America (2014) / Joe Cocker wird 70 (2014)

+++ Breaking News +++ Breaking News +++ Breaking News +++

Das zweite Jahrzehnt im dritten Jahrtausend begann mit dem, was Joe Cocker schon immer tat: Alben aufnehmen und damit auf Tournee gehen. 2010 veröffentlichte er sein 22. Studio-Album „Hard Knocks" und 2013 sein 23. Mit dem Titel „Fire It Up".

Und dazwischen? 2011 und 2012? Auch hier „same procedure as every year": auf Tournee gehen, selbst dann, wenn nicht gerade ein neues Album aufgenommen und veröffentlicht worden war. Joe Cocker wieder einmal zu Gast in der ganzen Welt.

Im Sommer 2010 tourte er mit Tom Petty und seiner Band durch Nordamerika. Danach war die Pressearbeit für das neue Album angesagt.

Und SONY Music, Joes aktuelle Plattenfirma (seit 2010) wusste, wie man einen Star im fünften Jahrzehnt seines künstlerischen Schaffens promotet, wenn sie damals proklamierte: „Seit mehr als vierzig Jahren ist er eine ganz große Nummer im internationalen Musikbusiness. Er hat 21 Studio- und vier Live-Alben veröffentlicht. Seine Stimme ist eine musikalische Trademark. Er hatte überall auf der Welt Riesenhits, und seine Platten verkauften sich millionenfach. Er ist ein Grammy-, Golden-Globe- und Oscar-Preisträger ... Kein Zweifel: Joe Cocker ist eine Musiklegende."

Am 1. Oktober feierte der 66-Jährige dann sein Sony-Music-Debüt mit seinem neuen Album „Hard Knocks", das beim Label Columbia SevenOne erschien. „Ich habe vermutlich mehr Zeit auf der Straße zugebracht als in der Schule", erklärt Joe 2010 nach unzähligen Konzertreisen. „Fans, die lange genug dabei sind, um sich an meine Lebensgeschichte zu erinnern, werden mit dem Titel ‚Hard Knocks' vermutlich etwas anfangen können." Doch trotz des etwas brutal klingenden Albumtitels mussten seine Anhänger (die drei Jahre auf neues Material warten mussten) keine Sorge haben, dass Cocker musikalisch eine neue, womöglich härtere Richtung einschlagen würde. Ganz im Gegenteil: „Hard Knocks" war wesentlich poppiger als die Veröffentlichungen der vorangegangenen Jahre.

Die Aufnahmen der zehn neuen Stücke entstanden 2009 und 2010 in Los Angeles unter der Regie von Matt Serletic, der in seiner Karriere u. a. Collective Soul, Matchbox Twenty, Rob Thomas und Carlos Santana produzierte. „Ich sagte ihm, dass ich eine moderne Platte machen wolle, allerdings nicht zu modern. Mir ist klar, dass ich mich heutzutage mit 25-jährigen Kids messen muss, trotzdem bin ich nicht Green Day! Ich hatte bei ihm das Gefühl, dass wir etwas zusammen entwickeln konnten, das etwas anders war." Bei einem Song arbeitete Joe Cocker mit Nashville-Legende Tony Brown, der u. a. Pianist für Elvis Presley gewesen war. „Jedes Kind, das in den Sixties aufwuchs, liebte Elvis! Die gekräuselte Lippe, er war der perfekte Balladen-Sänger", sagt Joe und ergänzt, dass ihn Tony an diese Zeit erinnert und er Elvis Anfang der 70er noch live in Concert erlebt habe.

Zusammen nahmen sie die Dixie-Chicks-Coverversion „I Hope" auf. Für einen Sänger, der mit der Veredelung von Songs anderer Leute zur Legende geworden war, ist die Menge an Neu-Kompositionen auf „Hard Knocks" durchaus erstaunlich. „Ich wurde für meine Coverversionen oft kritisiert", erinnert er sich. „Mitten in der Produktion meinten einige:

‚Okay, Joe, ich denke, die Leute erwarten wohl ein paar Coverversionen von dir', und es gab auch Diskussionen über ein Duett mit Joss Stone. Als ich dem Label allerdings die Stücke ablieferte, waren die Leute dort komplett happy damit, und ich dachte mir: ‚Na das ist doch mal eine Abwechslung.'" Anders als viele Musiker, die jede neue Veröffentlichung als ihre bislang beste preisen, macht sich Joe nicht viel aus dem üblichen „Next Level Shit"-Hype. Viel lieber lässt er den Hörer urteilen: „Ich werde abwarten, wie das Feedback der Leute ist." Auf die Reaktionen musste Joe dann noch bis Oktober warten. Dann erst erschien nicht nur das neue Album, sondern es begann auch seine erste Deutschland-Tournee seit 2007: die „Hard Knocks Tour 2010" startete am 23.10.2010 in der Saarlandhalle in Saarbrücken.

Aber was muss ein Mann noch beweisen, der es vom Gasinstallateur aus dem britischen Sheffield auf alle Bühnen der Welt geschafft hat, der bereits in jungen Jahren zur Legende wurde, der so schnell verschwand, wie er aufgetaucht war, und doch nach einigen Jahren zurückkam, um zu bleiben. Schon damit durchbrach er das Gesetz der Boxer, von denen es hieß: „They'll never come back." Joe Cocker, der nunmehr seit zwei Jahrzehnten auf seiner Mad Dog Farm in Colorado residierte und von dort immer mal wieder auf Welttournee ging, Joe Cocker musste keinem mehr etwas beweisen.

Umso schöner war es, dass mit seinem neuen Album nun eine weitere Reflexion der eigenen Biographie in musikalischer Form zugänglich war. Er hat nie für sich reklamiert, der große Innovator zu sein, vieles von dem, das ihn berühmt gemacht hat, waren eben nur Coverversionen, die durch seine persönliche, raue, proletarisch einfühlsame Note überzeugten. Der Mann, der oft aufs Pflaster geschlagen ist, durch Schulden, Suff und Gewalt, der seit Jahrzehnten aus den wilden Zeiten gelernt hat, nahm sich das Recht heraus, in seinen Liedern davon überzeugend zu erzählen.

Der Titelsong „Hard Knocks" ist „eine Hymne an die Ehrlichkeit zu sich selbst. Ohne zu heroisieren", erzählte Cocker von den Schlägen, die er hatte einstecken müssen wie ein Boxer, der in den Seilen hängt. Und es klingt wie eine Verhöhnung der zeitgenössischen Welt, in der die

Botox getriebene Camouflage die Geschichte aus den Gesichtern eliminieren soll, dass Cocker die Narben und Schrammen, die er sich in den Lebenskämpfen zugezogen hat, stolz auf seiner Brust trägt wie Orden aus dem großen vaterländischen Krieg. „Trotz aller Verletzungen sind die Schläge und ihre Folgen Notwendigkeiten auf dem eigenen Weg der Befreiung", meinte er dazu.

Und so ist das Album zu lesen wie ein Fazit aus den Betrachtungen dieses Lebenskampfes. „Get On", „So It Goes", „Stay The Same" sind allesamt Titel, die für sich stehen und keinerlei Raum lassen für eine falsch verstandene Larmoyanz, die keinem etwas nutzt. Ganz im Gegenteil, in „Thankful" wird sich sogar noch bedankt für einen Lebensweg, der alles andere als leicht war oder keinen Preis gefordert hätte. Dass er dabei teilweise Groll empfindet, wie in „Unforgiven", ist da nur allzu menschlich, und dass er sich in „I Hope" zur Reflexion über die eigene Geschichte entschließt, zeugt von dem ungebrochenen Willen des im Jahre 2010 66-jährigen Sängers.

Man mag es kaum glauben, aber „Hard Knocks" reichte mit Blick auf seine Machart in eine Zeit zurück, in der man von Konzeptalben sprach, als es noch keine Überforderung an das Publikum darstellte, einen komplexeren Zusammenhang auf die Sinne einwirken zu lassen. Joe Cocker, der Narbenübersäte, der gebrochen Ungebrochene, der Proletarier, er stand zu sich und seiner Art, und die ist an Ehrlichkeit kaum zu überbieten. „In diesem Geschäft fühle ich mich manchmal ein bisschen komisch. Ich bin jetzt 66 Jahre alt und muss mit diesen ganzen jungen Sängern konkurrieren. Manchmal denke ich: Ich werde nur noch meine größten Hits singen! Für mich ist es eine ziemlich große Herausforderung, neue Titel zu machen. Als die Nachricht die Runde machte, dass ich mit Matt Serletic ein Album aufnehme, war ich überrascht, wie viele Songs uns angeboten wurden. Größtenteils waren es Balladen. Leider …"

„Die Leute denken wohl, der Cocker wird langsam alt", sagte er der WELT ONLINE. „Der will eh nur noch langsame Stücke singen. Gegen dieses Image wollte ich ansingen … Ich wünsche mir, dass meine neuen Songs im Radio gespielt werden. Wäre ich ein Songschreiber wäre, hätte ich mehr Spaß am Studioprozess. Ich sitze nicht gerne daneben, wenn andere spielen. Ich bin keiner, der eine Plattenproduktion dirigiert. Ich trage einfach nur meinen Teil zu dem Großen und Ganzen bei", erklärte Joe und verwies auf eine kurze Episode seines Songwritings mit Eric Stainton in den Sechzigern. Cocker weiß, dass er älter wird und sich allmählich seinem vielleicht letzten Lebensabschnitt nähert.

Im Mai 2010 trat er dann bei der amerikanischen Casting-Show „American Idol" auf. „Mein Management rief an und wollte wissen, ob ich nicht Lust hätte, aufzutreten. Die Finalisten würden gern ‚With A Little Help From My Friends' mit mir singen. Normalerweise bringe ich dieses anstrengende Lied nur als Zugabe bei meinen Live-Konzerten, weil mein Adrenalinspiegel dann sehr hoch ist. Aus dem Stand kriege ich es nicht annähernd so gut hin. Aber ich ließ mich irgendwie breitschlagen. Das habe ich schnell wieder bereut, denn man wollte mir verbieten, die Zeile ‚High with a little help from my friends' zu singen, weil ‚American Idol' eine Show für die ganze Familie sei. Plötzlich sollte ich nur noch das Intro und drei Takte singen. Es waren also die denkbar schrecklichsten Umstände, zu allem Übel waren die beiden Finalisten nicht mal textsicher. Wenn so die neue Zeit aussieht, bin ich stolz darauf, dass ich das Sangeshandwerk noch von der Pike auf gelernt habe."

Auf das „High-Sein" möchte Joe Cocker nicht mehr angesprochen werden, er kann den ewigen Fragen danach aber auch nicht entgehen. „Ich trinke seit zwölf Jahren nicht mehr – trotzdem meide ich Bars bis heute", gesteht er. „Leute wie die Rolling Stones oder ich sind wie eine Bande alter Piraten", ergänzt er und ist froh über die Expertise seines Arztes: „Er sagte, ich sei wie ein alter Mercedes, der quer durch die Wüste gefahren ist und läuft und immer weiterläuft." Trotzdem ist er vorsichtig und achtet auf seine Gesundheit. „Ich weiß, wie schnell sich alles verändern kann. Vor drei Jahren hatte ich einen Schlaganfall im Auge, als ich an meinem Album arbeitete. Es war hektisch, alles sollte schnell fertig werden. Danach habe ich mir geschworen, mich nie wieder für etwas zu stressen. Was soll denn passieren? Wenn ich mein Vermögen verliere – nun gut, ich werde schon einen Weg finden. Ich war schon immer ‚Happy Joe'", resümiert er lachend.

Im März 2010 berichtete die NEW YORK DAILY NEWS über eine Diskussion im Internet mit der Fragestellung: „Why are none of these people in the Rock and Roll Hall of Fame?" (Warum ist keiner von denen in der Rock and Roll Hall of Fame?) Joe war dabei der siebte von vierzig Künstlern, die es wohl Wert wären, in die Rock and Roll Hall of Fame aufgenommen zu werden und unverständlicherweise bisher nicht berücksichtigt wurden. Die Begründung: „Er schreibt selbst keine Songs."

Danach startete eine Petition für Joe Cocker, welche bis einschließlich 2013 jedoch erfolglos blieb. Vielleicht funktioniert es ja aber für sein 70. Geburtstagsjahr 2014 … Elton John war mit seiner Petition übrigens erfolgreicher, als er im September 2010 seinen Co-Autor bei dem 2010er-Album „The Union", Leon Russell vorschlug, der dann 2011 auch prompt aufgenommen wurde.

„Meine Fans nehmen das wesentlich schwerer als ich", kommentierte Cocker die Aktion. „Trotzdem frage ich mich: Wieso kam Steve Winwood mit Traffic und auch als Solokünstler gleich zweimal in die Hall of Fame, während ich komplett ignoriert wurde? Wir sind schließlich beide ein Teil der Rockgeschichte. Offenbar erinnert man sich in meinem Falle eher an meine schlechten als an meine guten Zeiten."

Und die hatte er in der Tat, weiß er doch essentielle Alben und Songs der Rockgeschichte vorzuweisen wie z. B. die Alben „With A Little Help From My Friends" (1969), „Delta Lady" (1969), „Mad Dogs And Englishmen" (1970), „I Can Stand A Little Rain" (1974) und Songs wie „With A Little Help From My Friends", „Feelin' Alright", „Delta Lady", „The Letter" oder „Unchain My Heart".

Am 13. März 2013 waren 16,7 % der Befragten für seine Aufnahme, 33,3 % sagten ja, würden aber andere noch vor ihm gerne dort sehen, für 50 % der Befragten würde die Welt nicht zusammenbrechen, wenn er es nicht schafft …

Im Sommer fand dann ein zweites „At Home"-Concert für die Joe-Cocker-Foundation seiner Frau Pam statt. 165.000 Dollar wurden eingespielt.

23. Oktober 2010, Saarbrücken, Saarlandhalle. Der Autor besucht Joes Auftakt zur Deutschlandtour und schreibt zwei Tage später in DIE

RHEINPFALZ eine Konzertkritik mit der Überschrift: „Mit Gänsehaut durch die Jahrzehnte – Joe Cocker brillierte bei seinem Deutschland-Auftakt in Saarbrücken": „Joe Cocker beweist von Tournee zu Tournee erneut, dass seine Fans nicht umsonst in seine Konzerte strömen. Er ist der lebende Beweis, dass man auch noch nach über 40 Jahren im immer schnelllebiger werdenden Musikgeschäft mit eisenharter Disziplin und Professionalität an der Weltspitze bleiben kann. Und er ist der Beweis, dass auch ein Brite die souligste Stimme der Welt haben kann. Saarbrücken 2010, Saarlandhalle, Punkt 21 Uhr am vergangenen Samstag. Das Saallicht erlischt, und eine Backstage-Kamera fängt Joe Cocker eine Minute vor seinem Auftritt bei seiner Vorbereitung ein und begleitet ihn ‚reality-show'-mäßig auf die Bühne. Dort heizt bereits die sechsköpfige Begleitband mit den zwei sexy-Sängerinnen mit ‚Get On', einem der zehn neuen Songs vom Album ‚Hard Knocks' ein. Einen Augenblick später steht der Chef-Heizer persönlich auf der Bühne. Im schwarzen Hemd, schwarzer Hose und Jacket macht er schnell deutlich, womit er an diesem Abend weitermachen möchte: Gasgeben. Schon beim zweiten Song ‚Feelin Alright' zieht der 66-Jährige sein Jacket aus und krempelt die Hemdsärmel hoch und macht das, womit er neben seiner unverkennbaren Stimme weltberühmt wurde: Er fuchtelt mit seinen Händen und Armen fast tranceartig herum, um sich scheinbar in die Tiefe seiner Songs hineinzutransportieren. Das Publikum in der fast ausverkauften Saarlandhalle dankt es ihm und honoriert jeden Kiekser und jeden Schrei mit tosendem Applaus. Bei Cocker bekommt man eben genau das, was man auch erwartet: erdigen, stampfenden Blues-Rock in CD-Qualität.

Doch das, was 2010 so geradlinig und bodenhaftend wirkt, war nicht immer so. Seit Ende der 60er gilt der aus dem englischen Sheffield stammende Cocker als unkaputtbare Woodstocklegende. In den 70ern allerdings gab er sich ausschweifend Alkohol und Drogen hin und soff sich fast sein Hirn weg. Zu Beginn der 80er schaffte er es, dem Teufel gerade noch mal von der Schippe zu springen und legte ein beeindruckendes Comeback mit dem Jennifer Warnes-Duett ‚Up Where We Belong' vor. Seitdem schafft es Joe Cocker mit jedem seiner bisher 21 Alben jeweils mindestens einen Top-Ten- oder gar Nr.1-Hit mit Gänsehaut-Charakter abzuliefern. Und genau diese Gänsehaut wusste Cocker auch bei seinem Tourauftakt der aktuellen Tournee zu produzieren. Egal, ob bei den Evergreens ‚Summer In The City' und ‚You Are So Beautiful' oder bei den All-Time-Klassikern ‚Leave Your Hat On', ‚Unchain My Heart' oder seinem auch 41 Jahre nach Woodstock noch immer funktionierenden ‚Urschrei' bei ‚With A Little Help From My Friends', Cocker weiß, warum die Fans zu ihm kommen und gibt ihnen, was sie brauchen: seine alle menschlichen Gefühlswelten ansprechende Stimme bei soul- und bluesdurchdrängten Rocksongs mit Ausnahmecharakter. Nach etwa 100 Minuten ist die Reise durch die Jahrzehnte, vollgepackt mit unvergesslichen Hits, vorbei und Joe Cocker hat sich und seinen ebenso durch die Jahrzehnte gereisten Fans wieder einmal auf elegante Weise bewiesen, wie zeitlos Vergänglichkeit sein kann. Die finale Zugabe ‚Thankful' brachte die atmosphärische Dichte des Konzertes schließlich auf den Punkt."

„Mein Trick ist, dass ich wirklich in die Songs eintauche", sagt Cocker hierzu. „Das fällt jedoch zunehmend nicht mehr leicht, weil ich nicht mehr 20 bin. Als erfahrener Sänger habe ich zwar mehr Kontrolle über meine Stimme, aber ich spüre ständig, was ich meinem Körper in jungen Jahren angetan habe. Die Trinkerei, die anderen Sachen und die vielen Auftritte in verrauchten Bars haben mir ziemlich zugesetzt. Für diese Sünden muss ich heute büßen." Und: „Am Timbre meiner Stimme kann ich jede einzelne Zigarette heraushören. Ich mache darüber immer Witze. Wenn ich mal richtig alt bin, bleibt mir nur noch eins: ein Blues-Album", erzählte er der WELT ONLINE.

Am 4. Dezember beendete Joe Cocker seine Tour in Deutschland, die ihn zwischendurch noch durch angrenzende Länder wie Frankreich, Belgien, die Niederlande, Italien, Slowenien oder Tschechien führte.

Schon im Januar 2011 ging die Tournee dann in Neuseeland weiter. Im Februar trat er in Australien, eine „alte" Cocker-Fan-Hochburg auf. Im Sommer kam er für ausverkaufte Open-Air-Shows- und -Festivals erneut nach Europa und machte noch einen Zwischenstop in New York. Dort bewies er seinem ehemaligen Musikerkollegen Cornell Dupree, der an einem Lungenemphysem litt, seine Solidarität und trat am 20. März 2011 bei einem Benefiz-Konzert in B. B. Kings New Yorker „Blues Club" auf. Damit sollte eine Lungentransplantation finanziert werden. Doch die Aktion kam zu spät: Dupree starb wenige Wochen später am 8. Mai 2011.

Im Herbst stand wieder Nordamerika und eine etwas längere Pause für das Einspielen einer für 2012 geplanten neuen Platte an.

Doch bevor sich Joe Cocker 2012 mit „Fire It Up", das einige als 23. Studio-Album zählen, obwohl es laut offiziellem Back-Katalog erst das 22. ist (Live-und Best-Of-Alben nicht mitgerechnet), ging er erst noch einmal auf Tournee an Orte, wo er schon längere Zeit nicht mehr war. Am 13. März 2012 trat er im Jockey Club del Perú in Lima auf. Von dort ging es weiter nach Argentinien und Brasilien und schließlich zurück nach Nordamerika. Die Tourband war dieselbe wie 2011 mit Gene Black – guitar, Oneida James-Rebeccu – bass, Norberto Fimple – saxophone, percussion, Nick Milo – keyboards, piano, Jeff Levine – Hammond B3 Organ, Jack Bruno – drums und Nicky Tillman – backing vocals, percussion sowie Kara Britz – backing vocals. Die Setlist umfasste mit 16 Songs einige Songs weniger als die Jahre zuvor und veränderte sich so gut wie nie im Verlauf der Tournee.

Im Mai/Juni 2012 arbeitete er zwischen einzelnen Tourneeabschnitten am Album in den kalifornischen Emblem Studios von Produzent Matt Serletic. Für „Fire It Up" produzierten Cocker und Serletic elf neue Songs. Das Album erschien dann am 18. November 2012 in Deutschland. Über die erneute Zusammenarbeit mit Joe Cocker sagte Matt Serletic: „Wir sind diesmal einen Schritt weiter gegangen. Ich bin davon begeistert, sämtliche Bestandteile hören zu können, die wir für das neue Album zusammengebracht hatten. Wir haben wunderbare klassische Soul-Nummern, große, kraftvolle Balladen und energiegeladene Tracks, all das findet seinen gebührenden Platz auf dem neuen Album." Joe Cocker seinerseits meinte zur künstlerischen Ausrichtung des neuen Albums: „Die Arbeit fühlte sich für mich ein bisschen wie das Malen eines Bildes an. Man hat elf oder zwölf Songs, die wie unterschiedliche Farben sind. Ich mag Eintönigkeit nicht."

Die Song-Vielfalt des neuen Albums beinhaltet etwa den Track „Eye On The Prize", den Marc Broussard aus New Orleans schrieb, der beim letzten Werk schon den Song „Hard Knocks" beisteuerte. „I'll Walk In The Sunshine Again" stammt vom vielfach mit Platin ausgezeichneten Singer/Songwriter Keith Urban. Joe Cocker umschreibt den Song wie folgt: „Es ist eine Country-Nummer, aber dann auch wieder nicht." „The Letting Go" schrieb Charlie Evans mit der englischen Blues-Soul-Sängerin Joss Stone und dem Grammy-Gewinner Graham Lyle. Der unwiderstehliche Titelsong (und zugleich die erste Single) „Fire It Up", dessen hymnischer Text und schwelgerischer Refrain von Joe Cocker mit der ihm typischen unvergleichlichen Leidenschaft gesungen wird, wurde von Alan Frew, Johnny Reid und Marty Dodson geschrieben. Über diesen Track sagte Joe: „Die Single ‚Fire It Up' ist ein besonderer Song, der dem neuen Album in seiner Gänze einen entscheidenden Anstoß gab." Und Matt Serletic ergänzt: „Der Song besitzt eine besondere Energie, die wir während der Aufnahmen einfingen."

Die Rezensionen des Albums fielen recht positiv aus: „… denn es weist alle Cocker-Kennzeichen auf: solides Rock-Handwerk, Mainstream-Balladen, obligate Röcheleinlagen. Zünftig!", urteilte etwa der ROLLING STONE.

Kurz zuvor hatte Joe bei einer TV-Gala in Berlin den Medienpreis die „Goldene Kamera" für sein Lebenswerk erhalten. Im Hotel de Rome gab er anlässlich der da anstehenden Welttournee noch Interviews und freut sich über die Auszeichnung, auch wenn sie nur ein Marketing-Instrument sei: „Natürlich fühle ich mich geehrt. Aber im April gehe ich auf Tournee. Und das ist die echte Herausforderung in meinem Geschäft." Auf Galas fühlte sich Joe noch nie wohl, wie man wusste und was er selbst auch immer wiederholte: „Klar, wir sind alle irgendwie kleine Diven, oder? Aber diesen ganzen Showbusiness-Part mochte ich ehrlich gesagt noch nie, ich konnte auch nie gut mit dem Ruhm umgehen, nachdem doch so viele Rockstars streben. Ich fühle mich nicht wohl in der ersten Reihe. Ich bin ein Rocker und kein Fotomodel. Und wenn Sie in einer Stadt wie Sheffield aufgewachsen sind, vergessen Sie das nicht." Der

Berliner MORGENPOST verriet er: „Unser Haus ist schon recht luxuriös. Die Leute, die uns besuchen, fragen mich dann immer, wo denn die wilden Partys stattfinden. Na ja, da ich nicht trinke, muss ich sie leider enttäuschen. Ich könnte also auch in einem Reihenhäuschen leben."

Berlin liebt er heute mehr denn je, tritt er doch schon jahrzehntelang dort auf: „Das ist unglaublich, was hier passiert ist. Für mich ist Berlin eine der beeindruckendsten Städte Europas, ganz ehrlich. Doch ich hatte damals schon das Gefühl, dass die Menschen dieser Stadt eine enorme Stärke besitzen. Sie haben all diesen Lifestyle, ihre Kultur quasi wieder von Null aufbauen müssen."

„Er singt nicht, es ist ein Naturschauspiel", resümierte David Garrett dann in seiner Laudatio. „So eine Art Orkanböe des Rachenraums, seine Musik kratzt an unseren Seelen." Wie recht der Star-Geiger mit dieser Beschreibung hatte, wurde allen Gästen spätestens in dem Moment klar, als der Bluesrocker seinen Hit „Up Where We Belong" anstimmte: zur Überraschung der Gäste sorgte er für Gänsehaut pur, als er im Duett mit seiner merklich gealterten Kollegin Jennifer Warnes auftrat. Hollywood-Star Sigourney Weaver musste sich sogar ein Tränchen der Rührung wegwischen, und Al Pacino applaudierte, als hätte er soeben Elvis, Jimi und Janis zusammengehört …

Am 22. April, mitten in der Deutschlandtournee, trat Joe Cocker in Köln auf, bei einem denkwürdigen Konzert, zu dem 10.500 Fans in die KölnArena strömten. Die sollten an diesem Abend eine Hauptrolle übernehmen: Da die deutschen Fans zu seinen treuesten gehören und ihn mit der Domstadt eine besondere Liebe verbindet, hatte Joe Cocker die Arena als Drehort für seine neue Live-CD und -DVD ausgewählt. „Mit seinem beeindruckenden Falsettgesang, souligen Melodien und berührenden Texten hatte er die Cocker-Fans nach wenigen Takten auf seiner Seite", urteilte der KÖLNER STADTANZEIGER nach dem rund zweistündigen Konzert. „Große Spannung baute sich nach der Umbaupause auf: In der Dunkelheit ließen Bässe und Fanfaren die Sitze in der komplett bestuhlten Arena vibrieren. Dann brachte starkes Schwarzlicht das Interieur zum Fluoreszieren, einzelne Kleidungsstücke im weiten

Rund leuchteten dabei plötzlich in Neonfarben. Tosender Applaus, der fallende Vorhang und die ersten Klänge von ‚I Come In Peace' lösten dann die Spannung. Im schwarzen Anzug und weißen Spot erschien ‚Sir' Joe Cocker im Zentrum der bunt illuminierten Bühne, und augenblicklich war kein Stuhl der Arena mehr besetzt."

Während er auf der letzten Tour 2007 gerade mal drei neue Songs einstreute, präsentierte er in Köln acht Titel von „Fire It Up". Nach 90 Minuten Konzert begann das Hammond-Intro von „With A Little Help From My Friends" im Dreivierteltakt und gipfelte im berühmten Urschrei Cockers. Vier Zugaben später war die Show dann zu Ende. Mit einem „We'll be back!" verabschiedete sich Joe.

Ob er das nach dann insgesamt 68 Konzerten im Jahr 2013 ernst meinte, weiß man nicht. Eine derartig lange Tournee soll es jedenfalls nicht mehr geben.

Eine von Joe Cockers bislang längsten Konzert-Odyseen innerhalb eines Jahres führte ihn 2013 auch noch einmal zum Montreux Jazz- und Bluesfestival. Ebenfalls erwähnenswert sind Joes Konzerte in Berlin und Hannover. Am 7. September beendete Joe Cocker seine Deutschlandtournee nach 68 Konzerten mit einem Open Air auf der Loreley in St. Goarshausen. Einen Tag zuvor absolvierte er vor 23.000 Zuschauern sein meistbesuchtes auf der bis dato längsten seiner Tourneen in Chalon-en-Champagne in Frankreich. Veranstalter war dort der saarländische Konzert-Guru Dragan Nikitovic, der Joe Cocker schon über 20 Jahre im In- und Ausland auf die Bühne bringt. In Köln waren es knapp 11.000 Zuschauer, in Berlin 15.000, in Montreux 4.000. Die Ticketpreise bewegten sich zwischen 50 und 250 Euro, abhängig von der Preis- und Sitzkategorie. 2013 bewegten sich Cockers Gagen in Dimensionen ab ca. 200.000 Dollar pro Konzert aufwärts, manchmal beliefen sie sich auch auf bis zu 350.000 Dollar. Davon waren allerdings die Produktionskosten des Auftritts zu bezahlen und die Musiker. Was abzüglich des Gagenanteils für den Manager (ca. 30-40 %) noch übrigblieb, gehörte Joe. Meist wird eine sogenannte Break-Even-Menge an Tickets errechnet, also jene Menge an Tickets, die benötigt wird, um alle Kosten abzudecken. Wird diese überschritten, ist es möglich, dass der Künstler an den weiteren verkauften Tickets auch noch einmal zusätzlich prozentual beteiligt wird. „Heißen die Künstler The Rolling Stones, wird die Break-Even-Menge auf bis zu 98 % festgelegt, sodass den Veranstaltern kaum die Möglichkeit bleibt, Gewinne einzufahren. Die Stones sind ein Prestige-Projekt, bei Cocker können alle Geld verdienen", so ein Insider der Veranstalter-Branche.

Am 4. Oktober veröffentlicht Joe Cocker den ersten Livemitschnitt auf CD, DVD und BLUE-RAY seit über 20 Jahren: „Fire It Up – Live" dokumentiert die umjubelte „Fire It Up – Live"-Europatour, die seit dem Start im März 2013 von Millionen begeisterter Fans gesehen wurde. Regisseur des Konzertfilms ist Nick Wickham, bekannt durch seine Arbeit mit den Red Hot Chili Peppers und Rihanna. „Fire It Up – Live" präsentiert die komplette Show in der Lanxess Arena Köln vom April 2013 sowie ein fantastisches „Making Of" des denkwürdigen Abends. „Ich bin absolut gerührt", gestand Joe Cocker im Rahmen des Konzerts. „Heute sind jede Menge junger Künstler unterwegs, da ist es doch einfach großartig, dass noch immer so viele Menschen zu uns kommen." Dieser Erfolg ist sowohl einem begnadeten Künstler geschuldet, der sein Publikum allein mit der immensen Kraft seiner Stimme mitreißen kann, als auch der zeitlosen Magie von Hits wie „With a Little Help of my Friends" „You Can Leave Your Hat On", „Unchain My Heart", „Up Where We Belong" oder „You Are So Beautiful". Eine Faszination, der sich übrigens auch Cocker selbst nicht entziehen kann: „,You Are So Beautiful' war schon immer einer der Höhepunkte der Show – aber heute schlägt er mich vielleicht sogar noch mehr in den Bann. Ich habe ihn 1974 aufgenommen, und seine Melodie ist immer noch so mächtig", sagt er selbst dazu.

Die letzte Meldung im Jahre 2013 lautete am 19. Dezember: „Fire It Up" erreicht Platinstatus mit über 200.000 verkauften Einheiten seines aktuellen Albums. „Joe Cocker hat als Künstler schon viele Höhen und Tiefen durchlebt. Jetzt ist es umso schöner, dass er mit Sony Music und unserem Partner Starwatch seit vielen Jahren auf konstantes und erfolgreiches Engagement setzen kann. Beide in dieser Partnerschaft entstandene Alben,

‚Hard Knocks' und jetzt ‚Fire It Up' haben Platinstatus in Deutschland erreicht. Wir sind sehr stolz und freuen uns, dass Joe Cocker zu einer festen Grösse im hiesigen Markt geworden ist", äusserten sich Willy Ehmann, Senior Vice President Music Domestic GSA und Carl S. Taylor, Marketing Manager Columbia/Epic. Und Katharina Frömsdorf, Geschäftsführerin Starwatch Entertainment, fügte hinzu: „Joe Cocker ist eine Rock-Legende, die seit Jahrzehnten die Massen begeistert. Wir sind uns sicher, dass er das mit seiner unverwechselbaren Art auch in Zukunft noch lange tun wird – das bestätigt nicht zuletzt dieser tolle Platin-Award."

Den Jahreswechsel 2013/2014 verbrachte Joe gemäss dem Motto „Living In America" zusammen mit seiner Frau in Colorado. Er will aber kein amerikanischer Staatsbürger werden, obwohl er schon mehr als sein halbes Leben in den USA verbracht hat. „Ich habe eine Green Card, das reicht. Ich bin ein ‚resident alien'-Ausländer mit Aufenthaltsgenehmigung, was ein komischer Ausdruck ist. Ich bin mit einer Amerikanerin verheiratet, aber ich kann noch immer nicht wählen." Bei der letzten Präsidentschaftswahl habe er das erstmals bedauert: „Ich hatte irgendwie das Gefühl, nicht dazuzugehören." Einige seiner Fans finden es seltsam, dass Cocker 1989 bei der feierlichen Einführung des ersten George Bush ins Präsidentenamt aufgetreten ist. „Ich war damals gerade dabei, meine Green Card zu bekommen", lautet seine Erklärung dafür. „Aber ich war trotzdem ziemlich durchgeknallt. Politisch habe ich mir nichts dabei gedacht. Meine Frau ist Demokratin."

Seine britische Staatsbürgerschaft aufzugeben, wäre für Cocker jedoch undenkbar: „Wenn man mit ‚God Save The Queen' aufgewachsen ist ... das ist dieses Englische."

Er liebt aber die Ruhe und Abgeschiedenheit seines amerikanischen Wohnortes in Colorado. „Ich glaube, was ich in Kalifornien vermisst habe, waren die Jahreszeiten. Wir haben lange Winter dort oben, aber wenn sich dann die Blätter verfärben – das ist schon einmalig. Gerade jetzt beginnen die Wälder wieder zu leuchten."

Die Wahl von Obama habe übrigens auch er mit grossen Erwartungen verbunden, die sich leider nur teilweise erfüllt hätten: „Obama hat in den

Jahren, in denen er jetzt regiert, wirklich noch nicht genug verändert. Im Moment ist alles wieder auf eine merkwürdige Art im Fluss. Sogar meine Frau hat gesagt: ‚Wenn (die Republikanerin) Sarah Palin an die Macht kommen würde, hauen wir ab hier.'" Zurzeit habe er aber noch die Haltung, dass man ein sinkendes Schiff nicht verlassen dürfe …

Was nach seinem 70. Geburtstag am 20. Mai 2014 kommen wird? Jedenfalls keine allzu große Tournee. Vielleicht ein paar ausgewählte Konzerte? Die eine oder andere Ehrung? Das langersehnte „Blues-Album"? Auf jeden Fall ist Joe Cocker ein Künstler, der es geschafft hat, sich über 50 Jahre lang treu zu bleiben und alle Trends zu überleben. Allein dem ist Respekt zu zollen. Und er hat gelernt, die Bösen von den Guten zu unterscheiden, die Schlechten auszusortieren. Er hat gelernt, Neider, Dummschwätzer, Menschen, die mit scharfem Messer Freude am Meucheln haben, zu ignorieren, zu umgehen. Er umgibt sich nur noch mit Menschen, die ihm lieb und teuer sind und die loyal zu ihm stehen. Joe Cocker hat gelernt, das Wahre im Leben zu schätzen – Liebe, Freiheit und die Kunst zu überleben.

Ballast abwerfen. Sich auf das Notwendige konzentrieren. Unnötiges und Unnötige nicht mehr wahrnehmen. Was klingt wie eine Lebensphilosophie, ist für ihn auch zu einer geworden. Joe Cocker ist aber kein Philosoph und gilt auch nicht als „Kultdichter seiner Generation", wie man Singer/Songwriter wie z. B. Leonard Cohen nannte, die Cocker gerne interpretierte. Er wollte nie die Rolle spielen wie etwa ein Bob Dylan, als Prophet, Visionär und Revolutionär. Joe Cocker ist noch nicht einmal ein großer Singer/Songwriter, dafür hat er zu wenig und vor allem zu wenig „Großes" (selbst) geschrieben. Aber er wurde nach seinen Einbrüchen in den 70er- und 80er-Jahren zumindest ein guter Bewahrer des eigenen musikalischen Erbes. Gratulieren wir ihm dazu.

Diskografie
Stand Juni 2014

JOE COCKER: STUDIO-ALBEN (VINYL & CD)

Diese Album-Diskografie verzeichnet in chronologischer Reihenfolge zunächst alle Original-Alben (22 bis 2013) von Joe Cocker inklusive der (zumindest in Deutschland kürzlich) erschienenen Compilations. Darüber hinaus auch alle offiziell erschienenen Live-Alben (3 bis 2013). Auf Bestellnummern wurde verzichtet, da manchmal bis zu über 30 Versionen eines Albums weltweit publiziert wurden und diese von Auflage zu Auflage ebenso variieren. (In Klammern sind beim Albumtitel auch differente VÖ-Daten der US-Versionen angegeben.)

With A Little Help From My Friends (1969)
„Feeling Alright" (Dave Mason) – 4:10
„Bye Bye Blackbird" (Ray Henderson, Mort Dixon) – 3:27
„Change in Louise" (Joe Cocker, Chris Stainton) – 3:22
„Marjorine" (Joe Cocker, Chris Stainton) – 2:38
„Just Like a Woman" (Bob Dylan) – 5:17

„Do I Still Figure in Your Life?" (Pete Dello) – 3:59
„Sandpaper Cadillac" (Joe Cocker, Chris Stainton) – 3:16
„Don't Let Me Be Misunderstood" (Gloria Caldwell, Sol Marcus, Bennie Benjamin) – 4:41
„With a Little Help from My Friends" (John Lennon, Paul McCartney) – 5:11
„I Shall Be Released" (Bob Dylan) – 4:35

Bonus Tracks (1999 Reissue):
„The New Age of Lily" (Joe Cocker, Chris Stainton) – 2:15
„Something's Coming On" (Joe Cocker, Chris Stainton) – 2:15

Joe Cocker ! (11/1969)
„Dear Landlord" (Bob Dylan) – 3:23
„Bird on the Wire" (Leonard Cohen) – 4:30
„Lawdy Miss Clawdy" (Lloyd Price) – 2:15
„She Came in through the Bathroom Window" (John Lennon, Paul McCartney) – 2:37
„Hitchcock Railway" (Don Dunn, Tony McCashen) – 4:41
„That's Your Business Now" (Joe Cocker, Chris Stainton) – 2:56
„Something" (George Harrison) – 3:32
„Delta Lady" (Leon Russell) – 2:51

„Hello, Little Friend" (Leon Russell) – 3:52
„Darling Be Home Soon" (John Sebastian) – 4:49

Sessions Outtakes und spätere Bonus Tracks:
„She's Good To Me" (Joe Cocker, Chris Stainton) – 2:56
„Let It Be" (John Lennon, Paul McCartney) – 5:05

Joe Cocker – Album (auch bekannt als: „Something To Say") (11/1972)
„Pardon Me Sir" (Joe Cocker, Chris Stainton) – 3:37
„High Time We Went"(Joe Cocker, Chris Stainton) – 4:25
„She Don't Mind" (Joe Cocker, Chris Stainton) – 3:13
„Black-Eyed Blues" (Joe Cocker, Chris Stainton) – 4:37
„Something to Say" (Joe Cocker, Peter Nichols) – 5:00

„Midnight Rider" (Gregg Allman) – 4:00
„Do Right Woman" (live) (Dan Penn, Chips Moman) – 7:00
„Woman to Woman" (Joe Cocker, Chris Stainton) – 4:26
„St. James Infirmary" (live) (Frey Assunto) – 6:10

I Can Stand A Little Rain (08/1974)
„Put Out the Light" (Daniel Moore) – 4:11
„I Can Stand a Little Rain" (Jim Price) – 3:33
„I Get Mad" (Joe Cocker, Jim Price) – 3:38
„Sing Me a Song" (Henry McCullough) – 2:25
„The Moon Is a Harsh Mistress" (Jimmy Webb) – 3:31
„Don't Forget Me" (Harry Nilsson) – 3:19
„You Are So Beautiful" (Billy Preston, Dennis Wilson) – 2:41
„It's a Sin (When You Love Somebody)" (Jimmy Webb) – 3:49
„Performance" (Allen Toussaint) – 4:39
„Guilty" (Randy Newman) – 2:46

Jamaica Say You Will (08/1975)
„(That's What I Like) In My Woman" (Matthew Moore) – 3:24
„Where Am I Now" (Jesse Ed Davis) – 4:14
„I Think It's Going to Rain Today" (Randy Newman) – 3:59
„Forgive Me Now" (Matthew Moore) – 3:24
„Oh Mama" (Jim Price) – 4:10
„Lucinda" (Randy Newman) – 3:53
„If I Love You" (Daniel Moore) – 3:55
„Jamaica, Say You Will" (Jackson Browne) – 4:15
„It's All Over but the Shoutin'" (Joe Hinton, Johnny Bristol) – 3:54
„Jack-A-Diamonds" (Jim Price) – 3:35

Stingray (04/1976)
„The Jealous Kind" (Bobby Charles) – 3:51

„I Broke Down" (Matthew Moore) – 3:29
„You Came along" (Bobby Charles) – 3:50
„Catfish" (Bob Dylan, Jacques Levy) – 5:24
„Moon Dew" (Matthew Moore) – 5:53
„The Man in Me" (Bob Dylan) – 2:43
„She Is My Lady" (George Clinton) – 4:37
„Worrier" (Matthew Moore) – 3:16
„Born Thru Indifference" (Joe Cocker, Richard Tee) – 6:15
„A Song for You" (Leon Russell) – 6:25

Luxury You Can Afford (08/1978)
„Fun Time" (Allen Toussaint) – 2:39
„Watching the River Flow" (Bob Dylan) – 3:16
„Boogie Baby" (Phil Driscoll) – 3:51
„A Whiter Shade of Pale" (Gary Brooker, Keith Reid, Matthew Fisher) – 5:27
„I Can't Say No" (John Bettis, Daniel Moore) – 2:51
„Southern Lady" (Phil Driscoll) – 3:16
„I Know (You Don't Want Me No More)" (Barbara George) – 3:08
„What You Did to Me Last Night" (Bettye Crutcher) – 3:28
„Lady Put the Lights out" (Guy Fletcher, Doug Flett) – 4:46
„Wasted Years" (Phil Driscoll) – 4:49
„I Heard It through the Grapevine" (Norman Whitfield, Barrett Strong) – 4:29

Sheffield Steel (05/1982)
„Look What You've Done" (Leo Nocentelli)
„Shocked" (Ira Ingber, Greg Sutton)
„Sweet Little Woman" (Andy Fraser)
„Seven Days" (Bob Dylan)
„Marie" (Randy Newman)
„Ruby Lee" (Bill Withers, Melvin Dunlap)
„Many Rivers to Cross" (Jimmy Cliff)
„So Good, So Right" (Brenda Russell)
„Talking Back to the Night" (Steve Winwood, Will Jennings)
„Just Like Always" (Jimmy Webb)

Bonus Tracks:
„Sweet Little Woman" (Andy Fraser) [12" mix]
„Look What You've Done" (Leo Nocentelli) [12" mix]
„Right in the Middle (Of Falling in Love)" (Sam Dees)
„Inner City Blues" (Marvin Gaye, James Nyx, Jr.)

Civilized Man (05/1984)
„Civilized Man" (Richard Feldman, Pat Robinson) – 3:55
„There Goes My Baby" (Jerry Leiber, Mike Stoller, George Treadwell, Lover Patterson, Benjamin Nelson) – 3:47
„Come on In" (Bob Telson) – 3:48

„Tempted" (Chris Difford, Glenn Tilbrook) – 4:16
„Long Drag off a Cigarette" (Larry John McNally) – 2:35
„I Love the Night" (Troy Seals, Michael Reid) – 3:47
„Crazy in Love" (Randy McCormick, Even Stevens) – 3:51
„A Girl Like You" (Seals, Will Jennings) – 3:09
„Hold On (I Feel Our Love Is Changing)" (Joe Sample, Will Jennings) – 3:41
„Even a Fool Would Let Go" (Tom Snow, Kerry Chater) – 3:54

Joe Cocker (04/1986)
„Shelter Me" (Nick DiStefano) – 5:36
„A to Z" (Tom Kimmel) – 4:21
„Don't You Love Me Anymore" (Albert Hammond, Diane Warren) – 5:25
„Living without Your Love" (Michael Bolton, Doug James) – 4:09
„Don't Drink the Water" (Richard Feldman, Pat Robinson) – 3:25
„You Can Leave Your Hat on" (Randy Newman) – 4:14
„Heart of the Matter" (Ronald Miller, Billy Aerts) – 4:20
„Inner City Blues" (Marvin Gaye, James Jr. Nyx) – 5:51
„Love Is on a Fade" (Stephen Allen Davis, Dennis Morgan) – 4:04
„Heaven" (Terry Manning) – 4:32

Sessions Outtake:
„Tell Me There's a Way" (R. Freedland, B. Cantarelli) – 4:04

Unchain My Heart (10/1987)
„Unchain My Heart" (Bobby Sharp, Teddy Powell) – 5:04
„Two Wrongs" (Eddie Schwartz, David Bendeth) – 4:03
„I Stand in Wonder" (Schwartz, David Tyson) – 4:22
„The River's Rising" (Michael Lunn) – 4:10
„Isolation" (John Lennon) – 3:51
„All Our Tomorrows" (Schwartz, Tyson) – 4:24
„A Woman Loves a Man" (Dan Hartman, Charlie Midnight) – 4:16
„Trust in Me" (Francesca Beghe, Marc Swersky, Midnight) – 4:14
„The One" (Tom Kimmel, Jay Joyce) – 4:37
„Satisfied" (Hartman, Midnight) – 3:24

One Night Of Sin (08/1989)
„When the Night Comes" (Bryan Adams, Jim Vallance, Diane Warren) – 5:20
„I Will Live for You" (Stephen Allen Davis) – 4:11
„I've Got to Use My Imagination" (Gerry Goffin, Barry Goldberg) – 4:24
„Letting Go" (Charlie Midnight, Jimmy Scott) – 4:11
„Just to Keep from Drowning" (Marshall Chapman, Davis) – 4:39
„Unforgiven" (Tim Hardin, Ken Lauber) – 3:28 – CD Bonus Track
„Another Mind Gone" (Joe Cocker, Jeff Levine, Chris Stainton) – 4:44
„Fever" (Eddie Cooley, Otis Blackwell, John Davenport) – 3:37
„You Know We're Gonna Hurt" (Rick Boston, Nick Gilder) – 3:59
„Bad Bad Sign" (Dan Hartman, Midnight) – 4:09

„I'm Your Man" (Leonard Cohen) – 3:52
„One Night of Sin" (Dave Bartholomew, Pearl King, Anita Steiman) – 3:14

Night Calls (10/1991; bzw. 07/1992 USA)
„Love Is Alive" (Gary Wright) – 3:57
„Little Bit of Love" (Paul Rodgers, Paul Kossoff, Simon Kirke, Andy Fraser) – 2:28
„Please No More" (Greg Hansen, David Egan) – 5:28
„There's a Storm Coming" (John Hadley, Wally Wilson) – 4:08
„You've Got to Hide Your Love Away" (John Lennon, Paul McCartney) – 5:03
„I Can Hear the River" (Don Dixon) – 4:51
„Don't Let the Sun Go Down on Me" (Elton John, Bernie Taupin) – 5:30
„Night Calls" (Jeff Lynne) – 3:28
„Five Women" (Prince) – 5:34
„Can't Find My Way Home" (Steve Winwood) – 3:29
„Not Too Young to Die of a Broken Heart" (Brent Bourgeois) – 4:19
„Out of the Rain" (Tony Joe White) – 4:38

Anmerkung: Es gibt noch die US- und DTS-Edition des o.g. Albums mit geringfügigen Varianten.

Night Calls/US-Version (07/1992)
„Feels Like Forever" (Bryan Adams, Diane Warren) – 4:43
„I Can Hear the River" (Don Dixon) – 3:42
„Now That the Magic Has Gone" (John Miles) – 4:42
„Can't Find My Way Home" (Steve Winwood) – 3:29
„Night Calls" (Jeff Lynne) – 3:28
„Don't Let the Sun Go Down on Me" (Elton John, Bernie Taupin) – 5:30
„Love Is Alive" (Gary Wright) – 3:57
„Five Women" (Prince) – 5:35
„Please No More" (Greg Hansen, David Egan) – 5:28
„Out of the Rain" (Tony Joe White) – 4:38
„You've Got to Hide Your Love Away" (John Lennon, Paul McCartney) – 5:03
„When a Woman Cries" (Joshua Kadison) – 4:17

Have A Little Faith (09/1994)
„Let the Healing Begin" (Tony Joe White) – 5:12
„Have a Little Faith in Me" (John Hiatt) – 4:40
„The Simple Things"(Rick Neigher, Phil Roy, John Shanks) – 4:54
„Summer in the City" (Steve Boone, John Sebastian) – 4:10
„The Great Divide" (Derick O'Brian, J.D. Souther) – 3:33
„Highway Highway" (Stephen Allen Davis) – 4:31
„Too Cool" (Kye Fleming, Greg Sutton) – 4:45
„Soul Time" (Will Jennings, Frankie Miller) – 4:35
„Out of the Blue" (Robbie Robertson) – 3:45
„Angeline" (Cocker/White) – 4:30
„Hell And Highwater" – 4:12

„Standing Knee Deep in a River" (Bucky Jones, Dickey Lee, Bob McDill) – 4:09
„Take Me Home" (John Capek, Marc Jordan, Steve Kipner) – Duet mit Bekka Bramlett – 4:21

Bonus Track:
„My Strongest Weakness" (Mike Reid, Naomi Judd) – 4:12

Organic (10/1996)
„Into the Mystic" (Van Morrison) – 3:31
„Bye Bye Blackbird" (Morton Dixon, Ray Henderson) – 3:31
„Delta Lady" (Leon Russell) – 3:16
„Heart Full of Rain" (Michael Dan Ehmig, Tony Joe White) – 4:48
„Don't Let Me Be Misunderstood" (Bennie Benjamin, Gloria Caldwell, Sol Marcus) – 3:52
„Many Rivers to Cross" (Jimmy Cliff) – 4:23
„High Lonesome Blue" (Cocker/White) – 4:10
„Sail Away" (Randy Newman) – 3:00
„You and I" (Stevie Wonder) – 4:35
„Darling Be Home Soon" (John Sebastian) – 4:11
„Dignity" (Bob Dylan) – 3:13
„You Can Leave Your Hat on" (Newman) – 3:46
„You Are So Beautiful" (Bruce Fisher, Billy Preston) – 2:43
„Can't Find My Way Home" (Steve Winwood) – 3:53

Anmerkungen:
Bonus Tracks auf der Single „Don't Let Me Be Misunderstood":
„Human Touch" (Bruce Springsteen) – 3:46
„Anybody Seen My Girl" (Kevin Moore) – 3:02
„Something" (George Harrison) – 3:18

Across From Midnight (08/1987)
„Tonight" (Max Carl, Greg Sutton) – 4:49
„Could You Be Loved" (Bob Marley) – 5:47
„That's All I Need to Know" (Graham Lyle, Eros Ramazzotti, Vladi Tosetto) – 4:05
„N'Oubliez Jamais" (Jim Cregan, Russ Kunkel) – 4:43
„What Do I Tell My Heart?" (Rick Neigher, John Shanks) – 5:00
„Wayward Soul" (Brenda Russell, Mark Cawley) – 4:16
„Loving You Tonight" (Christopher Difford, Glenn Tilbrook) – 4:38
„Across from Midnight" (Leann White, Tony Joe White) – 4:57
„What Do You Say?" (Dean Grakal, Greg Sutton) – 4:42
„The Last One to Know" (Bob Thiele, Greg Sutton) – 3:30
„That's the Way Her Love Is" (Stephen Allen Davis) – 2:44
„Need Your Love So Bad" (Mertis John Jr.) – 5:19

No Ordinary World (09/1999; 08/2000 USA)
„First We Take Manhattan" (Leonard Cohen) – 3:44
„Different Roads" (Stephen Allen Davis, Steve DuBerry) – 4:58
„My Father's Son" (Graham Lyle, Conner Reeves) – 4:29

„While You See a Chance" (Will Jennings, Steve Winwood) – 3:51
„She Believes in Me" (Bryan Adams, Eliot Kennedy) – 4:44
„No Ordinary World" (Lars Anderson, Stephen Allen Davis) – 3:52
„Where Would I Be Now" (Michael McDonald, Tony Joe White) – 5:27
„Ain't Gonna Cry Again" (Peter Cox, Peter-John Vettese) – 4:06
„Soul Rising" (Peter Cox, Graham Gouldman, Peter-John Vettese) – 3:57
„Naked Without You" (Rick Nowels, Andrew Roachford, Billy Steinberg) – 4:31
„Love to Lean On" (Steve Diamond, Wayne Kirkpatrick) – 4:17
„On My Way Home" (Jean-Jacques Goldman, Michael Jones) – 4:13

Bonus Tracks der US-Version/in Deutschland als B-Seite veröffentlicht:
„Lie to Me" (J. McCabe, David Z) – 4:01
„Love Made a Promise" (Paul Brady, Mark Nevin) – 5:03

Respect Yourself (07/2002)
„You Can't Have My Heart" (John Shanks, Tonio K, C. J. Vanston) – 4:01
„Love Not War" (Barbara Griffin, Tom Snow) – 4:00
„You Took It So Hard" (Shanks, Tonio K, Vanston) – 4:27
„Never Tear Us Apart" (Andrew Farriss, Michael Hutchence) – 4:03
„This Is Your Life" (Shelly Peiken, Shanks) – 4:34
„Respect Yourself" (Luther Ingram, Mark Rice) – 5:14
„I'm Listening Now" (Shanks, Tonio K) – 5:01
„Leave a Light On" (Peiken, Shanks, Vanston) – 4:34
„It's Only Love" (Peiken, Shanks) – 3:55
„Every Time It Rains" (Randy Newman) – 3:34
„Midnight Without You" (Chris Botti, Paul Buchanan, Paul Joseph Moore) – 5:08

Heart & Soul (10/2004; 01/2005 USA)
„What's Going On" (Renaldo Benson, Al Cleveland, Marvin Gaye) – 5:15
„Chain of Fools" (Don Covay) – 3:46
„One" (U2) – 4:36
„I" (Carlo Donida, Jerry Leiber, Mike Stoller, Julio Rapetti) – 4:03
„Maybe I'm Amazed" (Paul McCartney) – 3:24
„I Keep Forgettin'" (Leiber, Stoller) – 3:36
„I Put a Spell on You" (Screamin' Jay Hawkins) – 4:33
„Every Kind of People" (Andy Fraser) – 4:20
„Love Don't Live Here Anymore" (Miles Gregory) – 4:16
„Don't Let Me Be Lonely Tonight" (James Taylor) – 3:42
„Jealous Guy" (John Lennon) – 4:08
„Everybody Hurts" (Bill Berry, Peter Buck, Mike Mills, Michael Stipe) – 5:19

Hymn For My Soul (03/2007)
„You Haven't Done Nothin'" (Stevie Wonder) – 3:50
„One Word (Peace)" (John Magnie, Tommy Malone) – 2:49
„Love Is for Me" (Ziggy Modeliste, Art Neville, Leo Nocentelli, George Porter, Jr.) – 4:05
„Don't Give up on Me" (Hoy Lindsey, Dan Penn, Carson Whitsett) – 4:05

„Long as I Can See the Light" (John Fogerty) – 3:34
„Beware of Darkness" (George Harrison) – 3:51
„Just Pass it on" (Daniel Moore) – 4:39
„Rivers Invitation" (Percy Mayfield) – 3:31
„Ring Them Bells" (Bob Dylan) – 3:04
„Hymn 4 My Soul" (Andy Fairweather-Low) – 3:54

Bonus-Tracks auf US-Edition:
„Come Together" (John Lennon) – 4:25
„Hymn 4 My Soul" (Instrumental) (Andy Fairweather-Low) – Single-B-Seite – 3:54

Hard Knocks (10/2010)
„Hard Knocks" (Marc Broussard/Maxwell Aaron Ramsey/Shannon Sanders) – 3:24
„Get on" (Matt Serletic/Danny Myrick/Stephanie Bentley) – 3:28
„Unforgiven" (Mitch Allan/Kara DioGuardi/Nick Lachey/Dave Hodges) – 4:14
„The Fall" (Matt Serletic/Danny Myrick/Aimée Proal) – 3:49
„So It Goes" (Matt Serletic/Jeffrey Steele/Danny Myrick) – 3:21
„Runaway Train" (Ollie Marland) – 3:27
„Stay the Same" (Matt Serletic/Danny Myrick/Stephanie Bentley) – 4:39
„Thankful" (Matt Serletic/Kara DioGuardi) – 3:59
„So" (Chantal Kreviazuk/Thomas „Tawgs" Slater) – 3:56
„I Hope" (Kevin Moore/Martie Maguire/Natalie Maines/Emily Robison) – 4:46
„Forever Changed" – 3:51 – iTunes Bonus Track

Zusätzliche Tracks auf der Limited Live Edition:
„Hard Knocks" (Marc Broussard/Maxwell Aaron Ramsey/Shannon Sanders)
„Get On" (Matt Serletic/Danny Myrick/Stephanie Bentley)
„Unforgiven" (Mitch Allan/Kara DioGuardi/Nick Lachey/Dave Hodges)
„Thankful" (Matt Serletic/Kara DioGuardi)
„You Are So Beautiful" (Newman)
„With a Little Help from My Friends" (Lennon/McCartney)

Fire It Up (11/2012)
„Fire It up" (Alan Frew/Johnny Reid/Marty Dodson)
„I'll Be Your Doctor" (Jeff Trott/Victoria Horn/Steve McMorran)
„You Love Me Back" (Steve Diamond/Stephanie Bentley/Dennis Matkosky)
„I Come in Peace" (Rick Brewster/Ross Wilson)
„You Don't Need a Million Dollars" (Rob Giles)
„Eye on the Prize" (Marc Broussard/Courtlan Clement/Chad Gilmore/De Marco Johnson/Jamie Kenney/Calvin Turner)
„Younger" (Gary Burr)
„You Don't Know What You're Doing to Me" (Tyler Hilton/Wayne Kirkpatrick)
„The Letting Go" (Charlie Evans/Joss Stone/Graham Lyle)
„I'll Walk in the Sunshine Again" (Keith Urban)
„Weight of the World" (Kevin Bowe/Joe Stark)
„The Last Road" (Matt Serletic/Aimée Proal/Dave Katz/Sam Hollander)

Bonus Tracks Premium Edition:
„Walk through the World with Me" (Marc Cohn/John Leventhal)
Bonus-Track/ iTunes Bonus Track:
„Let Love Decide"

Premium Edition DVD (Regisseur: Cole Walliser, gefilmt in Los Angeles, Sept. 2012):
„Fire It up" (Alan Frew/Johnny Reid/Marty Dodson)
„I'll Be Your Doctor" (Jeff Trott/Victoria Horn/SteveMcMorran)
„You Love Me Back" (Steve Diamond/Stephanie Bentley/Dennis Matkosky)
„Eye on the Prize" (Marc Broussard/Courtlan Clement/Chad Gilmore/De Marco Johnson/Jamie Kenney/Calvin Turner)
„I Come in Peace" (Rick Brewster/Ross Wilson)
„You Don't Need a Million Dollars" (Rob Giles)

JOE COCKER: LIVE-ALBEN (VINYL & CD)

Diese Live-Album-Diskografie verzeichnet in chronologischer Reihenfolge alle offiziellen (und hierbei nicht aks Deluxe-Edition aufgelisteten) Live-Alben* (seit 1968/1969 bis 2013) von Joe Cocker.
(* Gelten als offizielle Live-Alben im offiziellen Backkatalog. Der Rest sind semi-offizielle oder weltweit nicht offiziell erschienene Live-Alben, wie z. B. „Live At Montreux", die jedoch keinen Bootleg-Charakter haben.)

Mad Dogs & Englishmen (1970) (Deluxe Edition mit zusätzlichen Tracks *)
Disc 1:
Seite 1
„Introduction" – 0:44
„Honky Tonk Women" (Mick Jagger, Keith Richards) – 3:47
„Introduction" – 0:17
„Sticks and Stones" (Titus Turner, Henry Glover) – 2:37
„Cry Me a River" (Arthur Hamilton) – 4:00
„Bird on the Wire" (Leonard Cohen) – 6:37

Seite 2
„Feelin' Alright" (Dave Mason) – 5:47
„Superstar" (Leon Russell, Bonnie Bramlett) – 5:02 (lead vocal by Rita Coolidge)
„Introduction" – 0:16
„Let's Go Get Stoned" (Valerie Simpson, Nick Ashford, Joseph Armstead) – 7:30

Disc 2:
Seite 3
„Blue Medley" – 12:46
a. „I'll Drown in My Own Tears" (Henry Glover)
b. „When Something Is Wrong with My Baby" (Isaac Hayes, David Porter)
c. „I've Been Loving You Too Long" (Otis Redding, Jerry Butler)
„Introduction" – 0:21
„Girl from the North Country" (Bob Dylan) – 2:32
„Give Peace a Chance" (Leon Russell, Bonnie Bramlett) – 4:14

Seite 4
„Introduction" – 0:41
„She Came in through the Bathroom Window" (John Lennon, Paul McCartney) – 3:01
„Space Captain" (Matthew Moore) – 5:15
„The Letter" (Wayne Carson Thompson) – 4:46
„Delta Lady" (Leon Russell) – 5:40

Anmerkung:
* Limited Edition 2005:
Die „Deluxe Limited Edition"-DOCD beinhaltet nicht nur das Original-Album, sondern darüber hinaus sieben weitere Live-Songs aus dem Fillmore East, einen aus dem Santa-Monica-Civic-Konzert plus vier Studio-Songs. Auch gibt es die nunmehr komplette Version von „Delta Lady" mit fast 8 Minuten, die bisher nur gekürzt erhältlich war.

* Disc 1:
„Honky Tonk Women" (3/28/70/With Intro Set 1/Live At The Fillmore East) Joe Cocker – 4:57
„She Came in through the Bathroom Window" (Live w/outro (1970/Fillmore East)) Joe Cocker – 3:18
„The Weight" (Live At The Fillmore East/1970) Joe Cocker – 5:57
„Sticks And Stones" (Live At The Fillmore East/1970) Joe Cocker – 2:46
„Bird on a Wire" (Live At The Fillmore East/1970) Joe Cocker – 6:31
„Cry Me a River" (Live At The Fillmore East/1970) Joe Cocker – 4:05
„Superstar" (4/17/70/Set 1/Live At Santa Monica Civic Auditorium) Rita Coolidge – 4:59
„Feelin' Alright" (Live At The Fillmore East/1970) Joe Cocker – 5:47
„Something" (Set 1/Live At The Fillmore East/3/28/70) Joe Cocker – 5:33
„Darling Be Home Soon" (Live At Fillmore East/1970) Joe Cocker – 5:47
„Let It Be" (Live Santa Monica Civic/1970) Claudia Lennear – 3:40
„Further on up the Road" (Live At The Fillmore East/1970)

* Disc 2:
„Let's Go Get Stoned" (Live w/intro (1970/Fillmore East)) Joe Cocker – 8:05
„Space Captain" (Live At The Fillmore East/1970) Joe Cocker – 5:20
„Hummingbird" (Set 2/Live At The Fillmore East/3/27/70) Leon Russell – 4:08
„Dixie Lullaby" (Set 2/Live At The Fillmore East/1970) Leon Russell – 2:58
„The Letter" (Live At The Fillmore East/1970) Joe Cocker – 4:33
„Delta Lady" (3/27/70/Set 2/Live At The Fillmore East) Joe Cocker – 7:03
„Give Peace a Chance" (Live w/outro (1970/Fillmore East)) Joe Cocker – 4:46
„Blue Medley: I'll Drown in My Own Tears/When Something Is Wrong with My Baby/I've Been Loving You Too Long" (Live At The Fillmore East/1970) Joe Cocker – 12:37
„With a Little Help from My Friends" (Live At Fillmore East/1970) Joe Cocker – 8:40
„Girl from the North Country" (Live At The Fillmore East/1970) Joe Cocker – 2:39
„Warm-Up Jam Including Under My Thumb" (Single Version) Leon Russell – 5:45
„The Letter" (Single Version Stereo Mix) Joe Cocker – 4:10
„Space Captain" (Studio Single Version Stereo Mix) Joe Cocker – 4:29
„The Ballad of Mad Dogs and Englishmen" Leon Russell – 3:59

1990 Joe Cocker Live (1989) *
(*Live aufgenommen am 5. Oktober 1989 im Memorial Auditorium in Lowell, Massachusetts/USA)
„Feelin' Alright" (Dave Mason) – 4:43
„Shelter Me" (Nick Di Stefano) – 4:26
„Hitchcock Railway" (Donald Lewis Dunn, Tony McCashen) – 3:58
„Up Where We Belong" (Jack Nitzsche, Buffy Sainte-Marie, Will Jennings) – 4:35
„Guilty" (Randy Newman) – 2:40
„You Can Leave Your Hat on" (Newman) – 4:20
„When the Night Comes" (Bryan Adams, Jim Vallance, Diane Warren) – 4:52
„Unchain My Heart" (Robert W. „Bobby" Sharp, Jr.) – 5:50
„With a Little Help from My Friends" (John Lennon, Paul McCartney) – 9:13
„You Are So Beautiful" (Dennis Wilson, Billy Preston, Bruce Fisher) – 4:23
„The Letter" (Wayne Carson Thompson) – 4:31
„She Came in through the Bathroom Window" (McCartney) – 2:30
„High Time We Went" (Joe Cocker, Chris Stainton) – 7:58
„What Are You Doing with a Fool Like Me" (Diane Warren) – 4:51
„Living in the Promiseland" (David Lynn Jones) – 3:55

2013 Fire It Up Live (2012/2013)
Disc 1:
„I Come in Peace" – 4:43
„Feelin' Alright" – 4:42
„The Letter" – 5:49
„When the Night Comes" – 5:10
„You Love Me Back" – 4:07
„I'll Be Your Doctor" – 3:40
„Up Where We Belong" – 6:03
„Come Together" – 5:44
„Eye on the Prize" – 5:01
„You Don't Need a Million Dollars" – 4:28
„You Are So Beautiful" – 4:10
„Younger" – 4:21

Disc 2:
„Fire It up" – 4:31
„N'Oubliez Jamais" – 6:37
„You Can Leave Your Hat on" – 4:42
„Unchain My Heart" – 6:10
„With a Little Help from My Friends" – 11:29
„Summer in the City" – 4:24
„Hard Knocks" – 3:58
„Cry Me a River" – 5:32
„You Don't Know What You're Doing To Me"

Danksagung

Und während Joe Cocker auf seiner Ranch in Colorado weilt, seinen 70. Geburtstag medial nicht feiert, Interviewanfragen ablehnt, arbeitet er vielleicht schon an dem Geburtstagsgeschenk, das er sich womöglich selbst macht: ein Blues-Album.

Ich dagegen schließe mein Buch mit einigen notwendigen wie sehr gerne ausgesprochenen Danksagungen ab. Ich bedanke mich ganz herzlich bei allen, die es mir ermöglicht haben, dieses Buch zu schreiben, allen voran bei Joe Cocker für sein Werk, meinem Verlag, hier insbesondere Frau Dr. Monika Koch, und Eckhard Schwettmann.

Ich danke auch Frau Jutta Schmitt und Herrn Eric Rauch von der Fa. Promoteam in Darmstadt. Nicht unerwähnt lassen möchte ich auch die in den Kapiteln und im Anhang genannten Personen, Journalistenkollegen und Fotografen Wolfgang Eckart und Ralf Schalck von SONY Germany.

Bedankt seien auch weitere „Friends along the way", denen ich bei Konzerten, Interviews und Recherchen begegnen und auf deren Hilfe ich zählen durfte, wie z. B. Hansi Hoffmann, Marek Lieberberg, Frauke Ebeling, Ingo Popp, Dorothea Schmitt, Prof. Dr. Alois Hahn, Prof. Hübner, Matthias Mantel, Matthias Brenner, Sandra Gimmel, Frank Bredel, Andreas Weber, Dr. Jörg Henkes, Dragan Nikitovic, Roland Helm, Dr. Adi Heindl, Lutz Sedler, Winfried Becker, Tobias Kessler, Harald Schäfers, Jean Paul Uecker (COD), Friedhelm Siffrin, Christian Hanelt, den im Bildteil genannten Fotografen, den Tournee- und Konzertveranstaltern

Marek Lieberberg Konzertagentur. Auch die Organisatoren und Teams des »Montreux Jazz-Festivals«, des »Stimmen-Festivals in Lörrach« und des »Rock am Ring« seien bedankt. Mein Dank gilt darüber hinaus all jenen, deren Veröffentlichungen in Fernsehen, Rundfunk und Printmedien mir als Quelle von Hintergrundinformationen gedient haben und deren Namen, soweit sie mir bekannt sind, im Anhang genannt werden.

Zum Autor

Prof. Dr. Christof Graf, geboren 1963, ist Professor für Medien & Wirtschaft an der DIPLOMA FH Nordhessen und Dozent für Marketing u. a. an der ASW Berufsakademie des Saarlandes e.V. Von 1988 bis 1996 war er Chefredakteur bei Live-Magazin Saar, danach Marketingbeauftragter beim Saarländischen Rundfunk. Bisherige Buchveröffentlichungen (Auswahl): So Long, Leonard (1990), Partisan der Liebe – Leonard Cohen (1996), Bob Dylan – Man On The Road (1999), Leonard Cohen – Song Of A Life (2002), Dalai Lama – Leben mit Rückgrat (2008), Bob Dylan – Amerika oder der Tag an dem Bob Dylan durch Saarbrücken fuhr (2010), Marketing oder Mythos – 50 Jahre Rolling Stones (2014), Rock am Ring – 30 Jahre sind nicht genug (2014).

Christof Graf arbeitet als Dozent und Publizist und lebt in Zweibrücken und Saarbrücken. Updates zum Appendix von Joe Cocker in der „The little Joe Cocker-Section" auf Christof Graf's websites: www.leonardcohen.de

Weitere Infos unter: www.christofgraf.de

sowie unter:

Fotonachweis

S. 107: Foto: Getty Image
S. 108: Fotos: Archiv Christof Graf und Getty Image
S. 109: Fotos: MGM und A & M Records
S. 110: Archiv Christof Graf
S. 111: Fotos: Christof Graf
S. 112: Archiv Christof Graf
S. 113: Archiv Christof Graf
S. 114: Fotos: Christof Graf und Getty Image (2)
S. 177: Fotos: Christof Graf
S. 178: Fotos: SONY MUSIC (3), Christof Graf und Dragan Nikitovic
S. 179: Archiv Christof Graf, Foto: Christof Graf
S. 180: Fotos: Christof Graf (6)
S. 181: Foto: Christof Graf
S. 182: Fotos: Christof Graf
S. 183: Fotos: Christof Graf
S. 184: Archiv Christof Graf/Fotos: Dragan Nikitovic